이탈리아 이탈리아

이탈리아 이탈리아

김영석의 인문기행

열화당

臥遊예찬
서재에 누워 이탈리아를 유람하네

문학평론가 崔元植의 서문

『세계서점기행』(김언호, 2016)을 읽다가 잠깐 놀란 대목이 있다. "돈 버는 것을 성공이라고 외치는 처세서 같은 걸 돈트 북스는 취급하지 않는다. 고품격 여행서들을 갖고 있기에 돈트 북스다." 돈트 북스를 비롯한 유럽의 이름 높은 서점들은 매혹적인 여행서들의 비치가 필수적이라는 것인데, 다시 생각해 보니 고개가 끄덕여지는 얘기다. 한국 책방에 산적한 여행서란 대체로 실용에 급급해 뭔가 더 뜻있는 국내외 여행을 생각하는 이들에게는 대개 허당이기 십상이다.

예전에는 특히 외국 여행기가 사명使命이었다. 1990년대 이전 우리 백성/국민에게 외국여행은 하늘의 별따기였다. 임진왜란 중 일본에 끌려가 강잉強仍히 적정敵情을 기록한 강항姜沆의 『간양록看羊錄』이나, 제주에서 풍랑을 만나 남중국에 표착했다 귀국한 파란만장의 여정을 보고한 최보崔溥의 『표해록漂海錄』에서 보듯, 예외 상황이 아니면 외유外遊는 없다. 그러니 사행使行이 있을 뿐이다. 우리처럼 외침外侵이 잦은 나라의 사신이란 고려의 위대한 외교관 서희徐熙처럼 비장하기가 늘상이었다. 그래도 임병양란壬丙兩亂 이후가 안정적이다. 그럼에도 사대교린事大交隣의 궁핍한 외교로 아슬한 평화를 감당한 조선에 있어서 사행은 여전히 침통한 것이었다. 사행이란 그 여정의 험란함으로 언제든 자연의 광포함에 먹힐 위험이 상존하거니와, 그보다도 더욱 예민한 외교적 갈등의 폭발로 언제라도 목

숨을 걸지 않을 수 없는 경우에 조우할 가능성에 노출된 길이었다. 얼마나 엄숙한 도정이었으면 '사신의 명'을 뜻하는 사명使命이란 말이 '반드시 수행하지 않으면 안 될 각별한 임무'라는 일반적 의미로 전변했을까. 연행록燕行錄과 해유록海遊錄의 두터운 전통을 생각건대, 와중에도 바깥세상의 변화를 예리하게 독해하면서 나라의 운명과 인민의 후생을 도모하는 길을 탐색하는 옛 사신들의 투철한 인문정신이 서늘하기 짝이 없다. 사행의 기록을 넘어 그 자체가 최고의 문학으로 된 일대의 기서奇書『열하일기熱河日記』는 그 꽃인저.

　대한민국 정부 수립 이후 외국에 나간 외교관은 하늘의 별처럼 많겠건만 연행록과 해유록의 빛나는 전통은 가뭇없다. 이 점에서는 조선왕조보다 한국이 못하다고 할 수 있을지 모른다. 호란胡亂의 굴욕을 안긴 제국의 대도大都 연경燕京으로 가는 길이나, 왜란倭亂의 수치를 끼친 쇼군將軍의 막부幕府 에도江戸로 가는 사행길은 모두 조선의 목숨길이었다. 한국의 외교가 처한 상황도 조선 못지않았다. 나라는 분단되고 혹독한 전쟁을 치렀고 세계적인 냉전체제에 연계된 갈등과 분쟁이 나라 안팎을 끊임없이 흔들었으니, 어쩌면 조선보다 더욱 간난했는지도 모른다. 그럼에도 왜 한국의 외교관은 조선의 사신처럼 빛나는 기록에 빈약할까. 자신의 힘으로 조선의 길을 타개한 연행사燕行使와 통신사通信使만큼 사명감이 절박하지 않은 탓일까. 미국이 제공하는 외교 자산에 의존한 반쪽 시각에 익숙한 채 자신의 눈으로 세계를 해석하고 나라의 운명을 개척하려는 사신 본연의 사명에 덜 자각적인 점이 연행록과 해유록의 전통을 가난하게 한 것일지도 모른다.

　김영석金榮錫 대사의『이탈리아 이탈리아』를 교정쇄 상태로 일독하고 난 첫 감상은 옛 사신의 풍모가 얼핏 비친다는 반가움이다. 김 대사는 나의 오랜 벗이다. 국민학교부터 대학까지 삼 년 후배니 어지간하다. 사실 같은 문리대라고 해도 나는 국문과고 그는 외교과다. 나는 일생 독서인의 길을, 그는 평생 외교관의 길을 걸었으니, 가는 길이 달랐다. 그럼에도 사귐이 이제껏 이어지니 내가 생각해도 신통하다. 아마도 그와 알게 된 첫 고리는 김숙金塾 대사일 것이다. 국민학교부터 대학까지 이 년 후배인 김숙 대사는 내 동생과 동기라 자연 우리 집에도 드나들어 아우와 다름없던 터에, 두 대사는 일 년 터울로 한 동네에서 같이 자란 죽마고우다. 이러구러 대학에서 셋이 더러더러 어울리는 일이 자연스럽게 이루어졌거니와, 작년인가 모처럼 셋이 회동했을 때, 내가 덕성여고 교사 할 때 둘이 찾아와 토주討酒한 이야기를 김숙 대사가 꺼내서 새삼스러웠다. 이후 나는 대구 계명대로 내려가고 두 후배 역시 곧 환해宦海에 들면서 삼인 모임은 또 자연스럽게 중단된 듯싶다.

그런데 김영석 대사는 그 후에도 계속 눈에 밟혔다. 재외공관에 나가 있을 때나 국내에서 근무할 때나 끊어지지 않았다. 내가 백낙청白樂晴 선생 소개로 이시영李時英 시인과 권 도사에게 벌침 맞으러 다닐 때도 동반했고, 형님으로 모신 이수인李壽仁 의원 또한 그를 아껴 거두었고, 고은高銀 큰 시인께선 베네치아에선가 직접 호號를 내리셨다는데, 내가 좋아하고 존경하던 분들이 두루두루 김 대사를 동아리에 넣기를 서슴지 않았으니 고마운 일이다.

얼마 전 유호攸好가 보내온 시계서회전柴溪書會展 팜플렛을 보다가 회원출품목록에서 김 대사를 발견하고 내심 놀랐다. 시계란 검여劍如 유희강柳熙綱의 인천 세거지 시시내를 가리키는데, 검여의 고제高弟 남전南田 원중식元仲植이 스승을 기려 조직했지만 남전이 급서하는 바람에 이젠 그 제자들이 검여와 남전을 추모하는 서회로 진화한 셈이다. 어느새 김 대사가 이 서회전에 출품까지 할 정도라니…. 그런데 그 호가 청암聽嵒이다. 아, 일초一超 시인이 내린 그 호이지 싶거니와, 호를 사용할 데가 없었는데 글씨를 하니 요긴하더라는 이야기를 들은 기억이 난다. 환로에서 물러난 뒤에도 자강불식自強不息

하는 김 대사의 문기文氣가 돌올突兀하다.

을밀대에서 맛있는 점심을 대접받으며 들은 청이라 사양할 수가 없었지만, 나는 이 득의의 이탈리아 기행에 서문을 쓸 자격이 없다. 나는 이탈리아를 한 번, 그것도 베네치아를 겨우 엿본 정도다. 수교 백이십 주년을 기념하여 2004년 10월 열린 「제1회 이탈리아-한국 시 포럼1 Forum Di Poesia Italo-Coreano」에 고은, 정현종鄭玄宗 두 시인을 모시고 참예하여 베네치아의 문자향文字香을 살짝 맛본 정도니 말이다. 그럼에도 마음을 먹지 않을 수 없던 건 놀랍게도, 독서계에선 소인素人인 김 대사가 녹록지 않은 문장력을 지닌 점이다. 활달한 구어체인 듯 고전적 문어체조차 걸림 없이 구사하는 시김새를 보니 보통 내기가 아니다. 김 대사는 인자仁者라기보다는 지자知者다. 산처럼 무겁기보다는 물처럼 움직인다. 이 책을 읽어 나가노라면 자신이 발견한 이탈리아의 깊은 내면을 한국의 독자들에게 빨리 전수하고 픈 바쁨이 그대로 전달되니, 과연 문체가 그 사람이다! 그러고 보니 김 대사가 번역한 책이 생각난다. 제프리 호스킹의 『소련사』(홍성사, 1988). 이 책을 읽을 때도 참 술술 읽혀서 내심 감탄한 바 있거니와, 이탈리아의 문기文氣에 흠뻑 감응하다 보니 이 문체가 술 익듯 숙성되었지 싶다.

"대상이란 또한 누구를 만나느냐에 달려 있다物亦有遇也哉"는 성호星湖의 말씀마따나 이탈리아가 김 대사를 만나 한글로 호사를 누렸다. 이탈리아라는 장소의 혼genius loci에 지핀 최고의 안내자를 따라 상상 여행하노라면 이탈리아가 바로 지호지간指呼之間에 있던 것이다. 옛 선비들의 소견법消遣法에 누워서 유람하는 와유臥遊가 기발하다. 명승이나 고적을 그린 그림을 보며 정경을 더듬는 것인데, 고급 여행서야말로 최고의 와유다.

나는 먼저 내 발로 직접 밟은 베네치아 대목을 펼쳤다. 이탈리아의 다른 도시들과 달리 '고대 로마의 유적들이 없고, 봉건 영주들이 없었고, 교황의 흔적도 거의 없고, 프랑스 왕, 스페인 왕, 신성로마 황제의 그림자를 느낄 수 없다.' 아, "베네치아는 천 년의 역사 동안 그 어떤 외세로부터도 자유로운 독립 공화국이었다." 베네치아의 영광은 불기不羈의 자유를 구가한 철저한 공화주의에 바탕한 것이었음을 뒤늦게 깨친다. 베네치아의 핵심을 단번에 움키는 솜씨가 날래기 짝이 없다. 이런 눈매가 어디 베네치아뿐이랴. 이탈리아의 남북과 고금을 종횡하면서 유럽의 심장 이탈리아의 영혼을 길어 올리는데, 특히 건축, 회화, 조각을 해석하는 예술적 감식안에 슬쩍 놀란다. 가령, 나로서는 이름도 생소한 키에자 델 제수(예수 교회)를 "로마에 가면 반드시 들러야 할 이탈리아 바로크의 일번지"라고 소개하는 대목에서 툭 던진 한 마디, "바로크는 (…) 마르틴 루터에 대한 가톨릭의 대답이다"가 그럴 것이다. 물론 바로크와 반종교개혁을 연계하는 논의가 새로운 것이 아니고 이 정의가 지나치게 단순하다는 점 또한 분명할지라도, "순교성인들의 고난은 더욱 가슴 치게, 주님의 영광은 더욱 눈부시게" 드러낸 바로크 예술의 기원起源을 건드린 눈길이 날카로우매, 종교개혁의 파고에 맞서 가톨릭의 정통성을 대중의 감성에 직소直訴하려는 교회의 뜻이 고전적 르네상스 양식의 해체를 야기한 문리文理가 비로소 환해진다. 과시 이 책은 눈의 호사와 사유의 즐거움을 겹으로 선사하는 불이不二의 이탈리아 입문서가 아닐 수 없다.

나로서는 고마운 게 또 하나 있다. 사실 이 책을 꿰는 열쇠말은 통일이다. 마침 김 대사 부임한 다음 해가 통일 백오십 주년이었으니 현지의 실감이 생생하다. "통일 기념일인 3월 17일은 공휴일도 아니고 기억하는 사람도 별로 없다. 이탈리아에서 대표 국경일 대접을 받는 6월 2일은 제이차 세계대전이 끝난 후 1946년 공화국 헌법이 선포된 날이다." 아니 이게 웬일인가. 알다시피 단재丹齋가 번역한 『이태리 건국 삼걸전伊太利建國三傑傳』(1907)은 조선의 지식인들을

격동한 책이다. 국민시인 만해萬海가 『님의 침묵』(1926)에서 "'님'
만 님이 아니라 그룬 것은 다 님이다. 중생이 석가의 님이라면 철학
은 칸트의 님이다. 장미화의 님이 봄비라면 마시니의 님은 이태리
다"(「군말」)라고 갈파했을 때, 그 '마시니'가 바로 『삼걸전』의 마치
니Giuseppe Mazzini니, 리소르지멘토Risorgimento는 한국 민족문학의 정수
배기였다. 그런데 정작 이탈리아에서는 통일 이탈리아 왕국이 출
범한 1861년이 이토록 찬밥 신세라니. 다시 생각해 보면 그럴듯도
하다. 『삼걸전』이 1861년이 아니라 교황을 바티칸으로 몰아넣고
로마를 판도에 넣은 1871년에 끝나는 것으로 미루어도 리소르지멘
토의 종점은 열려 있던 것이다.

　『이탈리아 이탈리아』는 이 과정에 자세하다. 오스트리아가 프로
이센에 패배하면서 1866년에 베네치아를 비롯한 베네토 주가, 프
랑스가 프로이센에 패퇴하면서 1871년에 로마를 비롯한 라치오 일
대가, 그리고 합스부르크 제국이 해체된 일차대전 후에야 트리에
스테를 포함한 프리울리 주의 상당 부분이 이탈리아의 판도로 편입
되었으니, 저자 말대로 로마 제국의 경험, 자치도시의 뿌리, 그리고
교황의 존재라는 세 그늘이 깊은 이탈리아는 국민국가와 인연이 멀
기는 먼 모양이다. 북부의 자치도시들과 중부의 교황령과 남부의
나폴리 왕국이라는 삼분 구도가 지금도 저류로 유전하는 이탈리아
에서, 그래도 19세기 후반에 통일을 이루었다는 게 기적에 가까운
일이었음을 새삼 실감한다. 저자는 그 핵심을 다시 찌른다. 르네상
스를 이끌던 유력 가문의 시대가 가고 왕가의 시대라는 역사의 새
흐름이 도착했으니, 마치니, 가리발디, 카보우르, 이 삼걸은 그 위
대한 도구였다. 그 복잡한 과정을 풀어낸 저자의 요령있는 기술이
돋보이거니와, 말하자면 『이탈리아 이탈리아』는 한 세기 만에 다
시 쓴 『이태리 건국 삼걸전』이요, 그 생생한 후일담이기도 한 것이
다. 오래 궁글렸던 『삼걸전』에 대한 논문을 쓸 가장 중요한 참고서

라는 개인적인 감회에 앞서, 한반도의 통일을 다시 생각할 묘처를 제공한 점에서 더욱 중요롭다. 당시로서는 불가피할 수도 있었지만, 두고두고 후유증을 남긴 중앙집권적 군주국으로 통일에 이른 것이 1861년의 병통이었다. 연방 형태의 공화국을 꿈꾸었던 마치니의 탄식이 침통하다. "나는 이탈리아의 영혼을 일깨우고자 했으나 지금 내 앞에 놓여 있는 것은 시체일 뿐이다." 통일의 후유증에 여전히 시달리는 이탈리아가 그 풍부한 분권적 전통을 아우를 제이의 통일에 성공하기를 저자와 함께 기원하면서, 우현又玄 고유섭高裕燮 선생과의 인연을 귀히 여긴 열화당悅話堂의 후예 이기웅李起雄 선배께 각별한 감사를 전하고 싶다.

일러두기

- 이탈리아 인명 중에는 현지 통례에 따라 성이 아닌 이름으로
  표기한 경우도 있다.(예: 다 빈치 → 레오나르도) 마찬가지로
  '찾아보기'에서도 성이 아닌 이름으로 항목을 설정한 경우도 있다.
  (예: 폴로 → 마르코 폴로, 리치 → 마테오 리치)
- 교황, 성서 인물의 경우 오랫동안 우리말처럼 쓰여 온 것들은
  원어 발음에 따라 표기하지 않았다.(예: 파올로 3세 → 바오로 3세,
  피에트로 → 베드로) 다만 건축물 이름에 포함된 경우에는
  원어 발음 표기를 따랐다.(예: 성 베드로 교회 → 산 피에트로 교회)
- 로마 황제, 교황, 기독교 성인 등 이탈리아어보다 라틴어나
  그 밖의 언어 표기가 우리나라에서 널리 통용되는 경우에는
  이탈리아어 표기를 따르지 않았다.(예: 페데리코 2세 → 프리드리히 2세,
  알레산드로 6세 → 알렉산데르 6세, 아고스티노 → 아우구스티누스)

차례

서문 최원식   5

프롤로그   15

이탈리아학 입문   25

로마의 교회들   47

라치오의 고읍들   73

피렌체 산책   95

나폴리에서 살레르노까지   121

움브리아, 마르케, 로마냐   147

베네치아 회상   177

시칠리아 답사   203

밀라노와 그 부근   229

이탈리아의 통일과 오늘   255

에필로그   269

발문   273

참고문헌   275

찾아보기   278

프롤로그

이탈리아 얘기를 할 참이니 그럴듯한 이탈리아어 인용구로 시작해 보자. "이 세상은 한 권의 책, 여행하지 않는 이는 책을 한 페이지만 읽은 셈이다.Il mondo è un libro, e chi non viaggia legge solo una pagina." 고대 로마 제국이 기울고 기독교가 일어서던 무렵, 『참회록Confessions』으로 유명한 성 아우구스티누스St. Augustinus의 말이다.(도판 1)

이탈리아라는 범상찮은 역사와 문화를 가진 나라에서 삼 년을 살다 왔다. 대사관이 있는 로마는 물론이고 이런저런 일로 지방을 돌아볼 기회가 적지 않았다. 일부러 계획을 세워 이곳저곳 방문한 경우도 많았다. 어디를 가 보아도 크건 작건 대개 감탄이 이어졌다. 과거에 몇 차례 찾았던 곳을 다시 가 보아도 "어, 이랬던가?" "아, 이런 게 있었네!" 하는 소리가 나왔다. 간직한 역사의 층과 문화의 폭이 두터워, 보면 볼수록 새로운 것이다.

사람들이 이탈리아가 대단한 나라라고 말할 때 그 이유는 갖가지다. 어떤 이는 이탈리아 음식과 와인을 얘기하고 누구는 이탈리아의 패션을, 또 다른 이는 이탈리아제 자동차나 요트를, 디자인을, 나아가 문학을, 음악을, 미술을, 건축을 얘기한다. 여기서 조금 철학적으로 얘기하면, 이러한 것들은 이탈리아가 가진 비범성, 그 대단함의 현상일 뿐이다. 이들 현상은 그 나름대로 중요한 것이지만 그에 못지않은 우리의 관심 대상은 그러한 대단함의 연원淵源이다. 그것은 다름 아니라 장구하고 이야깃거리 많은 역사와, 그 역사가 남긴 다양하고 다채로운 유산, 그리고 그 속에서 그 나라 사람들이

일구어낸 전승과 문화 등 보다 항구적인 측면에 관한 것이다.

이탈리아의 스무 개 주州, regione 중 하나인 시칠리아 섬의 예를 잠깐 들어 보자. 고대부터 중세까지 이 섬을 거쳐 가며 뚜렷한 문화적 자취를 남긴 민족만 보더라도, 페니키아인, 그리스인, 카르타고인, 로마인(이탈리아인), 사라센인(아랍인), 노르만인, 게르만인 등 그 다양성이 현란할 정도다. 이들이 각기 별도로, 혹은 기왕의 것에 포개어 남겨 놓은 문화유산들이 섬 하나에 가득하다. 다양한 문화들의 흥미로운 대조를 넘어 복수의 상이한 문명이 한 공간, 섬 하나에 공존하는 모습이다. 범상할 수가 없으며, 그야말로 독보적인 나라다.

우리는 별다른 의식 없이 혼용하지만 유럽인들은 관광과 여행을 구분해 얘기하는 경우가 많다. 관광객이 대개 기분으로 떠나고 남이 짜 준 프로그램에 따라 그룹으로 다니며 소비성 나들이를 한다면, 여행객은 나름의 생각을 갖고 떠나 자신이 짠 계획에 따라 개별적으로 움직이며 생산적 답사를 즐기는 이들이다. 한 걸음 더 나아가 자신만의 화두를 안고 긴 길을 떠난다면 그건 순례길이다. 이제부터 얘기할 내용은 내가 이탈리아에 살며 돌아본 무궁한 문화유산과 거기에 얽힌 무진한 이야기에서 취한 것들이다. 이들 유산과 문화를 살펴보되 고립된 개별적 대상으로서보다는 역사적 맥락이나 시공간적 연관성 속에서 보려는 노력을 잊지 않았다.

이탈리아에는 팔천 개가 넘는 코무네comune (중세 이후 이탈리아

2. 트렌토의 두오모 앞 광장. 이탈리아의 도시와 마을 들은 대소간에 두오모 앞에 광장이 있고, 사람들은 이곳을 공동체의 중심으로 여긴다.

에 번성한 자치공동체로, 수도 로마도 하나의 코무네고, 수백 명이 사는 시골의 소읍도 하나의 코무네다)가 있다. 어디를 가도 나름의 창건 설화가 있으며, 공동체 형성의 역사적 연고에 대한 주민들의 자부심이 크고, 공동체 수호성인에 대한 사랑과 믿음이 지극하다. 마을 중심부에 성聖과 속俗을 각각 대표하는 주교회Duomo와 시청Municipo이 있고, 이 두 건물이 마주보는 사이 공간인 광장Piazza에는 대개 근사한 분수가 하나씩 있다.(도판 2) 이 광장이 바로 구시가지의 중심이다. 차 한 대가 가까스로 지나갈 만한 골목 여러 개가 이 광장을 중심으로 모여들고 또 뻗어나간다. 마치 이탈리아 반도의 중심에 로마가 있으면서, 남북으로 또 동으로(로마의 서쪽은 얼마 안 가 바다다) 뻗은 모든 길이 (속담 그대로) 로마로 통하는 형국이다.

고대 로마 시절 조성된 옛길들은 현재도 과거의 길 이름을 그대로 지닌 채(비아 아피아, 비아 카시아, 비아 플라미니아, 비아 아우렐리아 등) 어엿한 전국적 간선국도Superstrada로 사용되고 있다. 이천 년 된 그 길이 지금도 말이다. 이런 점이 벌써 다른 나라에는 유례가 없는 일이다.

이탈리아의 역사 유산들은 로마 제국 시절의 신전, 개선문, 경기장, 원형 혹은 반원형 야외극장, 수도교水道橋 들과, 중세부터 르네상스, 바로크 시기에 지어진 교회, 세례당, 수도원, 성채, 팔라초Palazzo(궁 혹은 대저택), 별장, 분수대 같은 건축물 내지 건조물 들이 많다. 놀라운 사실은 이러한 유산들이 대개 바라보고 감탄하는 대상으로 그치는 것이 아니라, 오늘도 그 안에서 사람들이 걷고, 일 보고, 물 마시고, 세례받고, 기도하고, 근무하고, 공부하고, 공연하는 현실 공간이라는 점이다.

오백 년 넘은 팔라초도, 천 년 지난 교회도, 심지어 이천 년 된 담이나 길들도 현재 그대로 일상생활의 일부다. 이러다 보니 제이차 세계대전이 끝나고 이탈리아가 현대적 공화국으로 재출범했을 때에도 과거 귀하신 분들이 살던 팔라초들이 넘쳐나 정부 부처나 공공기관의 건물을 새로 지을 필요가 없을 정도였다. 메디치가家 출신 교황 클레멘스 7세의 질녀로 프랑스 왕 앙리 2세에게 시집가면서 여러모로 유명해진 카테리나 데 메디치가 살던 마다마 궁Palazzo Madama은 현재 상원 의사당이고, 시에나에서 은행업으로 입신한 키지가家 출신의 교황 알렉산데르 7세가 추기경 시절 살던 키지 궁Palazzo Chigi은 현재 총리실 청사다.(도판 3, 4) 로마에 살던 시절 나도 가끔 업무 차 드나들던 곳들인데 이러한 재활용의 예는 한이 없다.

수많은 교회들은 당연히 오늘도 신앙 공간이고, 많은 중세의 비블리오테카들도 현재 그대로 도서관인 경우가 많다. 볼로냐 대학이나 파도바 대학같이 개교 천 년을 바라보는 대학들에 가 보면, 페

3, 4. 로마의 키지 궁(위)과 마다마 궁(아래). 고대 이래 이탈리아의 공공건물들은 석재의 단단한 구조물이어서 허물고 새로 세우기보다는 재활용이 현실적 방법이었다.

트라르카나 갈릴레이 같은 쟁쟁한 호학好學 영령들이 그 시절 그 자리의 그 대학에 다니는 수백 년 후배들의 왕래를 지긋이 내려다보는 분위기가 있다. 이렇게 수백 년, 나아가 천 년을 일상적 숨결로 느끼는 환경을 경험하다 보면, 우리가 젊어서 배운 공맹孔孟의 말씀대로 상고尙古 온고溫古하고, 법고法古 호고好古하는 마음이 자연히 일어나는 장점이 있다.

한번은 이런 적이 있다. 로마에서 자동차로 한 시간 남짓 내려가는 벨레트리Velletri란 마을을 방문했을 때다. 괴테도 이탈리아 여행(1786-1788) 때 로마를 떠나 나폴리로 가는 길에 하루 묵어갔던 고읍古邑이다. 고대 로마 시절의 화려한 석관石棺 컬렉션을 자랑하는 소담한 박물관이 있는 곳이다. 시청에서 시장 일행과 환담을 하는 중에, 2014년에 자기네 마을에 큰 행사가 하나 있는데 로마가 그리 멀지 않으니 나도 참석해 달라는 얘기였다. 알고 보니 로마 제국의 초대 황제 옥타비우스 아우구스투스Gaius Octavius Augustus가 그 마을 태생인데 기원후 14년에 돌아가셨으니 2014년이 이천 주기周忌여서 추모행사를 계획하고 있다는 설명이었다.

기원후 14년이라니! 우리도 언필칭 반만 년 역사를 얘기하고 우리의 고대 왕국들이 한때 유라시아 대륙의 동단東端을 종횡했었지만 이 경우는 뭔가 조금 다르지 않나 싶었다. 오십 주년, 백 주년, 아니면 이백 주년을 기념한다는 얘기들은 제법 듣고 보아 왔지만 이천 주기를 추모한다니!

유럽 사람들과 유럽 역사를 얘기하다 보면, 청년 보스니아 당의 열혈청년이 사라예보 시내에서 오스트리아 제국의 황태자를 암살하던 1914년 여름 얘기도 나오고 나폴레옹 전쟁이 끝나 가던 무렵 뒷수습을 위해 빈 회의가 시작되던 1814년도 나오지만, 몇천, 몇백이 다 빠진 홑 14년을, 그것도 고고학이나 역사학 연구모임도 아니고 일상적 대화의 과정에서 자연스럽게 나오는 걸 듣자니 속으로

5. 볼테라. 에트루스키 시대와 고대 로마의 유적들이 중세의 건물들과 공존하며 오늘도 여전히 삶의 터전이 되고 있다.

"원, 이런!" 하는 탄사가 나오지 않을 수 없었다.

한번은 또 부임한 지 얼마 안 되어 시에나에서 피사 가는 쪽 시골 길로 한 시간쯤 들어가는 볼테라Volterra라는 마을을 방문한 일이 있었다.(도판 5) 에트루리아 유적지와 유물 들이 잘 보존되어 있고 로마 제국 시절의 예쁜 아치 성문과 야외극장에, 늘씬한 사이프러스 나무들이 시원한, 전형적인 토스카나 구릉 위의 마을이다. 에트루리아의 잃어버린 문명에 대해 애틋한 글들을 남긴 영국 소설가 로런스D. H. Lawrence도 좋아했던 곳이다. 또 대리석의 일종으로 앨러배스터란 돌이 있는데, 볼테라가 바로 이탈리아 최대의 앨러배스터 산지로서 그 공예가 발달한 곳이기도 하다. 재질이 보드랍다 못해 투명한 데다 무늬결이 아름다워, 중세 교회들 중에는 창문을 낼 때 값비싼 유리 대신 이 돌을 얇게 저며 사용한 경우가 많았다.

늘 하듯이 시립미술관을 둘러보니 지방 소읍 미술관에 르네상스 거장들의 그림이 즐비하다. 한때 자신이 운영하는 공방에서 미켈란젤로를 지도한 화가 기를란다요D. Ghirlandajo, 로마 인근 오르비에토 두오모의 벽화로 유명한 루카 시뇨렐리Luca Signorelli를 비롯해 이탈리아 매너리즘의 '종결자'인 로소 피오렌티노Rosso Fiorentino의 제단화까지 그 소장所藏이 만만치가 않다. 뒤에 시장을 만나 덕담을 건넸더니 볼테라의 긴 역사에 자랑거리가 많은데 그중 하나가 성 베드로에 이어 제2대 교황을 지낸 성 리누스St. Linus가 볼테라 출신이라는 사실이란다.

가톨릭 이천 년에 교황이 기백 분은 나왔으리라 짐작하고, 초대 교황으로 성 베드로가 추앙되는 것도 흐린 밤 달 보는 정도로 알겠는데 제2대 교황이라니! 이탈리아를 얘기할 때면 르네상스 시절의 율리우스 2세(재위 1503-1513)나 레오 10세(재위 1513-1521) 같은 교황들은 흔히 화제에 오른다.(도판 6, 7) 또 그레고리우스 7세(재위 1073-1085)나 인노켄티우스 3세(재위 1198-1216) 들도 비교적 자주 듣는 교황들이다. 그런데 예수님의 첫번째 제자 성 베드로의 후임자의 고향 얘기를, 마치 우리가 이승만 초대 대통령 다음 윤보선 대통령이 아산 분이라고 얘기하듯, 아주 간단히 지나가는 것을 듣고 이탈리아 식 역사 호흡에 나는 또 한 번 아연했다.

이렇게 몇 군데 다녀 보며 촉발된 나의 호기심은 이내 탐구심 비슷하게 변해 갔고, 노는 입에 염불한다는 정도로 둘러보던 자세가 화두話頭 들고 정진하는 심경으로 바뀌면서, 기회가 될 때마다 이탈리아 곳곳을 어지간히 돌아보았다. 어디를 가든 과연 예기치 않은 자극과 발견들이 이어졌고, 볼거리, 생각거리가 넘쳐나고 도사린 얘깃거리들이 풍성했다. 지내 온 역사의 두께가 워낙 두터운 데다가 이탈리아를 구성하는 각 지방 코무네들이 각기 독자적인 전통과 문화를 키워 온 데 따른 다채로움이 더해진 결과다.

한 발짝 더 나아가면, 유사 이래 인간이 엮어내고 가꾸어 온 역사

6, 7. 라파엘로의 〈율리우스 2세〉(왼쪽)와 〈레오 10세〉(오른쪽). 두 교황 모두 라파엘로를
총애하여, 특히 바티칸 궁에 라파엘로의 걸작들이 많다.

와 문화에 관한 한, 아득한 고전에서부터 오늘의 첨단에 이르기까
지 이탈리아를 빼놓고 얘기한다는 것은 무모한 일이다. 고대의 성
취, 중세의 모색, 르네상스의 창발, 근대의 대전환 들이 대개 이탈
리아를 가운데 두고 이루어졌다. 성聖, 속俗을 망라한 얘기다. 이탈
리아를 아는 것은 유럽 역사의 원류를 아는 실마리이고, 유럽 문화
의 요체에 접근하는 지름길이다. 런던이나 파리나 베를린을 돌아
보는 감흥과는 그 울림의 내용과 진폭에서 자못 차이가 난다. 아무
리 교양과 거리를 두고 사는 속물이라 해도 로마나 피렌체나 베네
치아를 둘러보며 시큰둥하기란 쉽지 않을 것이다.

　바로 이 현장을 둘러보고 이 사람들을 만나 보기 위해 중세 이래
유럽 각국의 무수한 명사名士와 재자才子 들이 이탈리아를 찾았다.
일찍이 『캔터베리 이야기』의 초서G. Chaucer가 산(알프스) 넘고 물
(도버) 건너 파도바로 페트라르카F. Petrarca를 찾았던 이래, 이탈리아
는 유럽 각국의 명사들에게는 영감의 원천이었고 명문가 자제들에

8. 〈페트라르카 초상〉 프레스코화. 르네상스를 고전의 재발견이라 할 때, 페트라르카의 『키케로 서간집』 발견을 그 출발점으로 보는 이들이 많다.

게는 교양 필수 방문지였다.(도판 8) 이미 르네상스 시절부터 뒤러, 반 다이크, 루벤스 등 일세의 화가들과 몽테뉴를 필두로 한 무수한 문사文士, 예인藝人 들의 방문 혹은 이주가 이어졌다.

18세기에 이르러 괴테가 바이마르 공국의 바쁜 정무와 『파우스트』 집필까지 중단하고 이십 개월 가까이 이탈리아를 종주한 사실이 세상에 알려진 뒤에는 아예 방문 러시 현상이 일어났고, 이런 유의 견학성 방문에 '그랜드 투어'라는 공식 별칭이 붙었다. 이후 스탕달, 하이네, 바이런 등이 문학으로 다듬고 부르크하르트, 뵐플린, 베런슨 등이 미학으로 정리한 이탈리아의 문화유산은 더욱 풍성한 모습으로 우리를 만나게 된 것이다.

들어가는 말은 이 정도로 해 두고 이제 함께 이탈리아 여행길에 나서 보자. 이왕 떠나는 길인데 "이 교회 진짜 크네!" "이 그림 정말 이쁘다!"로 일관하기보다는, 같은 것을 보더라도 허공 속의 물건이 아니라 역사적 맥락의 산물로서, 당시 사람들의 손길과 숨결 혹은 야망과 좌절을 감지하며 다니는 그런 여행 말이다. 이런 자세로 여행길에 나서면 관광길에 즐비한 착한 가격의 명품이나 좋은 와인, 맛난 음식들은 그냥 덤이다.

이탈리아학 입문

먼 길 가는 사람이 가는 곳에 대해 아무런 공부 없이 나선다는 것은 심하게 말하면 반목적적이고, 줄잡아 얘기해도 비생산적이다. 여권이나 입국비자같이 없으면 아예 떠나지 못한다는 자세로 준비해야 할 일이 사전 공부다. 대단한 공부일 것도 없다. 그저 찾아가는 장소와 관심있는 볼거리들의 개별적인 연고와 의미를 미리 알아 두되, 단편적 지식보다는 역사와 문화의 큰 맥락 속에서 하나의 유기적 일부로 살아 있도록 갈무리하는 것이 좋다. 그래야만 산 지식이 된다. '이탈리아학 입문'은 바로 그런 용도다.

이탈리아의 역사유적이라 하면 먼저 로마의 콜로세움이나 판테온 혹은 폼페이의 폐허 등 고대 로마 시절의 유적들이 제일 오래인 듯 떠오른다. 하지만 고대 로마 왕국의 개창開創 연도로 공인된 기원전 753년보다 수백 년 전부터 이탈리아 반도에는 중부지역을 중심으로 예의 에트루리아인들이 독자적 문명 수준의 문화를 갖고 있었고, 그 밖에도 사비니Sabini, 피체니Piceni, 불쉬Vulsci 등 수많은 중소 부족들이 있었다. 이탈리아에는 오늘날에도 자기가 이들 부족의 후손이라고 얘기하는 사람들이 심심찮게 있다.

같은 시기 시칠리아 섬을 비롯한 이탈리아 반도 남단에는 그리스인들이 대거 이주해 와 살고 있었다. 그 규모가, 마치 훗날 영국 본토와 미국 식민지 간의 관계와도 비슷하게 본토의 그리스 인구를 능가하여, 그 일대를 마그나 그라이키아Magna Graecia(대大그리스)라 불렀다. 아르키메데스, 피타고라스 같은 고대 그리스의 대학자들

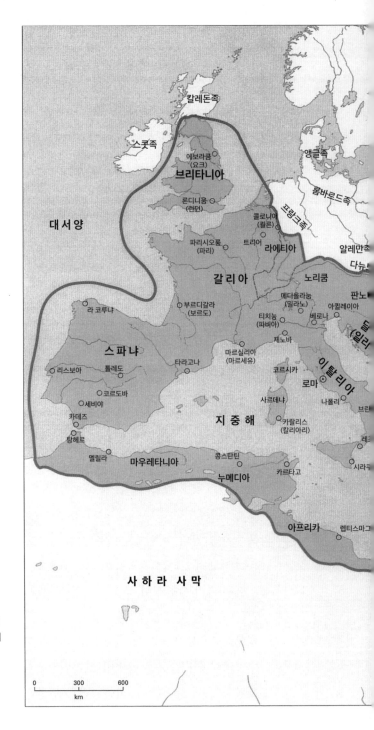

9. 로마 제국 전성기 판도.
2세기 초 트라야누스 황제 때
최대로 넓힌 영역을 어렵사리
지탱하다가, 3세기 말
디오클레티아누스는 효율적
지배의 한계를 절감하고
동서 로마로 분할하게 된다.

해

돈 강   볼가 강

칼족

보스포루스 왕국

카스피 해

다 키 아

티라스   케르소네소

아브리투스   흑해

이수스(니쉬)

트라키아   시노페

아르메니아 왕국

마케도니아   비잔티움 니코메디아

앙카라   카파도키아   티그라노케르타

리스   테살로니카   니네베

이타카   에페소   메데사   아르벨라

아테네   타르수스   안티오키아   메소포타미아

낙소스   안탈리아   바그다드

란토스   팔미라   바빌론

르타   살라미스   로더스   다마스쿠스   팔레스타인

크레타   키프로스   시돈

크도수스   티레

키레네   예루살렘   아랍족

알렉산드리아

아 라 비 아 사 막

멘피(멤피스)

이 집 트

테베

홍 해

이 마그나 그라이키아에서 태어나거나 활동했던 이들이다.

이렇게 다양한 갈래의 역사적 문화적 뿌리들을 안고 출범한 고대 로마는 당초부터 제국의 소지를 잉태하고 있던 셈이다. 그 후 로마는 세 차례에 걸친 포에니 전쟁을 치르며 북아프리카 지역까지 석권해 환지중해 연안 전역을 아우르는 초유의 대제국(정체政體는 아직 공화정이었다)으로 거듭난다.(도판 9) 오늘날 지중해라는 이름은 훗날 유럽에 복수의 대등한 세력들이 속출하면서 중립적으로 붙여진 것이지만, 당시 지중해의 명칭은 '우리의 바다Mare Nostrum'였고, 여기서 우리가 누구냐고는 굳이 따질 사람이 없던 시절이었다.

로마 제국은 오늘의 우리에게 많은 역사유적과 문화유산을 남긴 뒤 그 천 년 수명을 다한다. 알라리크의 서고트, 겐세리크의 반달, 테오도리코의 동고트 들이 차례로 제국의 위엄을 범한 뒤 476년 종언을 고하는 것이다.(동로마, 즉 비잔틴 제국까지 계산하면 다시 천 년을 더해야 하지만, 이 책의 관심은 이탈리아 반도가 위주다) 로마에 가면 당시 이들 야만족의 내침을 막아 보려 둘러친 아우렐리아노 성곽이 아직 시내 곳곳에 상당 부분 남아 있어 그 두께와 높이의 위용이 보는 사람을 압도한다. 남아 있는 성문들 중 상당수는 오늘에도 수많은 사람들과 차량들이 통행하는 예의 재활용 사례들이다. 지난 1950-1960년대에 명성을 떨치던 이탈리아 영화산업의 충무로라 할 수 있는 베네토 거리Via Veneto로 들어가는 핀치오 문Porta Pinciana이나 고대의 간선도로인 비아 아피아 안티카와 이어지는 산 세바스티아노 문Porta San Sebastiano 들은 이천 년을 제자리에서 맡은 역할을 계속하고 있다.(도판 10, 11)

서로마가 멸망한 뒤 이탈리아 반도에 정착한 마지막 야만족은 게르만계 롬바르드족Lombards이었다. 이들은 머지않아 모두 기독교에 흡수되었다. 샤를마뉴Charlemagne(재위 768-814)가 서유럽 지역과 이탈리아 반도를 평정하고 로마를 방문해 신성로마 황제로 대관한

10, 11. 산 세바스티아노 문(위)과 핀치오 문(아래). 로마 시내를 에워싸고 있는
아우렐리아노 성곽(3세기 말 축조)의 관문들이다. 인상적인 두께와 높이의 성곽을 단 사 년 만에
이십 킬로미터나 둘러쳐 오늘도 그 대부분이 남아 있다니 역시 대단한 일이다.

뒤에도 비교적 긴 기간을 지탱하며 특유의 종족 문화로 이탈리아 전역에 자취를 남겼다. 자동차 경주 포뮬러 원의 발상지로 유명한 밀라노 인근 몬차Monza나 로마에서 멀지 않은 예쁜 문화도시 스폴레토Spoleto, 고대 로마 시절 남부지방 교통의 요충지이던 베네벤토Benevento 등지가 대표적인 근거지들이었다. 이들 도시는 현재도 그 전통을 소재로 각종 문화사업을 벌여 자의건 타의건 한 번 수용한 문화는 모두 안고 가는 제국의 습관을 이어 가고 있다. 몬차가 위치하고 밀라노가 수도인 주州는 이름이 아예 롬바르디아Lombardia가 되어, 오늘날 이탈리아 이십 개 주 중 제일의 경제력을 자랑한다.

이 대목에서 한 가지 특기할 일이 있다. 바로 이 시기가 서양사에서 얘기하는 중세의 초입이고, 유럽 문명의 공통 유산으로 성장하는 기독교가 일어선 때라는 점이다. 사실, 중세 이후 유럽 역사를 통틀어 모든 면에서 제일 크고 또 항구적인 각인을 남긴 것은 그 어느 종족도 제국도 아닌 하나의 종교, 기독교였다.

초기 이백여 년 모진 박해를 견디던 기독교는, 313년 모친 엘레나의 신앙에 감화받은 콘스탄티누스 대제의 공인을 받은 후, 로마 제국이 동서로 나뉘기 전 마지막 단독 황제인 테오도시우스 때 국교로 선포된다. 이내 알프스를 넘어가 5세기가 저물기 전에 프랑크족의 맹장 클로비스Clovis를 개종시킨 기독교는, 6세기가 다 가기 전 교황 그레고리우스 1세의 헌신적 포교 끝에 도버 건너 영국까지 품어 들임으로써 쾌속의 신장을 거듭한다.(도판 12)

이즈음에서 로마 주교는 자신이 이끄는 로마 교회의 정통성, 즉 여타 교회에 대한 차별적 우월성을 내세우고(로만 가톨리시즘) 자신을 여타 지역 주교들과 단호히 구분해 교황이라 부르며 신의 대리인으로 자임한다. 이후 교황은 종교 신앙의 구심점을 넘어 유럽 정치사와 문화사의 최대 권력주체의 하나가 되어, 프랑스 혁명이 나고 나폴레옹이 전 유럽의 기존 판도를 뒤흔들 때까지, 그리고 결

12. 〈클로비스의 세례〉. 생 질Saint Giles 화옹畵翁의
1500년경 그림으로, 워싱턴 국립미술관에 있다.

정적으로는 1871년 통일 이탈리아
왕국에 로마를 내주고 바티칸으로
들어갈 때까지 그 역할을 이어 갔던
것이다.

고대 로마의 역사 유산이 주로 건
축물인 데 비해 기독교가 남긴 유산
은 훨씬 광범위하다. 교회 초기의 카
타콤베Catacombe(고대 로마의 지하 공
동묘역)와 수많은 순교성인들의 유
골, 유품 들을 위시한 이탈리아 각지
의 크고 작은 교회와 수도원들, 그리
고 그 안의 벽화들, 성물들, 조각들,
그림들만이 아니다. 박해를 벗어나
권력의 자리에 오른 교황과 그 가족
들, 추기경, 주교 등 성직자들이 지은
대저택, 별장 들이 역시 그 안의 무수한 예술품들과 함께 전국에 산
재하는데, 이들 대부분이 또한 고대 로마 시절의 방대한 건축 유산
을 재활용해 지은 것들이다.

재활용 얘기가 거듭 나오는데, 이미 서 있는 건물을 일부 수리하
거나 기왕에 황성옛터로 변한 곳에서 쓸 만한 건자재나 석물 들을
가져다 사용하는 경우도 많지만, 아예 기왕의 건물을 기초 삼아 그
위에 더하여 짓고 다시 수백 년 뒤에 자연재해나 전란 등으로 무너
지면 다시 그 위에 지은 경우들도 그에 못지않게 많다.

예를 들어 로마의 산 클레멘테 교회Chiesa di San Clemente를 보자.(도판
13) 콜로세움에서 산 조반니 인 라테라노 교회 쪽으로 조금 걸어가
다 보면 있는 이 교회는 후진後陣을 장식한 모자이크와 초기 르네상
스 화가 마솔리노Masolino의 프레스코가 있는 경당敬堂, cappella으로 유

명하다. 지금 남아 있는 교회 건물도 12세기, 그러니까 거의 천 년 전에 세워진 것인데 다시 그 밑으로 상이한 역사층歷史層이 두 개 더 발견되어 1857년부터 시작된 발굴의 마무리 작업이 아직도 진행 중이다. 페르시아에서 건너온 신앙 미트라교의 신전(1세기)이 맨 밑이고, 그 위가 제4대 교황 성 클레멘스(크림으로 추방되어 순교한 성인)의 생애를 기리는 프레스코가 남아 있는, 300년대에 지어진 교회다. 앞서 얘기한 '두께'가 비유가 아니라 직설인 경우다.

교황과 로마의 입장에서 보면 13-14세기는 상대적인 침체기였다. 이 시기는 이탈리아의 주요 자치도시들이 몇몇 유력 가문의 등장과 활약으로 내부적 제도를 정비하고 경제력을 축적해 새로운 시대를 열어 간 때다. 피렌체(바르디가, 메디치가 등), 밀라노(비스

13. 로마의 산 클레멘테 교회. 콜로세움에서 라테라노 가는 바쁜 길에 숨은 듯 서 있어 자칫 모르고 지나칠 정도인데, 담장 하나만 돌아서면 훤칠한 교회 정면이 나온다.

14. 아비뇽의 교황성. 권력이라면 대놓고 과시해도 그만이던 시절, 피신처에서마저 호사를 마다 않던 종교권력의 생활상이 성 하나에 가득하다.

콘티가), 제노바(도리아가) 등이 대표적인 예다. 이 기간 중 로마는 역대 교황들이 자의 반 타의 반 프랑스에 머물며 돌아오지 않아(아비뇽의 유수幽囚, 1309-1377) 중심 권력의 부재 상태가 길어지고 콜라 디 리엔초Cola di Rienzo의 난에 따른 무정부 상태까지 겹쳐 문화유산 생산 측면에서는 다소 허송한 느낌이 있다.(도판 14)

하지만 로마 토박이 유력 가문인 콜론나Colonna가 출신 교황 마르티누스 5세Martinus V(재위 1417-1431)가 귀향을 결심하면서 상황이 일변한다. 교황이 돌아오고(직계·방계 가족, 추기경 등 성직자들과 이들을 돕는 서기, 사서, 시종, 경비병단에 조각·그림·장식·정원 등의 장인, 문화예술인 등등 포함) 세상이 안정되자 사람이 모여들어 물산이 일어나고 세수가 늘면서 교황들의 호사豪奢 취미도 본격화하여 15세기 후반의 도약기를 예감케 한다. 머지않아 로마는 마키아벨리의 『군주론』에 등장해 유명해진 체사레 보르자의 아버지 알렉산데르 6세, 교황령의 확대로 치면 우리 광개토대왕에 비견할 율리우스 2세, 피렌체의 부잣집 자제로서 그 호사 취미로 마르틴 루터의 반감을 샀던 레오 10세 등 성, 속의 경계를 분방하게 넘나들며 당대 최고의 문화 후원자 역할을 했던 신세대 교황들을 보게 되고, 오늘날의 우리는 그들이 주문하고 수집하고 사용하던 방대한 예술작품들을 문화유산으로 보고 즐기게 된 것이다. "하느님께서 우리에게 교황 자리를 내려 주셨으니 이제 힘써 이 자리를 즐겨 봄세!" 메디치가에서도 최고 실력자로 르네상스 역사에 불멸의 이름을 올린 대大로렌초Lorenzo il Magnifico의 둘째 아들 조반니Giovanni de Medici로 태어나 삼십칠 세의 나이에 교황 자리에 올랐던 레오 10세의 취임 일성이다.

얘기를 되돌려 서기 800년, 샤를마뉴는 로마 제국의 적통을 암시하며 신성로마 제위에 올랐으나 교황 레오 3세가 자청해 베풀어 준 거창한 대관식에 비해 실제 치세는 자식 대를 넘기지 못했다.(도판 15) 이탈리아 반도는 이내 어느 하나 압도적인 세력이 없는 일종의 통치 공백기를 맞는다. 아직은 유럽 곳곳에 강성한 왕국들이 할거하기 이전인 이 11-13세기 어간이야말로 이탈리아로서는 역설적이게도 로마 제국 이래 제이의 전성기였다. 이 공백을 틈타 전국적으로 수백 개의 공화적 자치도시들이 다투어 자생하고, 로마 교회도 나름의 세속적 내공을 축적해 유럽 국제정치 무대에 주연급으로 등장한다. 이탈리아의 역사와 문화가 다채로운 지역색을 갖추는 데 결정적으로 공헌한 시기다.

중흥기를 열어젖힌 선봉은 티레노 해Mar Tirreno 연안 도시들이었다. 아말피Amalfi의 경우 이미 10세기에 자체의 선단船團을 갖춰 북아프리카, 비잔틴 제국과의 대외무역을 선도하였고, 군사적으로도 당시 시칠리아를 차지해 한창 상승세이던 사라센 세력의 이탈리아 본토 점령을 차단하는 데 결정적인 공헌을 하였다. 머지않아 피사, 제노바, 베네치아 등이 다투어 막강 선단을 구축해 경쟁에 합류한다. 이어 내륙에서도, 특히 북부 지역을 중심으로 밀라노, 토리노, 피아첸차, 크레모나, 파도바, 만토바, 피렌체 등 수많은 도시들이

15. 라파엘로의 〈샤를마뉴 대관戴冠〉(부분). 샤를마뉴의 야심보다는 자신의
정치적 입지를 굳히려는 교황 레오 3세의 필요에 의해 기획되었다. '신성' 로마에 걸맞게
대관일도 800년 12월 25일로 잡았다.

상업적으로 일어나 번성의 기초를 닦았던 것이다.

　비슷한 시기, 로마와 인근 라치오, 움브리아 주 일대는 교황 세력
권으로서 공화나 자치와는 사뭇 거리가 있는 세상이었다. 반도의
남부 지역 역시 이후로도 수백 년을 더 지속할 봉건제가 한창인 처
지였다. 당시 시칠리아 섬을 포함한 소위 메초조르노Mezzogiorno('정
오正午'란 뜻으로, 이탈리아 남부 지역에 대한 별칭)는 유럽 전역을
종횡하던 당대 막강 노르만족의 치하에 있었다. 일찍이 프랑스 서
북 연안에 식민지('노르망디'의 유래)를 건설한 이들 바이킹의 후
예는, 1066년 윌리엄 정복왕이 영국을 침공하는 한편 다른 일부는
이베리아 반도를 돌아 시칠리아의 사라센들을 내쫓고 이탈리아

16. 〈프리드리히 2세와 매〉. 르네상스 이전의 르네상스인으로, 그의 다양한 관심사 중의 하나가 곁에 함께 앉아 있는 매鷹 연구였다.

반도의 남부까지 겸병兼倂하는 터전을 마련하였다. 12세기 노르만의 루제로 2세Ruggero II(재위 1130-1154)는 시칠리아 왕국을 개창해 메초조르노 중흥의 기초를 닦았던 영군英君이다. 이 지역은 이후 독일 호엔슈타우펜가家의 프리드리히 2세Friedrich II(재위 1220-1250)가 계승해 남부 특유의 문화에 항구적인 뿌리를 내리며 북부 지역과 구분되는 것이다.(도판 16)

자치도시 중심의 북부지역, 중부지역의 교황령, 남부지역의 노르만 통치 지역 등 중세의 삼분三分 구도가 대개 19세기 이탈리아의 통일까지 이어진다. 프리드리히 2세가 역사의 무대에서 퇴장한 13세기 이후 육백 년이 지나도록 이탈리아를 통일해 보겠다고 마음먹은 이는 다시 나타나지 않았다. 중세가 다 가도록 북부의 자치도시들이 크게 세 그룹(밀라노 공국, 베네치아 공화국, 토스카나 공국)으로 재편되었을 뿐, 중부의 교황령과 남부의 나폴리 왕국(시칠리아 포함)은 시대의 변화에 무심한 외딴 섬이었다. 영국과 프랑스가 백년전쟁(1337-1453)의 소모를 끝내고 중앙집권의 민족국가로 발돋움하고, 스페인이 레콩키스타Reconquista를 완성하고 통일왕국으로 새 출발하던 르네상스 시기에, 이탈리아는 여전히 도시국가 차원의 번영에 취하고 도시국가 간의 경쟁에 몰두한 중세적 분화 상태 그대로였다.(도판 17)

앞선 문화의 화려한 외관이 힘센 군대의 우세한 물리력을 당해낼 수 없고, 수천 명 수준의 계약 용병으로 수만 명 규모의 동원 병력을 대적할 수는 없는 노릇이다. 시대가 달라졌다. 스포르차(밀라노),

신성로마 제국

제네바

샤보이아
공국

토리노

샬루초
자치령

밀라노
공국

밀라노

몬페라토

모데나
공국

제노바

루카
공화국

제노바 공화국

피사

볼테라

파옴비노
공국

코르시카

시에나

브레시아

트레비소

파도바

베로나

몬페라토

페라라
공국

볼로냐

피렌체

시에나
공화국

아레초

페루자

아시시

교황령

오스티아

로마

트리에스테

베네치아

라벤나

리미니

페사로

산마리노 공화국

우르비노 공국

베네치아 공화국

신성로마 제국 경계

헝가리

오토만
제국

아 드 리 아 해

사르데냐
(아라곤)

티 레 노 해

지 중 해

베네벤토

나폴리

나폴리
왕국
(아라곤)

바리

타란토

브린디시

오트란토

팔레르모

메시나

시칠리아
왕국
(아라곤)

0   200 km

0   100 miles

17. 르네상스-종교개혁 시기의 이탈리아. 1500년경. 대개 '오패五霸'의 병립을 보게 되는 이 시기 이후
이탈리아는 주변 강국들의 직간접적 영향을 면치 못하다가 1861년 통일을 맞는다.

곤차가(만토바), 메디치(피렌체) 등 유력 가문의 시대가 가고, 프랑수아 1세(프랑스), 카를 5세(스페인-오스트리아), 헨리 8세(영국) 등 막강 왕가의 시대가 온 것이다.(도판 18-20) 결국 16세기 초 중반 이후 이탈리아 반도의 북부 지역은 대개 외세의 영향 아래 공국 혹은 총독령으로 잔명殘命을 유지하는 신세가 된다. 교황령은 아예 민족 개념과 무관한 지역이었다. 나폴리 이남의 왕국도 삼면이 바다로 둘러싸이고 북쪽은 교황령의 드높은 장벽으로 가로막힌 유럽 신사조新思潮의 무풍지대였다. 이러한 상황에서 이탈리아는 나폴레옹 전쟁을 겪고 리소르지멘토Risorgimento(이탈리아의 통일운동)를 맞이하는 것이다.

어찌 보면 이탈리아는 태생적으로 또 역사적으로 민족주의나 국민국가와는 인연이 적은 나라다. 제국의 경험(고대 로마)이나 자치 도시의 뿌리(중세), 교황의 존재(고대, 중세, 근대) 들은 모두 이탈리아의 역사를 다채롭게 만들어 주고 오늘날 우리에게 풍성한 문화유산을 남겨 준 원천이지만, 한편으로 생각하면 민족국가 형성에는 오히려 장애였다. 제국이란 본래 민족적 배타성보다는 문명적

18-20. 르네상스 성기盛期를 주름잡던 유럽의 막강 군주들 초상. 왼쪽부터 루카스 크라나흐의 신성로마 황제 〈카를 5세〉(합스부르크), 장 클루에의 프랑스 왕 〈프랑수아 1세〉(발루아), 한스 홀바인의 영국 왕 〈헨리 8세〉(튜더)다.

21-26. 고대 로마 황제의 두상頭像들. 원래 초상肖像은 그림보다 조각으로 시작되었고, 이들 초상 덕택에 고대사가 더욱 생생하게 다가온다. 왼쪽 위부터 지그재그로 베스파시아누스, 네르바, 카라칼라, 하드리아누스, 마르쿠스 아우렐리우스, 셉티미우스 세베루스.

포괄성에 입각한다. 사실 3세기가 되면 로마는 그 황제들까지 로마는 고사하고 이탈리아 출신이 하나도 없게 된다. 셉티미우스 세베루스Septimius Severus가 북아프리카 출신으로 이미 193년에 제위에 올랐다. 디오클레티아누스Diocletianus는 달마티아에서 태어나 주로 스플리트Split에 살았고, 콘스탄티누스 대제도 지금의 세르비아 땅 니시Nis에서 태어나 결국 콘스탄티노플을 만들어 천도해 갔던 것이다.(도판 21-26)

오늘날 팔천여 개를 헤아리는 이탈리아의 코무네들은 그 마을 사랑, 뿌리 사랑이 대단하다. 배타排他라기보다는 추상적 인위적 냄새가 나는 광대역廣大域 연대를 낯설어하는 역사적 본능이다. 고대의 제국적 배경과 중세의 지방분권적 뿌리가 두루 민족의식의 생장을 늦추어 운명적으로 다채로운 문화 국가의 길이 예정되어 있지 않았나 싶다. 이래저래 통일은 뒤늦게, 그것도 어렵사리 찾아왔다. 이탈리아는 그 문화가 오래 있고 나서 겨우 국가가 만들어졌다는 얘기, 또 '이탈리아 사람'도 없는데 '이탈리아 국가'가 생겨났다는 얘기 등이 흥미롭게 회자되는 배경이다.

그 뿌리는 깊어, 오늘에 이르도록 남북 이탈리아 간에는 사람들의 기질뿐 아니라 직장 문화, 생활 습관 등 많은 차이들이 남아 있다. 그중에는 음식 문화의 차이도 크다. 이탈리아 전역에서 좋은 와인들이 생산되고 와인 애호는 전국이 공통이지만, 독일과 스위스에 인접한 롬바르디아 등 북부 사람들은 와인 못지않게 맥주도 즐겨 마신다. 또 북부 사람들은 대개 빵에 버터를 발라 먹지만, 중부권인 토스카나 이남에서는 버터는 아예 구할 수도 없고 빵은 올리브유에 찍어 먹거나 아니면 그냥 먹는다.

이런 연고로, 아직도 이탈리아 사람들은 어디 사람이냐는 질문에 이탈리아 사람Italiano이라고 답하기보다는 로마노Romano(로마 사람), 피오렌티노Fiorentino(피렌체 사람), 밀라네제Milanese(밀라노 사람), 베네치아노Veneziano(베네치아 사람), 나폴리타노Napolitano(나폴리 사람) 등 자기 고향 마을이나 도시를 내세우기 일쑤다. 과거에 사람들의 성姓 사용이 일반화하기 전에는 많은 경우 태어난 마을 이름 앞에 '다da'(영어의 프럼from)를 붙여 성 대신 사용했다. 레오나르도 다 빈치Leonardo da Vinci도 '빈치 사람 레오나르도'란 의미다. 빈치 마을은 피렌체에서 멀지 않은 산골 소읍으로, 레오나르도의 생가가 보존되어 있다. 큰 도시의 경우엔 '다da'를 뺀 채 위에 예시한 '○○ 사람'이란 표현을 그대로 성으로 사용하기도 한다. 앞서 나온 매너리즘 화가 로소 피오렌티노는 묻지 않아도 피렌체 출신이고, 이탈리아의 전임 대통령 조르조 나폴리타노는 역시 나폴리 출신이다.

찬란한 과거 주류문화의 중층구조 위에 이렇게 각기 독자적인 수많은 하위문화의 다양성이 더해지며 천 년 넘게 형성되어 온 특유의 이탈리아 문화는, 19세기 중반 유럽 대륙을 휩쓴 시대사조인 민족주의의 물결 속에 뒤늦게 이탈리아 국가로 탄생한다. 〈인생은 아름다워〉로 오스카상을 수상한 영화감독 로베르토 베니니Roberto Benigni의 말대로 이탈리아는 과연 오랜 문화가 먼저 있은 다음 겨우 국가가 만들어진 희귀한 경우다. 나폴레옹 전쟁이 끝난 뒤 유럽의 구질서 복귀를 주재하며 민족주의 운동의 천적天敵 역할을 하던 오스트리아 제국 수상 메테르니히의 "이탈리아는 단지 지리 개념일 뿐"이라던 단언은 상당 기간 진실인 듯싶더니 1861년 이탈리아의 통일로 한갓 희언戱言이 되고 말았다.

로마 천 년, 중세 천 년간 유럽사의 본류를 한복판에서 감당해 온 독보적 이력은 이탈리아에 넘치는 문화유산을 남겨 주었다. 그 위에 더해, 뒤늦은 통일에 이르기까지 이어진 강토의 분열은 무수한 유무형의 유산을 더욱 다양하고 다채롭게 만들어 준 셈이다. 통계로 따질 일은 아니지만, 유네스코가 지정한 유럽 지역 세계문화유산의 사십 퍼센트가 이탈리아에 있다. 역사적 중요성이 공인된 장소만 전국에 십만여 곳을 헤아린다. 비견할 나라가 없다.

이탈리아는 그 소산所産을 알프스 이남의 반도에만 남겨 두지 않았다. 역사적으로 이탈리아는 유럽에, 나아가 온 세계에 많은 것을 준 나라다. 문화 이전에 유럽 문명의 핵심을 이루는 많은 것들이 오늘의 이탈리아 땅에서 비롯되었다. 언어, 종교, 예술에서 일상생활까지 한계가 따로 없다. 라틴어의 발원지였고 기독교의 총본산이었다. 문명 발달의 중요한 터전이 되는 도시도 고대 로마를 모델로 하여 전 유럽에 확산되었다. 로마의 치하에 들기까지 영국에는 도시가 없었다고 한다. 로마 법도 그렇고 로마 월력月曆도 마찬가지다. 고대 월력(율리우스력)이나 그 개정력인 그레고리우스력이 모두 이탈리아 작품이다. 팔음계도 이탈리아의 창안이요, 포크와 나이프도 이탈리아의 발명이다.

유럽 사람들의 머릿속에는 고대 로마가 만들어내어 지키려 했고 실제 지켜냈던 그 무엇, 같은 지중해지만 지중해 남안南岸인 북아프리카와 동안東岸인 레반테Levante와 구분되는 그 무엇, 심지어 알렉산드로스 대제 시절의 글로벌 유산인 헬레니즘과도 차별되는 그 무엇을 유럽 고유의, 조금 더 좁혀 서유럽의 적통 유산으로 여기는 경향이 있다. 이런 점에서 제이차 포에니 전쟁(기원전 218-202년)과 악티움 해전(기원전 31년)은 서양 고대사에서 의미가 특별하다.(도판 27, 28) 카르타고 한니발의 내습과 이집트 클레오파트라의 야심으로부터 유럽적인 정체성을 지켜낸, 유럽 고대사의 획기적 분수령으로 간주하는 것이다. 이 두 분수령의 영웅 스키피오와 아우구스투스에게는 서유럽 문명의 원류를 지켜냈다는 아우라가 함께한다.

끝으로 미술 얘기만 하나 더 하고 이탈리아 기초 공부를 끝내자. 유럽의 미술사를 논하려 시대 구분을 얘기할 때 가장 단순한 방법

27. 〈코끼리를 타고 알프스를 넘는 한니발〉(니콜라 푸생 작).
제이차 포에니 전쟁에서 한니발이 코끼리를 타고 알프스를 넘어왔다는
얘기는 유럽사에 하나의 전설처럼 되었다.

28. 〈악티움 해전, 기원전 31년 9월 2일〉(로렌초 카스트로 작). 공화정 시절 끊이지 않던 내외의 전란을 종식시키고 팍스 로마나의 시대를 열어젖힌 전쟁이었다.

이 중세 기독교 미술을 가운데 두고 그 전후 미술로 나눈 다음, 끝에다 근현대미술을 덧붙이는 것이다. 즉, 기독교 이전 미술—중세 기독교 미술—르네상스 미술—근현대미술의 구분이다. 여기서 기독교 이전 미술은 기만 년 전 동굴 벽화와 이집트 문화를 빼면 대부분 그리스-로마 미술 얘기다. 중세 기독교 미술도 비잔틴 미술과 프랑스 고딕 얘기가 꼭 들어가야겠지만 역시 대부분은 이탈리아 얘기를 위주로 하지 않을 수 없다. 르네상스 미술에는 르네상스 초기, 하이 르네상스와 매너리즘은 물론 바로크와 신고전주의 들이 포함될 텐데, 이 부분이야말로 이탈리아를 빼놓고 무슨 얘기가 성립할 수 있을까 생각하면, 유럽 미술사 나아가 유럽 문화에서 이탈리아의 위치가 스스로 분명해진다.

르네상스 얘기를 하면 더 이를 말이 없다. 르네상스에 관한 책들, 특히 미술 연구 서적들을 보면 내용의 삼분의 이 이상이 이탈리아

29. 이탈리아의 스무 개 주州와 이 책에서 언급된 주요 도시들.

1 아오스타. 2 토리노. 3 파비아. 4 밀라노. 5 몬차. 6 베르가모. 7 트렌토. 8 베로나. 9 파도바. 10 베네치아.
11 트리에스테. 12 제노바. 13 피아첸차. 14 파르마. 15 모데나. 16 볼로냐. 17 페라라. 18 라벤나. 19 리미니. 20 피사.
21 피렌체. 22 시에나. 23 엘바 섬. 24 오르비에토. 25 페루자. 26 아시시. 27 구비오. 28 우르비노. 29 안코나.
30 레카나티. 31 타르퀴니아. 32 비테르보. 33 로마. 34 테라치나. 35 가에타. 36 라퀼라. 37 나폴리. 38 베네벤토.
39 아말피. 40 살레르노. 41 포텐차. 42 바리. 43 카탄자로. 44 메시나. 45 타오르미나. 46 시라쿠사. 47 엔나.
48 아그리젠토. 49 팔레르모. 50 셀리눈테. 51 마르살라. 52 칼리아리.

의 르네상스이고 나머지가 여타 나라 얘기들이다. 르네상스는 여러 면에서 과거와의 획기적 차이로 부각되지만, 실은 직전 과거(중세)의 지양을 위한 근거를 더 먼 과거(고대)에서 찾으려 한 것이다. 고대를 되살려 당대의 거듭남을 기약한 것이었다. 문자 그대로 '리나시타rinascita(다시 태어남)'였다. 따지고 보면 같은 시기의 종교개혁도 비슷한 맥락이다. 세속과 뒤얽혀 많이 어지러워진 '가까운 기독교'와 헤어져 '먼 초기 기독교'의 단순한 말씀으로 거듭 태어나자는 주장에 다름 아니다. 결국 거듭 태어나기 위해 지양해야 했던 현재와 다시 태어남에 지침으로 삼았던 대과거의 준거準據가 모두 이탈리아의 역사와 문화 속에 있던 셈이다. 그리고 그 과정과 노력들이 이내 서양의 근대를 열어젖히는 것이다.

로마의 교회들

로마는 역사가 긴 만큼 별명도 많다. 그중에 유명한 것이 '카푸트 문디caput mundi(세계의 수도)'다. 이렇게 불리게 된 데는 물론 고대 로마 제국의 수도였던 것이 큰 배경이겠다. 당시 로마 제국의 판도는 실질적인 경합세력이 없는 가운데 복수의 문명과 종족을 포괄하는 하나의 세계였다. 하지만 이 별명을 얻게 된 또 다른 이유는 로마와 기독교 간의 숙명적인 관계에 있다. 예수 그리스도가 갈보리 언덕에서 처형당한 후 제자들은 망연자실, 반신반의하며 스승의 가르침을 세상에 전하려 흩어져 갔다. 첫번째 제자 베드로가 제국의 심장을 목적지로 택한 데 이어 명예제자 바울도 로마행을 결심한다. 기독교는 이내 로마 사회 구석구석에 빠른 속도로 퍼져 갔다.

　로마 제국의 전성기를 말할 때 대개 네르바, 트라야누스에서 마르쿠스 아우렐리우스까지 소위 오현제五賢帝 시대를 꼽는다. 영국의 역사가 기번E. Gibbon도 『로마 제국 쇠망사』에서 "세계사상 인류가 가장 행복했고 번성했던 때를 한 대목 특정하라면 아마 도미티아누스Domitianus(재위 81-96)의 사망으로부터 콤모두스Commodus(재위 180-192)가 제위에 오르기까지의 시기일 것"이라고 했다. 이렇게 보면 로마 제국의 성세盛世가 정점으로 치닫던 시기에 기독교 또한 굳건한 발판을 다져 갔던 것이다. 3세기 들어 제국의 피로 조짐이 현저할 때도 기독교는 특유의 호소력과 응집력으로 일반 시민은 물론 로마의 전통 귀족과 엘리트층까지 흡수해 갔다. 이미 문지방을 넘은 확산 추세 앞에 디오클레티아누스Diocletianus(재위 284-305)의

30, 31. 콘스탄티누스 대제(왼쪽)와 디오클레티아누스 황제(오른쪽) 두상頭像. 둘 다 발칸 태생으로, 서로마 제국 말기의 기독교에 대해 극명하게 다른 길을 갔다.

박해는 오히려 이 세상의 종말과 새 세상의 도래가 임박했다는 또 다른 조짐일 뿐이었다.(도판 31)

콘스탄티누스 대제의 기독교 공인은 어찌 보면 이러한 대세를 추인한 것이다.(도판 30) 기독교도의 수는 이미 로마 인구의 십분의 일에 육박했고, 기독교도 내부의 체계와 규율은 제국의 제도적 통제를 앞서가고 있었다. 이러한 상황에서 콘스탄티누스는 십자가를 앞세운 밀비오 다리 전투의 승리로 기독교에 감사하는 마음도 있었겠지만, 무엇보다 제국의 안정을 위해 기독교회의 협조 확보가 긴요했을 것이다. 325년 니케아 종교회의가 소집되었을 때 콘스탄티누스는 참석한 주교들을 친구라 부르고 자신을 비신도들의 주교라고 하는 등(그는 죽음에 임박해 세례를 받았다) 친근감을 보였다고 한다. 이제 콘스탄티누스는 대대적인 교회 건설 지원에 나선다. 카타콤베 등 지하시설이나 독지가의 사저를 활용하던 파란의 시절을 뒤로하고, 못 보던 대형 교회들이 황제의 지원으로 속속 건립되어 로마의 랜드 마크가 되고 신도들의 순례지가 되었던 것이다.

우선 콘스탄티누스가 건립한 교회들부터 먼저 돌아보자. 첫번째 교회는 당연히 고마운 황제의 이름을 딴 바실리카 코스탄티니아노 Basilica Costantiniano 다. 나중에 산 조반니 인 라테라노San Giovanni in Laterano 로 개명된 로마의 주교좌主敎座 교회다.(도판 32, 33) 이탈리아의 마을이나 도시에는 대표 교회(카테드랄레 혹은 두오모)가 하나씩 있는데, 로마의 주교회는 바티칸에 있는 산 피에트로 교회가 아니라 라테라노에 있는 산 조반니(성 요한) 교회다. 라테라노는 당시 로

32, 33. 산 조반니 인 라테라노 교회의 외관(위)과 내부(아래). 라테라노라는 이름은 이 교회의 별칭으로도 쓰이지만, 이 일대를 일컫는 대명사가 되었다.

마의 부자 귀족 신도의 이름인데, 자신의 거처이던 라테란 궁 주변을 교회 건립을 위해 기증하면서 이 일대의 별칭으로 굳어졌다. 기독교사基督教史의 큰 대목에 주요 종교회의나 조약 체결이 여기에서 많이 이루어져 우리에게 친숙한 이름이다.

뒤편에 따로 있는 세례당이나 곁에 나란히 위치한 구舊라테란 궁(15세기 바티칸으로 옮길 때까지 천 년간 교황의 관저였다)도 흥미롭다. 다만 역사적 교회로서, 또 로마의 두오모이자 전 세계 교회들의 모母교회인 데 비해 특별히 호기심을 건드리는 볼거리는 없는 편이다. 거듭되던 증개축增改築이 반反종교개혁의 열정이 넘쳐나던 시절에 이르러 바로크 일색으로 마무리된 결과다. 그래도 정면 지붕에 그리스도를 모시고 서 있는 두 조반니(세례 요한과 복음서 저자 요한) 일행의 스카이라인이 상쾌하고, 내부 중앙통로 양옆으로 도열해 순례객을 반기는 열두 제자 입상들의 위엄이 특별하다.

콘스탄티누스의 지원으로 세워진 두번째 교회는 바실리카 디 산 피에트로Basilica di San Pietro, 즉 성 베드로 교회다.(도판 34, 35) 이 교회를 모르는 사람은 세상에 없을 것이다. 첫번째 사도이자 초대 교황이 순교 후 묻힌 곳이어서 상징성이 대단하다. 상징적 의미로만 알려졌던 이곳이 15세기 들어 오늘날 우리가 아는 위상과 모습을 갖추기 시작한다. 아비뇽의 유수와 교회의 대분열Great Schism을 거친 뒤 교황들은 아무도 로마를 장기간에 걸쳐 무단히 비우지 않았다. 니콜라우스 5세, 비오 2세, 식스투스 4세 등 걸출한 교황들이 속출해 교황청의 상대적 위상을 높인 시기였다. 니콜라우스 5세 때 교황의 공식 거소를 바티칸으로 옮겨 온 데 이어, 율리우스 2세는 산 피에트로의 대대적인 개축에 착수하여 오늘의 장대한 모습을 기약한다. 말이 개축이지 콘스탄티누스 시절의 교회를 전부 헐고 새로 지은 실질적인 신축이었다. 교황 스무 명이 백이십 년(1506-1626)에 걸쳐 끝낸 대역사大役事였다. 부수 작업으로 교황의 거소와 쿠리아

34, 35. 산 피에트로 교회의 정면(아래)과 쿠폴라에서 내려다본 교회 광장(위). 세계 여행과 디지털 이미지가 일반화한 요즈음, 세계에 모르는 이가 없을 친숙한 광경이다.

Curia의 사무실들 그리고 전용 경당Capella Sistina을 짓고 고치고 꾸미는 데 동원된 고급 인력 명단은 우리가 익히 아는 미켈란젤로와 라파엘로를 포함해 그대로 당대 이탈리아 미술계의 방명록이었다.

중세 내내 마찬가지지만 특히 초기 교회 시절에는 성유물聖遺物에 대한 교회들의 애착이 컸다. 당연히 예수와 직접 관련있는 유물을 최고로 쳤고, 사도들과 순교성인들의 유골과 유품도 치열한 확보 경쟁의 대상이었다. 구매, 절취, 강탈 등 취득 방식도 다양했다. 베네치아 공화국은 알렉산드리아에 원정대를 파견해 성 마가(산 마르코)의 유해를 통째로 모셔다가 거창한 교회Basilica di San Marco를 만들어 봉헌하고, 아예 공화국의 수호성인으로 삼았다. 아래 소개하는 성 엘레나의 경우와 함께, 유품 반입 대형 프로젝트의 대표적인 사례다.

어떤 때는 타협의 결과로, 또는 시혜의 제스처로, 도저히 나누어선 안 될 것 같은 유품까지 쪼개고 나누고 떼어 갖는 경우가 많았다. 성인의 머리칼을 한 줌 나눠 주거나 손가락을 하나 잘라 주는 것은 지금의 우리 생각으로는 다소 엽기 수준이다. 그 선도적 '모범'을 보인 게 콘스탄티누스의 양대 교회이다. 다소 괴이한 일이나, 베드로의 유해를 분리해 몸체는 산 피에트로가 보관하고 산 조반니 교회에는 두개골을 모신 것이다. 예수 그리스도가 부활 후 승천하시어 유골을 남기지 않은 상황에서 베드로의 유해는 당시 최고 권위의 원천이었으니, 이 권위를 두 최고 교회가 과점寡占한 셈이었다.

성유물에 관한 한 독보적인 소장所藏을 자랑하는 교회가 산타 크로체 인 제루살렘메Santa Croce in Gerusalemme다. 산 조반니 인 라테라노에서 도보 십 분 거리인데 사람들이 많지 않아 고즈넉하다. 신앙 깊은 콘스탄티누스의 모친 엘레나는 기독교 공인의 위업에 최대의 배경 역할을 한 뒤 칠십 노구와 대규모 '발굴단'을 이끌고 성지 예루살렘을 직접 찾는다.(도판 36) 그때 반입해 온 엄청난 분량의 성

36. 치마 다 코넬리아노의 〈콘스탄티노플의 성 엘레나〉.
성지에서 대거 반입해 온 성유물 중에서도
제일 귀한 성십자가Santa Croce를 들고 있는 모습으로,
워싱턴 국립미술관에 있다.

유물들을 한데 모시기 위해 콘스탄티누스가 세운 교회가 바로 이곳이다. 그 목록은 잠깐 보아도 인상적이다. 예수님이 못 박히셨던 십자가Vera Croce의 조각, 가시관에서 뜯어낸 가시, 십자가형에 사용했던 못, 예수님의 옆구리에 상처를 냈던 로마 병사의 창, 그 상처에 손가락을 넣어 봤던 성 도마의 손가락 등이 전시되어 있다. 예수님의 피땀을 닦아 드렸던 베로니카의 수건은 산 피에트로 교회로 옮겨 특별 보관 중이고, 예수님이 출두할 때 오르셨던 빌라도의 집 계단은 통째로 뜯어 와 라테란 궁 옆에 위치한 교황의 개인 경당Sancta Sanctorum의 접근 계단으로 전용되었다. 지금도 참배객들은 예수님의 고난을 상기하며 이 성계단Santa Scala 이 십팔계를 무릎으로 오른다. 오백 년 전 마르틴 루터가 로마를 찾았을 때 시도하다 중도 포기했다는 이야기가 있다.

다음으로는, 오스티아 유적지 가는 길로 시내를 조금 벗어난 곳에 있는 산 파올로 푸오리 레 무라 교회Basilica di San Paolo fuori le Mura가 의미 깊다.(도판 37) '성 밖의 성 바울 교회'란 말인데, 여기서 성城은 앞에서 얘기한 아우렐리아노 성벽이다. 산 피에트로 교회의 경우처럼 콘스탄티누스가 이번에는 바울의 무덤 자리에 세운 교회다. 324년에 문을 연 뒤 내외 순례자들의 방문이 넘쳐나, 395년 테오도시우스(기독교를 국교로 선포) 시절에 이미 오늘의 규모로 증축했다. 19세기 대화재 이전의 규모는 성문 안의 산 피에트로 교회를 넘어서는 규모였다고 한다.

내부에 들어서면 탁 트인 높고 너른 공간에 코린트 장식의 콜로네이드colonade, 列柱가 압도해 오고, 역대 교황들의 공식 초상화 메달리온들이 벽면 상단에 프리즈frieze 장식처럼 둘러쳐 있는 게 흥미롭다.(도판 38) 중세 작품으로는 제단 위의 치보리움ciborium과 그 옆의 초대형 부활절 촛대를 놓칠 수 없다. 치보리움은 13세기 말, 문학에 단테, 그림에 조토, 조각에 아르놀포라던 그 아르놀포Arnolfo di Cambio의 명품이다.

성 바울 교회까지 왔으면 멀지 않은 곳에 있는 세 분수 수도원Abbazia delle Tre Fontane도 봐야 할 것이다. 성 바울이 참수형을 받은 자리에 12세기 초 세워진 시토회 수도원이다. 전승에 따르면 참수된 성 바울의 머리가 떨어지며 세 번 땅에 튀었는데 튄 자리마다 샘물이 솟아나왔다는 것이다. 그 자리에 얌전한 교회를 세우고 샘물 자리마다 경당을 조성해 놓았다.

산 로렌초 푸오리 레 무라San Lorenzo fuori le Mura도 좋은 교회다.(도판 39) 성 로렌초는 콘스탄티누스가 특별히 흠모하던 성인으로, 258년 발레리아누스 황제의 탄압 때 격자 철판 위에 묶여 화형火刑으로 순교했다. 성 밖이라지만 산타 크로체 인 제루살렘메에서 조금만 걸으면 된다. 젊은이들이 북적대는 대학가인데도 교회에 다가서는 순간 단번에 시골 분위기가 난다. 입구 포르티코portico의 이오니아 기둥머리와 테라코타 기와지붕이 소담해 우리나라 절집 같은 분위기다.

내부로 들어가면 모자이크 장식이 단아하고, 성 로렌초의 생애를 그린 프레스코화 연작의 고색古色이 와 닿는다. 통로nave는 물론 설교대pulpito와 합창석coro의 코스마티Cosmati 장식(중세 말 코스마티 일가가 시작한 기하학적 패턴의 채색 대리석 모자이크)이 잘 어울리는 곳이다. 이곳에는 성 로렌초의 순교 천육백여 년이 지나 가톨릭 현대사의 최대 굴곡을 몸소 겪은 교황 비오 9세Pius IX(재위

37, 38. 산 파올로 푸오리 레 무라의 외관(위)과 내부(아래). 교회 안팎의 위용과 함께
부속 수도원의 키오스트로(회랑 정원)가 휴식공간으로 일품이고, 부속 박물관도 볼만하다.

39. 산 로렌초 푸오리 레 무라. 이렇게 잘생기고 볼 것 많은 교회가 시내에 있으면서
사람들이 많이 찾지 않는다는 것은, 여행객으로서 큰 호사다.

1846-1878)가 묻혀 있다. 이탈리아 통일의 공식 연도인 1861년에
서 구 년을 더 버티던 비오는 자신과 같은 이름의 피오 문Porta Pia에
서의 한나절 전투를 끝으로 세계의 수도를 통일 이탈리아 왕국에
넘겨준 후 바티칸으로 들어갔던 것이다.

콘스탄티누스 대제는 이렇게 기독교 로마의 단단한 기초를 잡아
주고 홀연 로마를 떠난다. 330년 유럽과 소아시아를 잇는 요충지에
자신의 이름을 따 새로운 수도 콘스탄티노플을 건설한 것이다. 천
도遷都의 효험인지 제국의 명맥은 서로마가 멸망한 후로도 천 년을
더 가지만, 비잔틴 제국은 머지않아 과거 로마와는 많이 다른 길을
간다.

황제가 떠나가도 야만족들이 몰려와도 로마는 기독교의 중심이
란 상징을 놓지 않았다. 중세와 근대를 거치며 교회의 수는 계속 늘
어, 오늘 로마의 교회 수는 천 곳을 헤아린다. 어찌 골라 돌아보면
좋을까. 이미 살펴본 다섯 곳을 포함해 대략 이십여 곳은 봐야 할 것

같다. 로마사, 유럽사, 종교사, 건축사, 미술사 등에 복수로 걸쳐 있는 교회들 중 최소한이다.

다니기 전에 로마 시내 지리 공부를 조금 하자. 고대 로마는 로물루스 형제가 늑대 젖을 먹던 팔라티노 언덕을 포함해 일곱 언덕을 중심으로 시작됐다. 일곱 개 모두 고대의 성곽 안에 있다. 그중에도 중심은 현재 로마 시청이 있고 과거 제우스 신전이 있었던 캄피돌리오 언덕이다. 캄피돌리오 바로 뒤가 포로 로마노Foro Romano로, 원로원을 포함해 고대 로마의 공공건물 단지이고, 그 앞이 시내의 중심으로 베네치아 광장에 통일기념관이 있다.(도판 40, 204) 이 캄피돌리오 일대가 곧 세속권력의 상징이다.

종교권력(동시에 교황령을 통치하는 정치권력이기도 하다)은 15세기 교황의 거처가 바티칸으로 옮겨지면서 산 피에트로 교회가

40. 캄피돌리오에서 내려다본 포로 로마노. 고대 로마의 관청가官廳街 격이었으나 제국이 멸망하고 기독교가 일어서면서 중세에는 교황청이 관장하는 건축 자재 공급처로 격하되었다.

중심이 되지만 역사적으로 라테라노의 상징성도 만만치 않다. 따라서 과거 교황의 행렬이나 종교 행차 들은 주로 바티칸과 라테라노 사이를 오갔는데, 이 두 지점을 직선으로 상정할 때(로마 구시가지의 자연발생적 성격으로 길게 뻗은 직선도로가 없다) 캄피돌리오가 그 중간 지점에 위치하는 것이 공교롭다. 우리가 돌아보려는 교회들은 대개 이 어간에 있다. 특히 캄피돌리오 서쪽에 있는 교회들은 판테온 근처를, 캄피돌리오 동쪽으로는 첼리오 언덕과 에스퀼리노 언덕 주변을 주로 다니게 될 것이다.

콘스탄티누스가 로마를 떠난 후 세워진 교회 중에 먼저 보아야 할 곳이 에스퀼리노의 산타 마리아 마조레 교회Basilica di Santa Maria Maggiore 다.(도판 41) 352년 고대 신전 자리에 교회를 지어 432년 성모 마리아의 이름으로 봉헌되었다. 이는 성모 마리아의 이름이 교회명으로 등장한 최초의 사례다. 여기에는 기독교사의 큰 대목이 함께한다. 콘스탄티누스는 교회 건립에 큰 역할을 했지만 교리 확립에도 못지 않은 공을 세웠다. 카르타고의 사제 도나투스의 재세례 주장Donatism과 알렉산드리아 사제 아리우스의 보다 근본적인 성부聖父와 성자聖子의 동질성 문제 제기Arianism 등을 두루 로마 교회의 입장에 따라 정리해 주고 로마를 떠났던 것이다. 그로부터 백여 년 후 이번에는 콘스탄티노플 주교 네스토리우스가 못지않게 심각한 얘기를 꺼낸다. 성수태와 관련해, 그리스도는 신성神性과 인성人性을 함께 갖고 있고, 마리아는 신의 어머니가 아니라는 주장Nestorianism이다. 에페소 공의회(431)에서 교황 식스투스 3세Sixtus III(재위 432-440)는 이를 이단으로 규정하는 데 성공했고, 승리를 자축할 겸 이듬해 산타 마리아(성모)의 이름으로 대교회를 낙성落成한 것이다. 이 일은 종국에 가톨릭 교회의 로마와 정교회正教會의 콘스탄티노플이 대분열하는 단초의 하나가 되고, 이후 역대 교황들은 성모와 성모자의 영광을 드러내는 일에 다투어 나섰던 것이다.

41. 산타 마리아 마조레 교회. 라테라노의 산 조반니, 바티칸의 산 피에트로, 성 밖의 산 파올로와 함께 언필칭 로마 사대四大 교회의 하나다.

그 결과 오늘 이 교회의 모습은 실로 장려莊麗하다. 우선 중앙통로 nave 양옆의 열주가 정연하게 중앙 제단을 소실점 삼아 기하학적 원근법을 실천한다. 보통 교회의 기둥들은 재활용 문제상 서로 짝이 안 맞는 경우가 많은데, 이곳의 기둥들은 모두 같은 모양이다. 당시 교황의 특별지시로 포로 로마노에서 우선적으로 캐 온 것들이라고 한다. 올려다보면 천장의 격자 장식이 온통 금빛이다. 스페인의 페르디난도와 이사벨라 부부가 아메리카 대륙을 성공적으로 '발견'한 뒤 페루에서 캐다가 교황 알렉산데르 6세Alexander VI(재위 1492-1503)에게 선물한 금이란다. 통로 양편에 자리잡은 경당敬堂들도 각기 하나의 독립 교회급 규모요 장식이다. 그리고 모자이크! 중앙통로 열주 위의 벽면과 제단 앞 아치, 그리고 후진後陣을 뒤덮은 5세

42. 산타 프레세데의 내부. 산타 마리아 마조레를 찾았다면 뒷풀이 겸 휴식 차 반드시 이어서 들러 볼 만하다.

기 모자이크는 두말이 필요 없는 고대 모자이크 미술의 백미다. 시 칠리아 몬레알레Monreale의 두오모나 라벤나의 산 비탈레San Vitale 교 회의 모자이크도 겨우 대적할, 흔치 않은 장관이다. 교황 네 명이 이곳을 택해 묻혔고, 바로크 로마 건설의 일등 공신이자 당대 교황 들의 큰 사랑을 받았던 베르니니G. Bernini의 가족묘도 여기 있다. 이 정도 교회에 성유물이 없을 수 없다. 아기 예수의 성구유Santa Culla가 제단 밑 지하cripta에 모셔져 있다. 에스퀼리노 주변은 테르미니 역도 가깝고 주변이 어수선한 곳이다. 이 교회를 둘러보고 나오면 그 안 팎의 대조가 더욱 극명하다. 오늘에도 대비가 이러하니 옛 사람들 이 느꼈을 외경심이 짐작이 간다.

모자이크와 성유물이라면 빼놓을 수 없는 초기 교회가 길 하나 건너 좁은 골목 안에 있다. 바로 산타 프라세데Santa Prassede 교회. 조그 만 아치와 앞마당의 모양새는 보통 집 입구인데, 아닌 게 아니라 고대 로마 시절 티툴루스Titulus(초기 기독교 시대의 가정교회)로 출발한 교회란다. 내부는 역시 전혀 다른 내공을 보여 준다. 후진後陣과 둥근 천장에 모자이크의 색조와 표현이 정교해 달리 상상력을 동원할 필요가 없다.(도판 42) 성유물도 예수와 직접 관련된 것이 하나 있다. 책형을 당할 때 묶여 있던 기둥의 조각이 조그만 예배소oratorio에 보관되어 있다. 교회뿐 아니라 많은 로마 건물들에 공통인 외빈내화外賓內華의 전형이다.

콜로세움 쪽으로 내려오면서 산 피에트로 인 빈콜리San Pietro in Vincoli에 잠깐 들러 미켈란젤로가 만든 율리우스 2세의 묘 장식(모세 좌상)을 감상하는 것은 필수다. 이곳의 성유물은 교회 이름대로 베드로를 묶었던 쇠사슬이다. 조금 더 내려오면 산티 코스마 에 다미아노 교회Basilica di Santi Cosma e Damiano가 있다. 원래 있던 로물루스 신전 터 위에 526년에 덧지었는데, 포로 로마노 안에 세워진 첫번째 교회다. 이 시기 교회들에 공통된 것이지만, 역시 당시 최강 비잔틴

43. 산티 코스마 에 다미아노 교회의 모자이크. 6세기 유스티니아누스 대제의 사십 년 통치는 동로마가 지중해에서 마지막으로 떨쳐 본 시기였고, 비잔틴 미술의 꽃 모자이크화도 이 시기가 정점이었다.

제국의 영향으로 모자이크가 일품이다. 특히 이곳의 모자이크는 성경의 이야기를 단순한 도상으로서뿐 아니라 색감으로도 전하려 한 것이 느껴진다. 황혼을 배경으로 천상의 계단을 내려온 그리스도가 양옆의 사도 베드로와 바울로부터 코스마와 다미아노(디오클레티아누스 때 순교한 아랍인 쌍둥이 의사로, 의사들의 수호성인)를 소개받는데, 그 색깔과 메시지가 한눈에 형형하다.(도판 43)

교회를 나서면 오른편에 콜로세움이 보이고 콜로세움을 반 바퀴 돌면 눈앞에 보이는 구릉지대가 첼리오Celio 언덕이다. 이 일대에 좋은 교회들이 많다. 산 클레멘테 교회 얘기는 앞에서 했고, 조금 떨어져 호젓하게 자리잡은 산티 콰트로 코로나티Santi Quattro Coronati의 프레스코 연작도 좋지만(도판 44), 산토 스테파노 로톤도Santo Stefano Rotondo를 봐야 한다. 콜로세움의 번잡함이 바로 근처인데도 입구에 들어서면 돌연 산골마을에 소슬바람이 이는 듯하다. 원형 교회 특유의 단아함으로 기독교 공인 제1호 순교성인 스테파노를 모시고 있다. 성 스테파노는 예수님 처형 얼마 후 유대인들의 돌팔매형刑으로 순교했다. 그 현장을 사도 바울이 아직 사울일 적에 목격했고, 회개와 개종과 개명으로 이어졌다는 얘기다.

성 스테파노로 시작해 성 베드로를 비롯한 사도들, 그리고 성 로렌초, 발렌티노, 체칠리아, 아네제, 아가타, 루치아, 카테리나 등등, 특히 기독교 박해 시절의 순교성인들과 그들의 이야기는 기독교 정통성 만들기의 최대 소재였다. 기독교 공인 이전의 교황 서른한 명도 전원 순교했고 추후 모두 시성諡聖되었다. 교회들은 이들의 이름으로 세워졌고, 중세 교회의 안팎을 장식한 조각과 부조, 특히 그림(프레스코화, 모자이크, 목판화 등)은 대개 성모자를 가운데 모시고 이들 순교성인들이 양옆으로 서 있는 형식이다. 성인들은 순교한 경우 예외 없이 처형의 도구(스테파노의 돌, 카테리나의 수레바퀴)나 처형의 결과물(루치아의 눈, 아가타의 가슴) 등 특정 아이콘

44. 산티 콰트로 코로나티 교회의 프레스코. 이 교회가 프레스코 명작들로 가득한데, 교회로서는 콘스탄티누스 대제가 실베스트로 교황에게 무릎을 꿇어 보이는 이 그림이 가장 마음에 들었을 것이다.

과 함께 표현되어 그 시절 신도들이 알아볼 수 있게 도와준다. 고마운 일인데 경우에 따라 다소 멀리 나가기도 한다. 지금 우리가 구경 중인 산토 스테파노 로톤도 교회에 순교 유형별로 프레스코 연작 종합판이 있다. 효과적인 종교개혁 대응 방안을 고민하던 그레고리우스 13세Gregorius XIII(재위 1572~1585) 시절 포마란치오Pomarancio 가 그린 순교성인 열전列傳 삼십여 폭이 그것이다. 순교, 즉 처형되는 순간들을 자못 노골적으로 묘사해 으스스할 지경인데, 수백 년 세월에 많이 퇴색한 것을 요즘 식으로 요란하게 복원하지 않아 그나마 다행이다.

이들 성인의 유골을 지근거리에서 느끼고 그들의 유품을 직접 보고 만지고 경배하기 위해 갖은 어려움을 무릅쓰고 현장을 찾는 이들의 행렬은 진작부터 이어졌다. 순례자들이다. 일찍이 3세기부터 성가족의 연고지와 예수님의 행적지를 찾는 관행이 시작되었는데,

이런 관행은 곧 순교성인들의 유골과 유품이 있는 곳까지 확대되어 갔다. 그러다 7세기 들어 예루살렘을 포함한 팔레스타인 성지가 마호메트교도의 '무기한' 지배하에 들어가며 성지순례길이 막히게 된 것이다. 이때부터 순례지 로마가 상대적 중흥기를 맞는다. 성지순례의 필수 경유지 정도로 여겨지던 로마의 위상이 일약 최대 목적지로 부상한 것이다.

8세기에 들어 로마는 인근에 육박해 오는 마호메트교도들로 쇠약해진 콘스탄티노플과 성상 파괴 문제를 둘러싸고 일전을 치른다. 승리한 로마는 비잔틴 제국의 그림자를 완전히 떨쳐 버리고 교회의 건립과 장식, 성상의 조형과 제작에 박차를 가하며 중세 성기盛期를 맞이한다. 이런 배경 아래 교황 보니파키우스 8세Bonifacius VIII(재위 1294-1303)는 1300년을 희년Jubilee Year으로 선포하고 대대적인 성지순례를 권장해 수십만의 순례자가 로마를 다녀간다. 당시로서 경이적인 숫자였다. 기독교 덕분에 로마가 세계의 수도로 다시 서는 원년

45. 포폴로 문. 알프스를 넘고 비아 프란치제나 길을 걸어 로마에 도착한 순례자들을 맞이하던 첫 관문이다.

46. 산타 마리아 델 포폴로. 사대四大 교회를 빼고 로마에서 르네상스 미술을 기준으로 볼만한 교회를 둘만 추천하라면, 나는 이 교회와 산타 마리아 소프라 미네르바를 꼽는다.

元年으로 보아 무방할 것이다.

　태어난 곳에서 정해진 일을 하며 살다가 대개 그곳에서 죽었던 중세. 먼 길 떠날 일이 없던 그 시절에 고향을 벗어나 여행하는 사람들은 전부 순례자였다고 보면 된다. 살아서 뭘 구경하고 배우고 즐기자는 차원이 아니라 죽어서 영생을 얻는 것이 유일한 관심인 사람들이었고, 시대였다. 이들이 로마에 이르러 제일 먼저 마주치는 관문이 로마의 북대문 격인 포폴로 문Porta del Popolo이다.(도판 45)

　포폴로 문에 들어서자마자 바로 왼편에 있는 교회가 산타 마리아 델 포폴로Santa Maria del Popolo다.(도판 46) 먼 길 온 사람들을 맞이하는 첫번째 교회답게 볼거리가 만만찮다. 이곳에서 건축(브라만테, 라파엘로), 조각(라파엘로, 산소비노), 그림(핀투리키오, 세바스티아노 델 피옴보) 등 다양한 르네상스의 수작秀作들을 만날 수 있다.

47, 48. 카라바조의 두 폭 〈바울의 개종〉(왼쪽)과 〈십자가형에 처해지는 베드로〉(오른쪽).
이차원의 평면에 현장감을 넘어 박진감까지 담아내는 데에는 카라바조가 원조가 아닐까 싶다.

　그중에서도 일품은 역시 체라시Cerasi 경당의 카라바조Caravaggio 두
점이다. 〈바울의 개종改宗〉과 〈십자가형에 처해지는 베드로〉.(도판
47, 48) 조그만 경당의 양벽에 꽉 찬 두 그림이 마치 어릴 적 대한극
장에서 본 칠십 밀리 영화의 느낌으로 압도한다. 좁은 공간에 맞춘
과감한 단축법과 구도상의 대각선 축 활용으로 주제의 극적 효과를
높인 것은 미술사 책에서 본 그대로다. 붙어 한마디 하자면 완벽한
쿠 드 센coup de scène이다. 이처럼, 조각도 그렇지만 그림은 원래 의도
되었던 곳에 두는 것이 좋다. 매사 맥락이 중요한 것이고, 교회(빌
라, 저택도 마찬가지)에서 보는 그림이 미술관에서 보는 것과 차이
나는 이유다.

　벽 하나를 사이에 둔 카라치A. Carracci의 제단화도 좋다. 카라치도
초기 바로크를 선도한 큰 별 아닌가. 바로크 회화의 정석定石과 묘수
妙手를 한눈에 가늠해보는 현장이다. 르네상스 시기 각기 정·재계
의 큰 가문이던 델라 로베레Della Rovere(교황 식스투스 4세와 율리우

스 2세를 배출)와 키지Chigi(뒤에 교황 알렉산데르 7세를 배출한 은행 재벌)의 가족 경당들도 아울러 볼만하다.

다음은 산타 마리아 소프라 미네르바Santa Maria Sopra Minerva 교회. 로마에 가면 대개들 가 보는 판테온 바로 옆에 있다. 알프스 이북에서는 흔하지만 정작 로마에는 매우 귀한 고딕 교회다. 코발트 빛 저녁 하늘에 총총한 금빛 별들의 드높은 천장 장식이 미상불 하늘나라는 포근하리란 느낌을 준다. 이 교회는 또 학식과 규율을 높이는 도메니쿠스 수도회의 오랜 본부 교회여서 갈릴레이도 (지동설 파동 때) 이곳에 출두해 심문을 받았다. 이탈리아의 수호성인 카테리나 다 시에나Santa Caterina da Siena가 이곳 중앙 제단 아래 잠들어 있고, 한 발 비켜선 곳에는 르네상스 초기의 섬세한 성화聖畵로 사랑받는 프라 안젤리코의 석관이 편안하다. 미켈란젤로의 그리스도 입상도 오래 쳐다보게 되고, 카라파Carafa(교황 바오로 4세를 배출한 나폴리의 유력 가문) 경당에 있는 필리피노 리피의 제단화도 잊을 수 없다. 가히 예배드리는 박물관이다.

역시 판테온에서 멀지 않은 산 루이지 데이 프란체시San Luigi dei Francesi는 로마에 사는 프랑스 사람들 교회다. '산 루이지'는 바로 프랑스 왕 루이 9세Louis IX(재위 1226-1270)인데, 특이하게도 프랑스 역대 국왕 중 유일한 성인이다. 수차례 십자군 원정에 직접 참가했고 결국 튀니지에서 전사했다. 깊은 신앙으로 존경받아, 프랑스의 마지막 국왕에 이르기까지 역대 왕들이 루이라는 왕명을 즐겨 취했다. 다른 볼거리 다 건너뛰고 중앙 제단 왼편의 성 마테오 경당으로 바로 가자. 나란히 있는 성 루이 경당의 현란한 바로크가 민망하게 느껴질 정도로 점잖게 압도하는 그림 세 폭이 있다. 예의 카라바조다. 정면의 제단화가 〈마테오와 천사〉, 왼쪽이 〈마테오를 부름〉, 오른쪽이 〈마테오의 순교〉다. 포폴로 교회의 강렬한 두 폭이 가슴을 친다면 이곳의 잔잔한 세 폭은 마음을 열어 준다. 능소능대能小能大

카라바조다.(도판 49-51)

　나보나 광장을 북쪽에서 걸어 들어와 베르니니의 〈사대강 분수 Fontana dei Quattro Fiumi〉 턱에 걸터앉아 보로미니 작作 산타네제 인 아고 네Sant'Agnese in Agone 교회의 출렁이는 정면을 감상하며 다리를 쉬는 것 은 선택사항. 계속 걸어 큰길로 나오면 쿠폴라cupola(원형 지붕)가 시원한 산탄드레아 델라 발레Sant'Andrea della Valle다. 바로크가 본격화 하던 시기의 이 교회에는 이름난 피렌체 부자들의 가족 경당이 많 다. 스트로치와 루첼라이 외에 교황 우르바누스 8세를 배출한 바르 베리니Barberini 가문의 경당도 있다. 이 교황도 피렌체 출신이다. 베 르니니를 데리고 로마의 이곳저곳을 뜯어 고쳐 로마 사람들은 지금 도 옛날 바르바리barbari(야만족)가 그나마 남겨 놓은 것들을 바르베 리니가 마저 부숴 버렸다고 농담을 한다. 바르베리니 경당은 푸치 니 오페라「토스카」제1막의 무대로 더욱 유명해졌다.

　여기서 베네치아 광장 쪽으로 조금 들어가면 키에자 델 제수Chiesa del Gesu(예수 교회)가 있다.(도판 52) 로마에 가면 반드시 들러야 할 이탈리아 바로크의 일번지다. 새삼스럽게도 예수의 이름을 교회명 으로 한 첫번째 케이스이기도 하다. 반종교개혁의 선도 그룹인 예 수회를 창설한 성 이냐치오Ignatio di Loyola(1491-1556)가 1540년 건 립했다.

　바로크는 사실 (미술사적인 설명 이전에) 마르틴 루터에 대한 가 톨릭의 대답이다. 종교개혁 여파에 대한 대응책 협의를 위해 열렸 던 트렌토 공의회(1545-1563)는 "가톨릭의 정통성을 더욱 분명하 고 직접적인 방식으로 대중에 부각"키로 하고 그 일차 임무를 미술 인(건축, 조각, 그림 등)에게 맡긴다. 순교성인들의 고난은 더욱 가 슴 치게, 주님의 영광은 더욱 눈부시게 드러내어 신학적 논쟁보다 는 대중의 감성에 직소直訴하자는 것이다. 단정하고 균형 잡힌 르네 상스 스타일로는 불가능한 임무다. 비뇰라, 델라 포르타, 포초, 가

49-51. 카라바조의 세 폭 〈마테오를
부름〉(위 오른쪽), 〈마테오와 천사〉(위 왼쪽),
〈마테오의 순교〉(아래). 판테온 근처의
산 루이지 데이 프란체시 교회는
이 세 폭 걸작만으로도 찾을 이유가 충분하다.

울리 등 바로크 거장들의 재주와 가톨릭 핵심의 시대적 관심이 집
약된 의미도 깊고 볼 것도 많은 교회다. 이냐치오 경당의 대형 바로
크 조각 〈이단異端을 압도하는 신앙〉의 메시지가 노골적이다. 밑에
밟혀 신음하는 마귀 형상 둘이 각각 루테로Lutero, 칼비노Calvino라는
명찰을 달고 있다. 물론 루터와 칼뱅의 이탈리아어 표기다.

52. 예수 교회. 로마 시내의 중심인 베네치아 광장 바로 곁에 있어 찾기도 쉽고,
서양 건축사는 물론 종교사를 얘기할 때 빼놓을 수 없는 교회다.

　이왕 나섰으니 한군데 더 보고 가자. 아벤티노 언덕의 산타 사비나Santa Sabina 교회를 빼놓기 힘들다. 5세기 초에 세워진 후 도메니쿠스 교회가 되어 몇 차례 덧지었지만 초기 교회 때의 모습이 많이 남아 있다. 5세기에 나무로 만든 정문(성경의 이야기가 부조되어 있다)이 그대로 남아 사용 중이다. 이 교회의 또 하나 장점은 바로 옆의 괜찮은 정원(오렌지 정원Giardino degli Aranci)이다. 눈에 잘 안 띄는 조그만 입구를 거쳐 로마의 명품인 늘씬한 우산 소나무들을 지나 테라스에 서면 테베레 강 양옆으로 기가 막힌 로마 시내의 전경이 눈 아래 펼쳐진다. 멀리 산 피에트로 교회의 둥근 지붕에 석양이라도 비끼면 기가 아니라 숨이 막히는 파노라마다. 늘 시원한 바람이 있고 사람들이 적은 곳이라 간혹 서울에서 친한 이들이 오면 즐겨 찾던 곳이었다.

이탈리아 사람들이 엄살을 부릴 때 "탄티 코제 포코 템포Tanti cose, poco tempo"란 말을 많이 한다. "할(볼) 일은 많고 시간은 없다"는 얘기다. 로마의 교회들을 돌아보는 우리가 지금 그 처지다. 여기에 제대로 다루지 못한 아까운 교회들을 이제 이름만이라도 소개하니 로마에 가면 꼭 들러 보기 바란다. 먼저 산타 마리아 다라첼리Santa Maria d'Aracoeli. 캄피돌리오 언덕 백이십이 개 대리석 계단 위에 시원하게 자리잡은 볼 것 많은 교회인데, 그 수수한 외관에 속아 캄피돌리오를 찾았던 사람마저 지나치기 일쑤다. 대통령궁 앞길의 산탄드레아 알 퀴리날레Sant'Andrea al Quirinale와 산 카를로 알레 콰트로 폰타네San Carlo alle Quatro Fontane도 찬찬히 돌아볼 만하고, 같은 길의 산타 마리아 델라 비토리아Santa Maria della Vittoria는 베르니니의 묘품妙品 〈성 테레사의 황홀〉만으로도 발품의 보상이 충분하다.

트라스테베레Trastevere('테베레 강 건너'라는 뜻) 지역에도 좋은 옛 교회들이 많은데 그중 산타 마리아 인 트라스테베레Santa Maria in Trastevere와 산타 체칠리아Santa Cecilia 두 곳은 꼭 봐야 한다. 특히 산타 체칠리아의 도심 속 오아시스 같은 경내 분위기와 부속 수도원 건물 안에 있는 카발리니P. Cavallini의 벽화 〈최후의 심판〉은 놓치면 안된다. 세월이 준 손상에도 '서양미술의 아버지'로서의 면모가 여실하다. 로마에는 조토Giotto의 그림이 희귀한데, 조토보다 앞서 활동한 카발리니의 그림이 몇 군데 남아 있는 것은 로마의 자랑이다. 테베레 강을 다시 건너오기 전에 자니콜로 언덕 초입에 있는 작은 교회 산 피에트로 인 몬토리오San Pietro in Montorio도 잊지 말자. 브라만테의 르네상스 소품 건축 템피에토Tempietto가 특히 반가운 곳이다.

16세기의 로마는 르네상스 교황들의 전폭적인 후원으로 유럽 문화와 미술의 중심지로 떠올랐다. 17세기 바로크 양식이 유럽 전역에 확산된 것도, 앞서 설명한 대로 그 동기는 많이 다르지만, 진원지는 역시 로마였다. 18세기에 들어서도 이러한 로마의 우월적 지위에는 큰 변화가 없지만 이미 세상의 관심은 종교보다 문화예술 자체로 옮겨 가고 있었다. 이탈리아를 찾는 사람들의 대부분은 이미 죽음과 영생에만 몰두하는 순례자들이 아니라 삶과 교양에도 관심있는 문화인들이었다. 신고전주의의 로마에 대한 관심은 기독교의 로마가 아니라 고대 로마가 대상이었다. 기독교와 교황의 위상이 옛날 같지 않았다. 당시 유럽의 신사조였던 계몽주의도 한 역할한 것은 물론이다. 그리고 이어지는 프랑스 혁명과 나폴레옹의 등장은 모든 것을 바꾸어 놓는다.

이탈리아의 만능 정치인(문인이자 화가였다)으로 사르데냐 왕국의 수상을 지낸 다젤리오Massimo d'Azelio(1798-1866)는 "로마가 통일 이탈리아의 수도가 된다면 세계의 수도에서 오히려 격하되는 셈"이라는 농담 반 예언 반의 발언을 한 적이 있다. 과연 로마는 1871년 통일 이탈리아의 수도가 되었고, 오늘 로마는 더 이상 예전 같은 세계의 수도는 아닐지 몰라도 그 시절의 귀한 조각들을 간직한 채 우리의 짧은 순례를 반겨 주고 있다.

라치오의 고읍들

그리스도가 최초의 크리스천이 아니고 마르틴 루터가 최초의 루터 란Lutheran이 아니라는 말이 있다. 좀 다르지만 많이 비슷한 맥락에서, 고대 로마인들이 최초의 이탈리아 사람들은 아니었다. 로마가 세워져 소위 로마인Romani이란 분류가 생기기 전, 이탈리아 반도에는 이미 여러 종족이 살고 있었다. 북부 이탈리아의 켈트인은 알프스 이북과 같은 골족Gaul이지만 이탈리아 반도의 중원에는 이탈리아 특유의 다양한 인도, 유럽계 종족이 자리잡고 있었다.

비교적 알려진 에트루스키나 라티니 말고도 사비니, 팔리쉬, 불쉬, 에르니치, 피체니, 산니티 등등이 그들이다. 기원전 1000년 이전의 얘기다. 이들 다양한 종족의 생활 터전이 대개 오늘의 라치오주Regione di Lazio(수도 로마를 둘러싸고 있는 지역) 일대였다. 라치오라는 명칭 자체가 '라틴족의 땅Latium'이란 의미다. 나중에 기독교의 확산과 함께 세계어로 발전하는 라틴어는 많은 이탈리아어 계통의 부족어 중 하나이던 이들 라티니의 말이 체계화된 것이다. 이들 다양한 종족은 대개 기원전 700년에서 500년경까지 각기 살던 지역에 나름의 자취를 남긴 뒤 그 역사적 존재를 마감한다. 속속 로마에 흡수되어 기원전 3세기 중반 팔리쉬Falisci의 로마 복속을 끝으로 모두 로마인이 되는 것이다.

이 중에 에트루스키의 경우는 특별하다. 이들은 고대 로마보다 오백 년이나 앞서 공동체를 형성했고, 이탈리아 반도의 비교적 넓은 지역에 걸쳐 살았다. 라치오의 해안 지역과 토스카나 일대, 그리고 움브리아와 로마냐 일부(볼로냐, 라벤나 등)까지 아우르는 영역이다. 통칭 에트루리아Etruria로 불린다. 이들은 나름의 표기수단(알파벳)부터 건축양식, 생활문화, 사회조직, 산업활동에 이르기까지 독자적인 문명이라 부를 만한 조건들을 갖추고 있었고, 뒤이은 고대 로마 문명에 지대한 영향을 끼쳤다. 우리가 당연히 로마의 것으로 알고 있는 것들 중에 에트루스키에서 비롯된 것이 많다. 축성술築城術, 금속제련술, 하수처리시설 등에서 연락문화宴樂文化, 프레스코 그림, 점복술占卜術에 이르기까지, 한둘이 아니다. 수도교水道橋나 개선문에 필수인 아치arco도 에트루스키가 처음 만들었다. 전쟁에 이기고 돌아오는 장군을 영접하는 개선 행진 자체가 이들의 고안考案이다. 고대 로마 초기 왕정 시절의 역대 왕 일곱 명 중에 에트루스키가 세 명이었다. 어찌 보면 고대 로마는 에트루리아의 계승 문명이라고 할 수도 있을 정도다.

로마에 부임한 지 얼마 안 되어 그 외항外港 격인 치비타베키아Civitavecchia 시를 방문한 일이 있었다. 트라야누스Trajanus 황제(재위 98-117) 때 개항한 로마의 이천 년 관문인 데다 그 이름 자체가 '고읍古邑'이란 뜻이어서 숨은 볼거리들에 대한 기대가 적지 않았다. 스탕달이 만년에 프랑스 영사로 주재하며 대표작 『파르마의 수도원』을 구상한 곳이기도 하다.

시장市長의 설명은 좋은 소식과 나쁜 소식이 반반이었다. 치비타베키아가 본래 기능적 측면(로마의 보급창구) 위주로 발전해 별다른 역사적 유산이 없던 데다가, 제이차 세계대전이 끝날 무렵 바로 그 기능 때문에 연합국의 집중 폭격 대상이 되어 남아난 것이 없게 되었다는 얘기다. 대신에 에트루스키의 본거지 중 하나인 타르퀴니아가 지척이어서 고분 단지와 박물관 방문을 주선해 두었다는 것이다. 스탕달도 에트루스키에 대한 관심으로 타르퀴니아를 수시로 방문해 고고학 취미까지 얻었었다고 귀띔해 준다. 이렇게 시작된 에트루스키와의 만남은 유럽 고대사와 지중해 문명사의 흥미를 배가시켜 주었다.

에트루스키가 이탈리아 땅에 자리잡은 배경에는 트로이 전쟁(기원전 1193-1183)이 있다. 트로이 전쟁은 여러 면에서 한 시대를 마감 짓고 다음 단계로 들어가는 유럽사의 큰 매듭이다. 이 전쟁을 끝으로 당시 유럽 문명의 중심이던 지중해의 판도에 큰 재편再編이 있게 되고, 유럽사는 고대 전사前史에서 고대사古代史로 넘어오는 것이다. 한데 뒤섞여 있던 전설과 역사가 대개 이 전쟁을 끝으로 분화되기 시작한다. 청동기시대가 끝나고 철기시대로 접어드는 것도 대략 이즈음이다. 대륙 세력의 상징이던 히타이트가 기울고 페니키아와 그리스가 해양 세력으로 일어서며 종족들의 대이동을 선도하는 것이 바로 이 어간이다. 에트루스키도 이즈음 소아시아를 떠나 이탈리아 반도에 들어왔던 것이다.

머지않아 그리스 사람들은 이탈리아 남부지역에 광역 식민지 마그나 그라이키아Magna Graecia를 개척했다. 페니키아 사람들이 모치아(시칠리아 섬), 카르타고를 거쳐 이비자, 말라가에까지 해상 교역로를 확대한 것도 같은 무렵이다. 페니키아는 원래 티레Tyre와 시돈Sidon(지금의 레바논)이 근거지였다. 그때까지 필로스, 미케네, 트로이, 밀레토스, 로도스 섬, 크레타 섬으로 둘러싸인 에게 해가 전부이던 세상을 소아시아에서 남부 스페인에 이르는 전 지중해로 확대한 것이 이들이다. 지중해의 중심이 크게 서쪽으로 이동하였고, 이탈리아의 연안지역이 비로소 역사에 편입되는 것이다. 이때 이탈리아의 핵심 세력이 에트루스키였다. 로마와 아테네는 아직 있기 전이고, 트로이 전쟁의 전말을 오늘의 우리에게 소상히 일러 준 시인 호메로스나 사가史家 헤로도토스도 태어나기 몇백 년 전의 일들이다.

이들 에트루스키의 살던 모습과 죽음에 대한 자세를 엿볼 수 있

53. 〈비마상飛馬像〉. 기원전 4세기 에트루스키 신전을 장식했던 부조浮彫로, 현재 타르퀴니아 국립박물관의 재산목록 1호다.

는 최적의 장소가 타르퀴니아Tarquinia와 체르베테리Cerveteri다. 둘 다 로마에서 가깝다. 타르퀴니아는 당대의 해상 세력으로 등장한 에트루리아의 대표 도시이자 지중해 교역의 교차로로 떠오른 티레노 해의 중심 항구였다. 한때 그리스의 무역업자들과 페니키아의 선원들, 그리고 알프스의 브렌네로Brennero 고개를 넘어온 켈트 상인들까지 북적였다고 한다. 중세 시가지도 보기 좋지만 국립박물관이 명물이다. 예사롭지 않은 장소(비텔레스키 궁)에 놀랄 만한 수준의 에트루스키 예술품과 그리스 등 동지중해 유물들이 빽빽하게 전시되어 있다.(도판 53) 고대 로마가 물리적 통일을 이루기 전에 이미 지중해는 빠르게 단일 문화권으로 발돋움하고 있었음을 느낄 수 있다.

에트루스키가 중요한 이유는, 로마에 남긴 영향도 크지만 서지중해 최초로 독자적인 문명을 구축했기 때문이다. 이탈리아 반도에 최초의 도시들을 건설했고, 이탈리아와 레반테Levante 간 교역의 주역이었다. 독자적인 해상 세력으로서 지중해의 경제지형과 문화지도를 항구적으로 바꿔 놓은 것이다. 이 통로를 통해 유입된 것은 그리스제製 생활용품, 예술작품 들만이 아니다. 올림푸스 산의 여러 신神들, 트로이의 전설, 영웅들의 이야기 들이 함께 들어와 이탈리아에 살고 있던 사람들의 마음을 끌고 상상력을 자극했다. 로마 신화의 등장인물들이 그리스의 판박이이고, 망국 트로이를 떠난 아이네아스Aeneas가 로마를 창건한다는 베르길리우스Vergilius(기원전 70-19)의 서사시 「아이네이드Aeneid」 들이 다 이런 배경에 연유한다. 오디세우스가 트로이 전쟁이 끝난 후 이타카로 돌아가기 전에 갖은 고초 속에 항해한 곳도 이 티레노 해안이다.

　너무나 압도적이고 강고한 후속 문명에 묻혀 잃어버린 문명의 주인공으로 끝나 버린 에트루스키. 그들의 자취는 이제 라치오 일대의 네크로폴리스Necropolis(망자亡者의 마을)들과 체르베테리의 고분군古墳群, 그리고 그 안의 경쾌하고 생동감 넘치는 프레스코들로만 남았다.(도판 54) 에트루리아는 가고 로마가 유럽 세계의 고전古典으로 등극한 것이다. 하지만 어제의 석양 없이 어찌 오늘의 여명이 있겠는가. 에트루스키와 그 유산에 대한 애틋한 감상은 범유럽 낭만인들에게 공통되는 감정이다. 섬세함을 잃고 견고함만 얻은 셈이라던 로런스D. H. Lawrence의 잔잔하되 찌르는 탄식이 대표적이다. 셸리P. B. Shelley가 라치오를 '사라지고 없는 세상의 수도'라 했을 때 염두에 둔 것도 당연히 에트루스키 문명이었다.

　이제 로마를 가운데 두고 시계 방향으로 한 바퀴 돌아보자. 비테

54. 타르퀴니아의 고분벽화. 에트루스키 고분벽화의 소재는 이처럼 새 잡고 물고기 잡고 수영하며 놀던 생전의 즐거웠던 순간들을 가벼운 터치로 표현한 것들이 많다.

르보Viterbo는 로마에서 지척이다. 불과 한 시간 만에 시간여행을 온 듯한 느낌의 중세 도시 그대로다. 교황궁Palazzo dei Papi과 온천으로 유명한 곳이다. 1257년 알렉산데르 4세 교황이 로마의 소요사태를 견디다 못해 이곳으로 피난해 쿠리아Curia(교황청 지도부)를 옮겨 온 뒤 요한 21세까지 여섯 명의 교황이 이십사 년간 이곳에서 선출되고 집무했다. 당시 로마는 전통 귀족 가문들(콜론나, 오르시니 등)의 다툼에 신흥 프랑스 세력까지 기웃거려 편안할 날이 없었다. 특히 신성로마 황제와의 해묵은 알력은 구엘프Guelfi(교황파)와 기벨린Ghibellini(황제파) 간의 전全 이탈리아적 갈등으로 이미 뿌리내린 형편이었다. 로마에서 선출된 교황에 반대하는 세력들이 (주로 신성로마 황제의 후원으로) 대항교황Anti-pope을 내세우는 일이 드물지 않았다. 바닥을 쳤나 싶던 교황의 위상은 아나니Anagni 사건과 아비뇽 유수에 이어 종내 교회의 대분열Great Schism(1378-1418)에 이른다. 이런 와중에 큰 건물을 지을 여유도 없었겠지만 크지 않은 단정한 교황궁 건물이 소담한 로지아loggia와 함께 오히려 보기에 좋다.(도판 55)

화산지대인 비테르보의 온천은 옛날부터 약효가 알려졌다. 지금도 몇 곳이 성업 중이다. 미켈란젤로가 악성 신장결석을 이곳에서 치료했다는 기록이 있다. 알프스를 넘어오는 전통적 순례길이 이곳을 지나는데, 로마를 목전에 둔 순례객들이 유황온천의 효험으로 원기를 회복한 곳이기도 하다. 이 길이 바로 비아 프란치제나Via Francigena로, 지난 천이백 년간 영국의 캔터베리와 로마를 연결해 온 유서 깊은 순례길이다. 스페인의 산티아고 순례길에 비해 인지도와 이용도가 많이 떨어져 이탈리아 정부가 홍보에 고심 중이다. 온천욕과 함께 시립미술관을 찾아 세바스티아노 델 피옴보Sebastiano del Piombo의 〈피에타Pieta〉를 챙겨 보는 일도 잊지 말자. 전혀 다른 피에타가 주는 새로운 비감悲感이 어둡지만 신선하다.(도판 56)

55. 비테르보의 교황궁. 교황의 권위가 확고한 지배력에는 미흡했던 13세기 내내, 로마가 분란에 휘말릴 때마다 교황들은 비테르보에 비켜서 머무는 때가 많았다.

　　비아 프란치제나가 지나는 인근 몬테피아스코네도 함께 둘러보는 것이 좋다. 몬테피아스코네의 교황성Rocca dei Papi은 경관 좋은 볼세나Bolsena 호수를 끼고 있어 역대 교황들이 즐겨 머물렀다. 아비뇽 유수 시절에는 프랑스에 사는 교황들을 대신해 하나님의 대리인의 대리인들이 일 보던 곳이다. 프란치제나 길에 면해 있는 플라비아노 교회Basilica di Flaviano가 흥미롭다. 지나는 순례객들의 관심을 끌기 위해 내부를 예루살렘의 산 세폴크로San Sepolcro 교회와 똑같이 지었다고 한다. 6세기 초에 지은 교회가 지상층에 있고 그 위로 13세기에 교회를 덧지어 올렸다. 아래층 교회의 가라앉은 분위기를 더욱 가라앉히는 프레스코 그림이 하나 있다. 제목하여 〈죽음의 승리〉. 그림 속 유골들의 메시지가 준절하다. "우리는 한때 지금의 너희 같았고, 너희도 머지않아 지금의 우리 같으리라." 고도의 메멘토 모리 memento mori다.

56. 세바스티아노 델 피옴보의 〈피에타〉(비테르보 시립미술관). 슬픔의 빛깔과 분위기가 동시대의 피에타들과 사뭇 다르다.

이탈리아에 다녀가는 많은 이들이 이탈리아가 조상 덕택에 먹고사는 나라라고 쉽사리 얘기한다. 가는 곳마다 문화유산들이 지천인 데다, 특히 대형 사적史跡이나 유명 박물관에 들어가려고 길게 늘어선 사람들을 보고 하는 말이다. 하지만 현실은 그리 단순하지 않다. 지방 소읍들의 인력이나 예산에 한계가 있어 많은 유적지, 박물관, 조형물 들에 대한 적절한 관리가 점점 어려워지는 형편이다. 지방만이 아니다. 통계에 따르면 문화유산부가 관리하는 국가 소유 유적지와 국립박물관 들이 전국에 사백여 곳인데, 이 중 불과 오십 곳 정도에만 관람객의 팔십오 퍼센트가 몰린다는 것이다. 나머지 대부분은 수입의 원천이 아니라 '관리 비용 먹는 하마'인 셈이다. '국립'의 사정이 이러하니 주립, 도립, 시립의 경우는 더욱 심각하다. 지방 소읍에 다녀 보면 연로한 관리인들이 썰렁한 공간을 지키며 옛날식으로 대형 열쇠 꾸러미를 들고 방마다 따라다니며 열어 주는 곳들이 적지 않다. 관심 있다고 혼자 구경하는 게 미안할 지경이다. 교회들의 경우도 비슷해 사제司祭는 고사하고 일손 구하기가 쉽지 않아 아예 문을 열지 못하는 교회들이 꽤 된다. 오래되고 작은 마을들이 많은 라치오에는 이래저래 닫혀 있는 유적이나 시설들이 특히 많은 편이다. 당분간의 대안으로는 개별 방문을 주선하거나 매년 봄마다 한 차례씩 있는 '문화 주간'을 이용하는 길이 있지만, 뜻있는 사람들은 걱정이 많다.

북부 라치오에서 한 군데를 더 본다면 단연 치비타 카스텔라나 Civita Castellana다. 괴테가 꿈에 그리던 로마 방문 전야에 마음 설레며 하룻밤 묵어갔던 곳이다. 비테르보가 도시 분위기로 시간여행의 느낌을 주었다면, 치비타 카스텔라나는 자리잡은 지형과 경관만으로 이곳이 로마의 지척이 맞나 싶은 느낌을 준다. 제법 깊은 골짜기 두 개가 더욱 깊은 협곡으로 만나고, 그 양편 산마루 위에 각각 신·구 시가지가 나뉘어 자리잡고 있다. 그 자연적 굴곡만큼이나 역사적 곡절이 많고 거쳐 간 인물들도 많은 곳이다. 구시가지 한가운데에 위치한 로카Rocca(사방으로 두루 감시하기 좋은 위치에 지은 요새형 성채)가 구경거리다.(도판 57) 15세기 말 프랑스 왕 샤를 8세의 침입에서 교훈을 얻은 교황 알렉산데르 6세의 지시에 따라 상갈로A. da Sangallo il Vecchio가 완벽한 요새로 설계한 곳이다. 레오나르도 다 빈치의 아이디어도 많이 참고했다 한다. 천험의 입지에 완만한 곡선의 벽면이 뒤로 약간 기울어지게 지었다. 시석矢石의 위력 약화를 위해서다. 해자垓子와 외벽을 어찌 넘어 안으로 들어온다 해도 또 해자가 있다. 차단용 격자문을 통과해 직각으로 몇 번이나 꺾어지는 코너를 돌고 돈 다음 무려 다섯 개의 연결 다리를 건너야 팔각형 본채에 이른다. 가히 요새의 모범이다. 체사레 보르자Cesare Borgia가 거처했고 율리우스 2세도 애용했다. 뒤이어 알도브란디니Aldobrandini, 오데스칼키Odescalchi 등 로마의 유력 가문들 차지가 되기도 했지만, 안타깝게도 오늘날에는 황성荒城에 가까워져 간다.

마을에 도착해 시청에 들어서니 괴테가 1786년 어느 날에 묵어갔다는 플라크plaque가 선명하다. 동석한 이 마을 문화협회장이 아주 재미있는 사람이다. 치비타는 로마가 세워지기 천 년 전에 이미 팔리쉬의 본거지였으며, 인근 수트리Sutri나 네피Nepi와는, 이들이 이천오백 년 전 로마의 치비타 병합에 협조한 이래 아직도 사이가 좋지 않다고 설명해 준다. 이어 나의 초청 방문을 환영한다며 오백여 년 전 프랑스 왕 샤를 8세가 '비초청' 케이스로 방문(무력 침입)했던 이래 최고로 높은 외국 손님이란다. 샤를 8세 뒤로도 괴테와 모차르트, 코로J.-B. C. Corot 등 저명인사들이 다녀갔지만 모두 '민간인' 신분이란 것이다. 그저 농담인 줄 알면서 내가 짐짓 괴테는 여행 떠날 때 바이마르 정부의 상서尚書 벼슬에 있지 않았느냐고 했더니 한국 대사가 치체로네Cicerone라며 신이 나서 얘기를 이어 갔다. 치체로네(라틴어로 키케로)는 물론 고대 로마 공화정 시기의 정치인, 웅변가, 문필가였던 역사적 인물이지만, 이탈리아 사람들은 그저 '아는 것이 많은 사람' 정도의 뜻으로 상용한다.

두오모의 코스마티 장식도 일품이지만(코스마테스코, 즉 코스마티 유의 솜씨가 아니라 13세기 코스마티 일가가 직접 만들었단다), 산타 마리아 델 카르미네Santa Maria del Carmine 교회도 재미있는 곳이다. 고대 로마 묘지 인근의 신전 터 위에 세워진 9세기 초 교회의 고색이 창연한데, 예의 재활용이 도저하다. 묘지에서 가져온 석관을

57. 치비타 카스텔라나의 로카. 외관으로나 내부 구조로 보나 요새의 전범이다. 무릇 왕조나 가문의 몰락에 단단하지 못한 성채가 원인이었다면, 이 로카가 대안이 될 수 있다.

58. 마시모 다젤리오가 그린 〈소라테 산〉. 리소르지멘토의 격동기를 한복판에서 감당했던 만능의 정치인에게 소라테 산의 숨은 의미는 적지 않았을 것이다.

천 년 이상 그대로 중앙 제단으로 사용 중이다. 열주列柱 중 어떤 기둥은 다른 기둥의 토막을 기둥머리로 이어 얹어 키만 맞추어 놓은 것도 있다. 볼거리가 적지 않은 곳인데 괴테는 목전으로 다가온 로마 방문에 대한 설렘("내일이면 로마에 도착한다니 믿을 수가 없구나! 이제 이 소원이 이루어지면 다음엔 다시 무엇을 바랄 것인가")만으로 지샌 듯하다. 『이탈리아 여행』에 치비타에 관해 적어 놓은 것이라고는 성채에서 바라본 소라테Soratte 산 이야기뿐이다. 과연 소라테 산은 그 점잖은 자태가 우선 눈에 들어온다. 테베레 강가에 돌출되어 있는 이 산은 그리 높지 않은데도 홀로 선 우뚝함에 신비스런 분위기가 있다.(도판 58) 고대 로마 시절의 아폴로 신전 자리가 있고 산기슭 도처에 초기 기독교 시절의 암자, 성소, 기도소 들이 많은 것도 다 그런 연유일 것이다. 교황 실베스트로Silvestro(재위 314-335)가 콘스탄티누스 황제를 조우해 나병을 고쳐 주었다는, 기독교 공인의 또 다른 배경이 되었던 이야기가 전해지는 현장이기도 하다.

다음은 티볼리Tivoli. 아니에네Aniene 강이 흘러드는 골짜기 위로 우뚝 솟은 산상도시山上都市다. 아니에네 강은 로마 초입에서 테베레 강과 합쳐지는데, 이탈리아 대부분의 강이 그렇듯 가늘고 급하다. 여담으로, 우리나라에 와 본 이탈리아 사람들이 인상 깊게 여기는 것 중 하나가 강이다. 이탈리아 강들에 비해 크고 유장悠長하다는 것이다. 테베레가 짧은 강은 아니지만, 목소리 큰 사람이면 어느 지점에서든 강 건너편과 대화할 수 있을 정도이고, 카이사르J. Caesar의 중대 결심에 따른 도강渡江으로 유명한 로마냐의 루비콘 강은 날랜 말馬이면 발굽에 물을 안 묻히고 뛰어넘을 거의 개천급 강이다.

티볼리는 로마에서 아주 가깝고 이탈리아의 전 역사를 관통하는 시대별 대표 유산들이 많아 한나절 방문지로 인기가 높은 곳이다. 하드리아누스 황제가 2세기에 지은 별장 빌라 아드리아나Villa Adriana는 두말이 필요없는 고대 로마 빌라 건축의 초대형 모범이다.(도판 59) 르네상스 시기의 개명 교황 비오 2세의 성채Rocca Pia도 좋고, 분수정원을 보려고 사람들이 많이 찾는 빌라 데스테Villa d'Este 역시 르네상스 명소다.(도판 60) 근대로 넘어오면 폭포와 동굴까지 갖춘, 그야말로 도심 속 심산유곡인 빌라 그레고리아나Villa Gregoriana(교황 그레고리우스 16세의 19세기 초 별장)가 있다. 이 빌라 언덕마루에 있는 고대 로마 초기의 시빌라Sibilla 신전도 필수다. 티볼리의 예언녀 시빌라 티부르티나Sibilla Tiburtina를 모셨던, 코린트식 기둥이 예쁜 신전이다. 숲과 물에서 기운을 얻는 예언녀를 배려하여 신전 건물에 큰 창을 냈다.(도판 61) 초대 황제 아우구스투스가 천하를 평정한 후 혹시나 하는 마음에 앞으로 자신보다 위대한 이가 나오겠는가 하고 묻자 말없이 성모자聖母子의 이미지를 보여 주었다는 이야기로 유명한 그 시빌라이다. 신전 바로 옆에는 맛, 가격, 경치, 서비스가 두루 좋은 식당이 있다. 사람들이 좋아하는 미슐랭 별까지 받은 식당인데, 붐비지 않아 더욱 좋은 곳이다. 왕족이며 연예인 등 다녀간 유명 인사의 사진들이 즐비하다.

시간이 괜찮으면 티볼리에서 멀지 않은 팔레스트리나Palestrina를

59, 60. 빌라 아드리아나(위)와 빌라 데스테(아래). 이 두 명소 외에 빌라 그레고리아나의
자연정원까지 더해, 티볼리는 늘 첫손에 꼽히는 로마 교외의 방문지다.

빼놓을 수 없다. 오디세우스가 키르케와 만나 낳은 아들 텔레고누
스Telegonus가 세웠다는 마을이다. 행운의 여신 포르투나Fortuna 신전
은 지금 남아 있는 규모만으로도 대단한데, 원래(기원전 2세기)는
지금의 팔레스트리나 전체가 신전 자리였다고 한다. 중세 도심도

61. 시빌라 티부르티나 신전. 빌라 그레고리아나 안에도 다닐 곳이 많지만,
시빌라 거소가 그중에 보석이다.

매력적이다. 로마의 산 피에트로 교회 악장樂長을 지내며 다성多聲,
대위對位 등의 기법을 도입하여 르네상스 교회 음악 발전에 크게 기
여한 다 팔레스트리나G. P. da Palestrina(1525-1594, 이름에서 보듯 이
마을 태생이다)의 조그만 박물관도 도심에 있다.

　이제 아나니Anagni를 초입으로 하는 초차리아Ciociaria 지역으로 넘
어가자. 초차리아는 아펜니노 산맥과 티레노 바다 사이의 에르니
치 산맥 일대를 일컫는다. 이 지역은 기원전 4세기 말 고대 로마에
점령되기 전까지 이탈리아 반도의 원주민들이 집중해 살던 곳이
다. 아나니는 이들 중 에르니치족의 본거지였고, 중세에 와서는 인
노켄티우스 3세, 그레고리우스 9세, 보니파키우스 8세 등 성격과
교황들을 연달아 배출했던 유서 깊은 산상고읍山上古邑이다. 특히 앞
서 한 차례 나왔던 보니파키우스 8세는 1300년에 대대적인 성년聖
年 행사를 기획하고 로마 대학 라 사피엔차La Sapienza를 창립하는 등
의 업적도 있지만, 초유의 사건, 사고와 각종 추문으로 말썽 많던

교황이었다.

이 욕심 많은 보니파키우스는 추기경 시절 하기 싫다는 전임 교황 첼레스티누스 5세Celestinus V를 억지로 자리에 앉혔다가 재임 오개월여 만에 의심스런 정황 속에 사퇴시킨 후 인근 마을 푸모네에 위리안치圍籬安置한다. 이어 자신을 교황으로 '선출'한 뒤 그간 실추된 교황청의 위상을 만회하려고 무리수를 거듭하였다. 우선 외관부터 교황의 권위를 높이려 교황 전용 삼층관三層冠을 창안해 착용하고, 당대의 조각가 아르놀포Arnolfo di Cambio를 채용해 도처에 자신의 흉상, 좌상, 입상들을 세운 것까지는 별달리 문제될 것이 없었다.(도판 62) 남의 재산, 특히 유력 집안의 재산을 편취騙取하고 자기 가족들을 중용한 것은 조금 문제였다.

실질적 화근은 가진 힘을 돌보지 않고 당시 유럽에서 일취월장의 기세를 보이던 또 다른 성격파 프랑스 왕 필리프 4세Philippe IV와 정면 대립한 일이었다. 프랑스 내 교회 재산에 대한 과세권이 큰 이슈였다. 필리프 4세는 급기야 '교황 응징단'을 이탈리아에 파견해 현지에서 교황과 대립하던 콜론나 가문과 합세하여 아나니의 보니파키우스 궁에 쇄도한다. 급기야 콜론나 집안 사람 하나가 신의 대리인의 따귀를 올려붙이는 희대의 사건이 일어난 것이다. 이름하여 '아나니의 따귀Schiaffo di Anagni'. 때는 1303년, 1300년의 범유럽적 성년 행사로 교황청의 기세가 최고조에 이른 지 불과 삼 년 만의 일이었다. 개인적으로, 또 역사적으로 파장은 컸다. 보니파키우스 8세는 화병을 못 이겨 한 달 뒤에 사망하고, 지리멸렬한 교황청은 아예 프랑스의 위세 밑에 들어가 칠십여 년간 아비뇽에 '유폐'되는 것이다.

보니파키우스 궁을 뒤로하고 좁은 길을 따라 오르면 마을 정상(옛날 에르니치 시대 아크로폴리스 자리)에 두오모가 있다. 교회 정면과 종탑은 로마네스크 특유의 소략한 아름다움의 모범이다.(도판

63) 제단 지하cripta로 내려가면 구약의 성인들과 고대 학자들의 이야기를 그린 13세기 프레스코화가 인상적이다. 복원 없이 팔백 년이 지났는데도 한눈에 들어오는 명작이다. 교회 밖 난간에 서니 일망무제一望無際의 경관과 시원한 바람이 특별하여, 옛 사람들의 아크로폴리스 입지 선정 기준이 상당히 까다로웠음을 느낀다.

인근의 알라트리Alatri와 페렌티노Ferentino는 공히 중세 시가지가 차분하고 11세기 두오모가 위엄있는 곳이다. 특히 기원전 6-7세기에 에르니치족이 둘러쳤다는 우람한 성벽이 자랑거리다. 모르타르 없이 거대한 돌들을 아귀 맞춰 쌓아 올린 소위 키클롭스(그리스 신화의 외눈박이 거인) 성벽Cyclopean walls인데, 이천칠백 년이 지난 오늘에도 위용이 여전하다.

베롤리Veroli는 성벽도 좋지만 구시가지의 골목길과 옛 아크로폴리스로 올라가는 언덕길을 계단식으로 예쁘게 조성해 놓아 다니기에 쾌적하다. 조그만 마을인데도 얽힌 전승이 많고, 고대 이래 학자들이 많이 태어나 '유식한 베롤리erudita Veroli'란 별명을 가지고 있다. 교황 바오로 3세Paulus III(재위 1534-1549)의 라틴어 교사로 고대 로마 건축이론의 경전 격인 비트루비우스Vitruvius의 『건축론』을 (라틴어에서) 이탈리아어로 번역한 술피치오G. Sulpicio가 이 마을 사람이다. 또한, 이탈리아에서는 희귀했던 루터파 종교개혁론자 팔레아리오A. Paleario와 폼페이 연구의 권위자이자 카프리 섬의 빌라 요비스Villa Jovis(제2대 황제 티베리우스의 거처)를 발굴한 고고학자 마이우리A. Maiuri도 이 작은 마을 태

62. 아르놀포 디 캄비오의 〈보니파키우스 8세상〉. 고집과 야심에 권위(육중한 삼층관三層冠)까지 새로 만들어 얹어 놓은 교황의 모습을 당대의 조각가가 가감 없이 재현했다.

63. 아나니의 두오모. 넓지 않은 옛 그리스 시절의 아크로폴리스 자리에 높직이 자리잡은 모습은
보통 카메라로 잡아내기가 쉽지 않다.

생이다.

  구시가지 중심의 경치 좋고 바람 시원한 목에 산타 마리아 살로
메 교회Basilica di Santa Maria Salome가 있다. 예수 그리스도와 인연있는 세
명의 마리아(성모 마리아, 마리아 막달레나, 마리아 살로메) 중 하
나인 마리아 살로메는 사도 야고보와 요한 형제의 모친이다. 두 아
들을 찾아 로마로 향하던 중 이곳 베롤리에서 숨을 거두었다고 한
다. 예루살렘이나 로마의 이십팔 성계단보다는 작지만 예수님이
밟으셨던 작은 성충계참도 있다. 요즘 순례지로 인기있는 스페인
갈리시아의 산티아고 데 콤포스텔라가 바로 사도 야고보의 유해를
거둔 곳이다. 참고로, 산티아고를 해자解字하면 '성Sant 이아고Iago'이

고, 이아고는 라틴명으로 야코부스Jakobus, 이탈리아명으론 자코모Giacomo, 영어명으로는 제임스James, 우리말 성경 표기가 야고보다.

라치오는 중세 기독교 수도원 운동의 본향本鄕이다. 유럽 수도원 운동의 창시자요, 베네딕트회의 개조開祖인 성 베네딕투스San Benedictus는 5세기 초에 이미 로마에서 멀지 않은 산골 수비아코Subiaco에서 쌍둥이 여동생 성 스콜라스티카San Scolastica와 함께 수도원을 세웠다. 심산의 절벽이다. 주류 교회들이 위치한 도심의 번잡에서 벗어나 인간살이의 핵심, 즉 '기도하고 일하는Ora e Lavora' 생활에 전념하기 위해서였다.

나폴리로 가는 고속도로에서 멀지 않은 몬테카시노 수도원Abbazia di Montecassino은 529년 창설 이래 베네딕트 교단의 총본산 격이다. 제이차 세계대전이 끝날 무렵 수세에 몰린 독일군이 이곳에 웅거雄據하자 연합국이 무차별 공격을 감행해 기독교사상 위대한 유산 하나가 잿더미로 화했던 현장이기도 하다. 전후戰後 이탈리아 정부는 조기 복원을 결정하면서 수도원 식의 간단한 한마디, '있던 그곳에 있던 그대로Dove era, come era'를 공사 원칙으로 정했다고 한다. 산정山頂에 널찍이 자리잡은 장엄한 외관은 오늘에도 외경심을 자아내고도 남음이 있다.(도판 64) 하지만 천오백 년을 지냈던 역사의 손때까지야 무슨 수로 복원하겠는가.

이후 베네딕트회를 모델로 다양한 수도회가 출범한다. 성 브루노St. Bruno의 카르투지오회도 있지만, 라치오에는 부르고뉴의 성 베르나르St. Bernard가 이끌던 시토회 수도원Cistercian monastry들이 많다. 베롤리에서 가까운 카사마리 수도원Abbazia di Casamari과 프리베르노 근처의 포사노바 수도원Abbazia di Fossanova이 대표적이다. 아바치아abbazia는 수도원 중에도 큰 곳을 일컫는데, 이 두 곳을 보면 큰 규모에도 불구하고 그저 범박한 한옥단지에 온 느낌이다. 건축술의 조화인지 공간 배치의 결과인지 모르겠으나, 수도원 생활의 본래 목적과 아무런 거리가 느껴지지 않아 부담감이 없다. 두 곳 모두 12세기에 지어져, 교회, 안뜰과 회랑, 수도승 숙소와 회관, 식당, 학당, 순례자 숙소, 병원, 묘역까지 갖춘 전형적인 수도원 구조다. 앞에서 둘러본 세 분수 수도원도 시토회 소속이다.

교황을 정점으로 하는 주류 교회의 세속권력이 커 갈수록 (그 반작용이랄까) 기본으로 돌아가려는 영적 요구도 깊어 갔다. 그 표출이 중세 성기盛期의 다기多岐한 수도원 운동이고, 그 지극한 경지에 성 프란체스코San Francesco d'Assisi(1182-1226)가 있다. 이름에 드러나듯 움브리아 주의 아시시에서 태어난 성 프란체스코는, 수도회의 이상이 단순한 생활이라면 그 실천은 가난에 있다는 생각을 했다. 움브리아에 인접한 리에티Rieti 계곡 일대에는 그가 머물며 기도하고, 수도회의 규칙을 만들고, 예수의 현현을 보았던 수도원과 성소

64. 몬테카시노 수도원. 로마-나폴리 간 고속도로 변에 가까이 있어 쉽게 방문할 수 있는 곳이다.

65. 〈베르길리우스와 뮤즈들〉
모자이크(튀니지 국립박물관). 고대 로마 건국신화의
실질적 제공자인 시인이 자신의 「아이네이드」를 무릎 위에
펴 놓고 두 뮤즈 사이에 앉아 있다.

聖所들이 서너 곳 모여 있다. 가난한 호젓함이 마음에 와 닿는 곳들이다.

초차리아에서 로마-나폴리 간 고속도로(A1)를 가로지르면 다시 티레노 바다다. 오스티아 이남의 라치오 해안은 유럽 최장의 비치를 자랑하며 좋은 해수욕장들로 유명하지만, 얽힌 이야기도 많은 전설의 바닷가다. 트로이를 떠나 온 아이네아스가 사랑(카르타고)을 버리고 운명(이탈리아)을 좇아 처음 자리잡은 마을 라비니오Lavinio도 이곳에 있다.(도판 65) 오디세우스가 트로이 전쟁이 끝난 후 고향 이타카로 직행하지 않고 메시나 해협에 들어섰다가 요정 세이렌Seiren, 외눈박이 거인 키클롭스, 마녀 치르체오Circeo(키르케Circe) 등을 만나 갖은 고생을 다 겪은 곳도 이 티레노 바닷가다. 치르체오 곶에서 시작해 테라치나Terracina를 거쳐 가에타Gaeta에 이르는 해안의 이름이 또 울리세 리비에라Riviera d'Ulisse다. 울리세는 오디세우스의 이탈리아식 표기다. 가에타는 역사적으로 교황령과 독일(호엔슈타우펜), 프랑스(앙주), 스페인(보르보네) 등 이탈리아 반도 남부를 지배했던 세력들 간의 경계에 위치한 요새도시이자 전략 군항軍港이다. 이탈리아 통일전쟁 때 나폴리 왕국이 마지막까지 버텼던 곳으로, 현재 미군이 주둔하고 있다.

다시 티레노 해안을 따라 로마로 되돌아오면 라치오 순례의 대미를 장식할 오스티아 유적지Ostia Antica가 기다린다. 이곳은 기원전 4세기 로마의 군항으로 건설된 곳이다. 고대 로마의 지중해 제패의 전진기지였고, 천하통일 후에는 지중해 교역의 허브 항구였다. 서

66, 67. 오스티아 안티카의 포럼 터(위)와 수많은 건물 터(아래). 지명도는 못 미치지만 고대 로마의 도시 구조와
생활상을 짐작하는 데 폼페이에 못지않고, 무엇보다 로마에서 가깝고 사람이 덜 붐비는 장점이 있다.

로마의 멸망과 함께 퇴적물에 덮여 천오백 년을 지낸 뒤 지난 세기 초에 발굴되었다. 로마 시내에서 가깝고 유적지의 보존상태가 매우 좋은 곳이다. 로마에 왔는데 폼페이 유적지까지 내려갈 시간이 마땅치 않은 사람들에게 대체 방문지로 제격이다. 데쿠마누스 막시무스Decumanus maximus(고대 로마 도시계획의 근간인 동서 관통 도로)가 확연하고 반원형극장, 목욕장, 도시 관문Porta Romana, 신전 등이 한눈에 들어와 당시 도시의 전모를 그려 보기가 어렵잖다.(도판 66, 67) 그중에도 코르포라초니 광장Piazzale delle Corporazioni이 인상적이다. 아우구스투스 때 지은 아케이드 안에 육십여 개의 상점이 들어서 있던 자리인데, 각 점포 입구 바닥에 취급상품과 원산지까지 표시한 모자이크 장식이 이천 년이 지난 오늘날에도 선명하다. 사람들이 적고 바닷바람이 시원해 산책과 담소에도 제격이다.

라치오 주 여행은 이탈리아의 다른 지역에 비해 조금 독특한 면이 있다. 우선 시간적으로 아득한 이야기들이 넘친다. 신화와 전설이 얽혀 있고, 사라진 문명의 흔적들이 도처에 도사리고 있다. 유럽 문명의 원천이 그리스-로마라는 데 이의가 없고 그리스-로마의 것들이 바로 고전이라면, 에트루스키 문명을 포함한 라치오의 많은 것들은 '원原고전'인 셈이다. 당연히 르네상스, 바로크나 중세, 고대의 이야기에 비해 관광객을 끄는 일차적 흥미는 덜하다.

이 때문에 라치오 주 사람들은 '멋없는 라치오'에 대한 고민을 토로한다. 화려한 르네상스 인프라와 패션 산업을 자랑하는 인근의 '근사한 토스카나'를 부러워한다. 나는 그때마다 종류의 차이와 품질의 차이는 차원이 다르다는 점, 수채화가 반드시 유화보다 낮은 수준의 그림일 수 없다는 점, 그리고 라치오는 볼거리를 정해 놓고 방문하기보다는 일단 방문해서 새로 발견하는 것들이 더욱 많아 즐거운 곳이라는 점들을 말해 주었다.

피렌체 산책

르네상스가 태어난 시기에 대한 논란은 있어도 태어난 장소가 피
렌체라는 데에 이견은 없다. 14세기의 맹아萌芽든 15세기의 개화開
花든, 르네상스를 선도한 인물들은 거의 피렌체와 그 인근 출신이
다. 건축과 미술 분야가 많이 알려졌지만, 이는 분야에 관계없이 적
용되는 얘기다. 언어, 문학, 사학, 철학 등 인문학은 물론이고, 수학,
화학, 지리, 천문 등 자연과학에 이르기까지 대부분의 분야를 망라
한다. 단테를 위시해 브루니를 거쳐 피코 델라 미란돌라에 이르는
문인文人, 사가史家, 철인哲人 들, 조토에서 마사초를 거쳐 보티첼리에
이르는 화가들, 브루넬레스키와 도나텔로에서 베로키오에 이르는
건축가, 조각가 들만이 아니다. 레오나르도나 미켈란젤로같이 한
분야로 분류하기 어려운 불세출의 전인급全人級 거장들도 여럿이다.
현대 정치학은 이 시절 피렌체 사람(마키아벨리)의 저서 한 권(『군
주론』)에서 비롯된 것으로 간주된다. 같은 시기에 거상巨商들도 속
출해 학예활동에 든든한 물적 토대가 되어 주었다. 바르디, 페루치
에서 시작해 사세티, 토르나부오니, 메디치, 파치, 스트로치, 루첼
라이 등 명단이 길다. 그중 메디치Medici 가문은 특출하다. 몇 차례
공백이 있었으나 1434년 노老코시모Cosimo il Vecchio(1389-1464) 이래
1737년 방계傍系의 후사後嗣가 끊길 때까지 근 삼백 년을 집권하며
피렌체와 떼어 생각할 수 없는 이름이 되었다.(도판 68)
　단테와 조토가 생각에 잠겨 가로지르던 광장이 있고, 브루넬레스
키와 도나텔로가 함께 고대건축을 공부하러 로마에 가자고 의논하

68. 〈코시모 일 베키오 초상〉(우피치 미술관).
코시모 사후 폰토르모가 그린 것으로,
그는 메디치 가문을 피렌체의 맹주로 일으키고
피렌체의 국부Padre Patriae로 추앙되었다.

던 교회가 있는 곳이다. 레오나르도와 보티
첼리, 페루지노 들이 재간을 가다듬던 베로
키오의 공방이 있고, 레오나르도와 마키아
벨리가 함께 근무하던 정부 청사가 있다. 르
네상스 건축의 이론을 세우고 실기를 시범
한 알베르티가 후에 개명 교황으로 활약하
는 니콜라우스 5세와 함께 스트로치 집안의
가정교사를 지낸 곳도 피렌체다. 이 둘은 더
불어 볼로냐 대학에서 동문수학한 사이이
기도 하다.

　도시 하나에서 이럴 수가 있나 싶다. 르
네상스 당시 피렌체의 인구를 팔구만 명 정
도로 추산할 때 실로 경이로운 역사적 현상
이다. 영국의 페이터W. H. Pater는 메디치 시절
의 피렌체를 두고, 페리클레스 시절의 아테
네를 제외하고는 인류사에 유례가 없다고 했다. 각 분야에 인물들
이 속출해 풍성한 볼거리와 얘깃거리를 남겨 준 것만이 아니다. 오
늘날 우리가 봐도 낯설지 않은 자본주의적 경제 시스템과 공화주의
정치 체제를 정비하고 실행해 근대 부르주아 사회를 예감케 한 것
도 피렌체다. 한때 피렌체의 화폐였던 피오리노fiorino는 전 유럽이
선호하는 국제통화였다. 그뿐만이 아니다. 유럽 주요 국가의 궁정
과 교황청, 이탈리아의 자치도시들에 상주 사절을 파견해 근대국
가 간 외교관계 수행의 모델을 개발한 것도 피렌체였다. 중세 천 년
을 뒤로하고 근대로 가는 큰 문이 열린 것이다. 이런 곳을 어찌 무작
정 배회하랴. 잠깐 세계관광여행 약사略史라도 돌이켜 보자.

　나폴레옹 전쟁이 끝나고 유럽 대륙에 구체제가 복구되자 서유럽
의 각국은 외견상 안정을 회복한다. 산업혁명 효과의 축적으로 도

시 부르주아층이 커졌다. 이들 유한계급有閑階級은 새로 얻은 여가를 문화취미로 활용해, 귀족층의 전유물이던 음악과 미술의 애호층이 두터워지기 시작한다. 역사학과 구분된 미술사학이 관심을 끌고, 문학도 소설을 중심으로 단단한 작가군과 그에 못지않은 독자층이 형성된다. 이러한 추세는 20세기 초에 일단 정점에 이른다. 미술 분야만 보더라도 19세기 말의 후기 인상파에 이어 프랑스의 입체파, 독일의 표현주의, 이탈리아의 미래파, 벨기에의 아르 누보 등 백화가 만발하는 호시절을 맞는다. 넓게 자리잡은 신흥 애호층의 뒷받침이 컸던 결과다. 제일차 세계대전으로 파국을 맞을 때까지의 이십여 년을 유럽 사람들은 그리움을 담아 벨 에포크belle époque라고 부른다.

해외여행도 비슷한 경로를 간다. 새로운 사람들이 새로운 관심으로 여행을 다니기 시작했다. 과거 신고전주의 시기(18세기) '그랜드 투어'는 로마와 고대 로마의 유적이 주된 목적지였고, 그때만 해도 귀족 자제들의 교양 교육 차원이었다. 빙켈만J. J. Winckelmann의 유적 답사기와 괴테의 이탈리아 여행기가 교재였다. 그러던 것이 이제는 계몽사상과 낭만주의의 영향으로 여행의 목적도 다양해졌다. 자신들(부르주아)의 시대를 열어 준 철학, 과학, 역사와 예술의 부흥, 즉 르네상스가 일차적 관심사가 되었다. 이러한 변화는 오늘까지 유효하여 피렌체는 늘 방문객들로 가득하다. 괴테 같은 인물이 먼 길을 와서는, "한눈에 보아도 피렌체가 상당히 번성했고 훌륭한 정부를 가졌던 것을 알겠다"라는 말을 남기고 로마를 향해 떠나가던 일은 영영 과거지사가 된 것이다.

20세기 초 영국의 인기 작가 포스터E. M. Forster가 쓴 『전망 좋은 방』이란 소설이 있다. 양가집 젊은 처자의 피렌체 여행을 다룬 작품으로, 1980년대에 영화로 만들어져 오스카상도 수상하고 큰 인기를 끌었다. 이 소설에 재미있는 대목이 나온다. 여주인공 루시가 피렌체 시가지를 돌아보다가 촌티 나는 일군의 영국 관광객을 지나친다. ('문화'와 무관한 듯한) 많은 관광객들로 여행의 특별성이 손상되었다고 느낀 그녀는 어린 마음에 '피렌체 여행을 오겠다는 사람들은 모두 시험을 치게 해서 떨어지는 사람은 집으로 돌려보내야 하는 것 아니냐'는 기발한 생각을 한다. 1908년에 나온 소설이다.

그로부터 백여 년, 피렌체는 관광객으로 넘쳐난다. 해외 관광이 몇 차례 큰 폭의 성장세를 기록했기 때문이다. 제이차 세계대전 후 1950-1960년대의 미국인 관광객, 점보제트기 개발에 이은 1970년대 일본인의 유럽 관광 러시가 있었다. 냉전 구도가 해소된 1990년대에는 중국인, 러시아인들까지 대거 이 대열에 합류하면서 이제 피렌체 시내에는 인파로부터 안전한 곳을 찾기 어렵다. 과거의 관광객이 양손에 가이드북과 아이스크림(피렌체의 아이스크림gelato은 이탈리아에서도 최고로 꼽힌다)을 들고 다녔다면, 오늘의 엄청난 인파는 스마트폰과 생수병을 들고 다니는 차이가 있을 뿐이다. 프랑스 작가 스탕달이 자신의 이름이 붙은 신드롬을 경험한 현장도 피렌체였다. 오늘날 여행객들은 스탕달과 같은 고급 현기증도 느끼겠지만, 붐비는 인파에 치어 현대판 '스탕달 신드롬'에 시달릴 가능성도 없지 않다. 하지만 걱정 마시라. 두 가지 어지럼증 모두 과장일 뿐이다. 현실적인 가능성은 잔잔한 감동에서 오는 다소의 울렁증일 것이다. 단편적인 지식이나 개별적인 작품에 대한 이야기가 아니다. 르네상스의 피렌체는 사람들이 이승살이에서 추구하고 저승살이를 위해 준비했던 많은 친근한 것들이 당대 최고 수준의 예술로 승화되어 숨 쉬는 곳이다. 새로운 경지를 체험할 때의 가슴 설렘이 없을 수 없다.

피렌체에 가면 먼저 아르노 강 좌안左岸의 산 미니아토 교회San Miniato al Monte에 올라 보는 것이 순서다. 산 미니아토는 피렌체가 아직 중세의 잠에 빠져 있던 시절 세워진 교회다.(도판 70) 피렌체의

69, 70. 산 미니아토 교회(아래)와 교회에서 내려다본 피렌체 전경(위).
산 미니아토는 피렌체 시내를 조망하는 입지로서뿐 아니라 교회 자체로서도
빼놓을 수 없는 명소다.

71. 피렌체 두오모의 쿠폴로네. 새로운 과학의 도움으로 이룩해낸 새로운 르네상스의 미감으로, 이제 고딕 양식은 이탈리아에서 더욱이나 설 땅이 없어졌다.

교회들이 시대의 유행에 따라 르네상스식 단장을 추가해 갈 때도 로마네스크의 본 모습을 잃지 않아 의연한 고풍古風이 있다. 교회 정면의 높직한 대리석 층계참을 오르면 그림 같은 피렌체 도심의 전경이 펼쳐진다.(도판 69) 이제 이 전경을 밑그림으로 머리에 넣어 두고 부분들을 채색해 보자.

먼저 스카이라인을 압도하는 두 건물이 있다. 두오모(산타 마리아 델 피오레 교회)와 베키오 궁Palazzo Vecchio(현 시청사). 대개 웬만한 도시들에는 이들 성속聖俗의 대표 건물이 같은 광장에 나란히, 혹은 마주 보며 있는데, 피렌체는 이들이 각기 조금 떨어진 독자적인 광장(두오모 광장과 시뇨리아 광장)에 자리해 번화한 상점길(비아 칼차이우올리)로 연결되어 있다. 둘 다 13세기 말에 짓기 시작했다. 두오모의 초대형 쿠폴라는 한참 뒤인 1434년 완공되어 르네상스 피렌체의 상징이 된다. 메디치 가문이 피렌체 시를 접수한 바로 그해다. 미켈란젤로가 설계한 로마 산 피에트로 교회의 쿠폴라보다 백수십 년이 앞선다. '토스카나 전역에 그늘을 드리울 만한' 쿠폴라를 갖게 되었을 때 피렌체 시민들의 자부심은 컸다. 피렌체 사람들은 지금도 확대어미擴大語尾 '-one'를 붙여 애칭 쿠폴로네cupolone라고 부른다.(도판 71) 곁에 있는 세례당은 미켈란젤로가 붙여 준 '천국의 문'이라는 찬사와 함께 기베르티가 만든 청동문으로 유명하지만, 내부에 최후의 심판, 창세기와 성가족의 생애를 소재로 한 모자이크와 프레스코의 장엄미도 놓칠 수 없다. 근처 두오모 박물관의 소장도 볼만하다. 미켈란젤로의 미완성작 〈피에타〉가 좋고, 도나텔로의 부조와 조각들 중에는 구약의 예레미아Jeremiah와 하박국Habakkuk 입상이 마음에 남는다. 그렇지 않아도 회화보다 앞서 가던 조각 분야였는데, 이미 사실寫實을 넘어 표현表現에 이른 느낌이다.

베키오 궁은 피렌체 공화정 당시 시민 권력의 상징이다. 14세기 초에 완공된 건물로, 늘씬한 꽃봉오리 모양의 종탑과 함께 겸손한 자태다. 소위 시민 건물의 견본이다.(도판 72) 내부는 균형미보다 세련미에 치중하던 하이 르네상스 장식이 많아 담백한 외관과 대조를 이룬다. 자고이래 건축물의 목적은 권력자의 힘과 위엄의 과시에 있었다. 베키오 궁의 외관을 보며 당시 피렌체 시민들은 중세 영주들의 성채나 궁성에서 느끼던 위축감과는 많이 다른, 일종의 자부심 같은 것을 느꼈을 것이다. 피렌체에서 르네상스가 꽃핀 데에는 다른 이유 못지않게 이런 자부심에 기초한 시민 문화가 비옥한 토양이 되었다. 이후 토스카나 일대의 많은 자치도시들이 베키오 궁과 닮은 시청사를 건립한다.

하지만 인간사 무평불피无平不陂에 무왕불복无往不復이다. 단테와 빌라니가 굳게 믿어 마지않던 공화정은 얼마 못 가 극심한 파벌 대립을 거쳐 유사 군주정치로 이어진다. 급기야는 신정神政의 막간극까지 겪은 후 1537년 코시모 1세Cosimo I de' Medici(1519-1574)가 권좌에 오르고 피렌체 공화국은 토스카나 공국이 되어 1861년 이탈리아의 통일까지 지속되는 것이다. 코시모 1세는 피렌체의 국부 코시모 메디치의 방계傍系 후손이다. 그는 베키오 궁을 자신의 사저(궁정)로 용도 변경하고, 정부청사는 바사리G. Vasari(1511-1574)에 맡겨 새로 지은 우피치Uffici(지금의 미술관 건물)로 이사 보낸다.

바사리는 화가, 건축가로서보다 르네상스 시기 예술가들의 전기傳記 전집『저명 이탈리아 건축가, 화가 및 조각가들의 생애』로 더 유명하다. 약칭『생애』로 불린다. 치마부에, 니콜라 피사노, 조토에서 시작해 기를란다요, 페루지노, 레오나르도를 거쳐 티치아노, 산소비노에 이르기까지 르네상스 이백 년을 망라한 책이다. 우리가 13-16세기 이탈리아 미술인들에 대해 알고 있는 사실과 일화들은 대개 이 책에 의존하는 바가 크다. 마키아벨리가 최초의 (현대) 정치학자라면 바사리는 최초의 미술사가다.

2013년 어느 봄날, 마테오 렌치Matteo Renzi 피렌체 시장과의 약속으로 베키오 궁을 방문한 일이 있다. 당시 삼십대 중반이던 젊은 시장은 2014년 초에 이탈리아의 총리가 되었다. 역대 최연소 총리라는 기록과 함께 이탈리아 혁신의 큰 짐을 지고 있다. 팔백 년을 의연히 같은 자리에 같은 청사가 같은 용도로 서 있다는 것은 대단한 일이다. 건물 안에 들어서면 바로 메디치 궁을 지은 미켈로초Michelozzo 솜씨의 안뜰cortile이다. 바사리가 설계한 계단을 통해 이층으로 올라가니 이층 전체가 기둥 하나 없는 널찍한 대형 홀이다. 마주 보는 동서 벽면에는 피렌체가 치른 역대 전투 장면을 그린 프레스코화가 가득하다. 역시 바사리의 솜씨다. 이름하여 살라 데이 친퀘첸토Sala dei Cinquecento. 여담으로, 영문 소개책자의 직역인 '오백 실Hall of Five Hundred'은 좀 어색하다. '친퀘첸토'는 아무래도 르네상스 문맥에서 붙여진 이름이므로 그대로 쓰는 것이 좋겠고, 굳이 번역한다면

72. 베키오 궁. 두오모의 쿠폴로네가 풍성한 박꽃이라면 베키오 궁은 튤립처럼 단아해,
두 건물이 각기 상징하는 기능에 어울리는 느낌이다.

73. 바사리의 〈로렌초 일 마니피코〉(우피치 미술관).
사십삼 년 짧은 생애의 이십삼 년을 피렌체의
실질적 권좌에 앉아 메디치 가문 삼백 년 기업基業의
초석을 놓았다.

'16세기 홀'이 좋을 것이다. 당연히 15세기는 '콰트로첸토Quattrocento'다. 콰트로첸토는 마사초, 프라 안젤리코에서 레오나르도가 사십대이던 때까지의 르네상스 전기前期에 해당한다. 피렌체 정치의 주도권이 노老코시모와 대大로렌초Lorenzo il Magnifico(1449-1492)의 메디치가家에 있던 시절이다.(도판 73) 이에 비해 친퀘첸토는 미켈란젤로, 라파엘로 등의 하이 르네상스에서 초기 바로크까지를 포함한다. 새로운 공국의 군주로 베키오 궁을 차지한 코시모 1세가 새 시대의 군주를 자임하며 붙인 이름일 것이다.

같은 층의 클레멘스 7세 홀이 시장의 접견실이다. 클레멘스 7세Clemens VII(재위 1523-1534)는 레오 10세의 사촌동생으로, 메디치 가문이 배출한 네 명의 교황 중 하나다. 르네상스와 종교개혁기에 카를 5세, 프랑수아 1세, 헨리 8세 등 유럽 주요국의 야심 찬 군주들을 상대로 숱한 영욕을 체험한 교황이다. 자리를 나누어 앉자 시장은 대번에 요즘 한국 첨단제품들이 세계에서 인기가 있지만 르네상스 시절에는 피렌체가 만든 직물이 그런 인기를 누렸다며 천장과 벽면을 장식한 그림들을 설명해 준다. 천장엔 클레멘스가 신성로마 황제 카를 5세를 대관하는 그림이 선명하고, 출입문 위로는 프랑스 왕 프랑수아 1세와 마주 보는 프레스코화가 있다. 모두 바사리의 작품이다.

노코시모와 대로렌초는 피렌체의 실권자였지만 공화제의 전통을 존중해 자신들의 사저인 메디치 궁을 떠나지 않았다고 한다. 공식 지위로는 프리모 치타디노Primo Cittadino(제1시민이란 뜻으로, 요즘도 시장에 대한 애칭으로 상용된다)에 만족했다는 설명이다. 1537년에 비로소 토스카나 공국이 출범하고 코시모 1세가 베키오 궁에 들어와 살기 시작하면서 메디치가家 조상들의 이름을 붙인 여러 방들을 만들고 장식했다는 것이다. 이런 전통의 연장선에 자신이 있다는 은근한 자랑이 느껴진다. 오랜 도시, 오랜 건물의 예쁜 방에 앉아 잘 재단한 양복 차림의 신세대 시장과 나누는 대화가 자못 상쾌하다. 작별하려니 건네는 선물이 또 색다르다. 대개는 시정市政이나 시황市況을 소개하는 화보 선물이 일반적인데, 수제 넥타이다. 피렌체 직물업 전통의 훌륭한 증거란다. 나도 한국 전통문화의 겸손한 소개라며 『코리아 뷰티Korea Beauty』 책자를 건넸다. 아울러, 피렌체가 세계에서 누리는 인기 못지않게 시장市長에 대한 기대가 높은 것으로 안다며 정치적 장래를 축원했다. 효험이 있었는지, 그는 지금 이탈리아의 총리가 되어 있다.

밖으로 나오니 시뇨리아 광장을 굽어보는 코시모 1세의 기마상이 새삼 눈에 띈다. 공화정 시절의 피렌체는 초기에는 시민군으로, 이후에는 용병을 사서 숱한 전투를 치렀다. 대개 시에나, 아레초, 피사, 루카 등 인근 자치도시들이 상대였고, 조금 크다고 해 봐야 밀라노와의 전투였다. 어느 시대나 비슷하지만, 이 시절 용병의 최대 문제는 전투가 끝나거나 계약이 만료된 다음에도 돌아갈 생각을 안 한다는 점이다. 용명勇名과 그에 따른 몸값을 드높인 데 만족하지 않고 혼인이든 찬탈이든 고용주와의 근접관계를 활용해 권좌를 노리는 일이 많았다. 밀라노의 스포르차Sforza, 만토바의 곤차가Gonzaga, 우르비노의 몬테펠트로Montefeltro 등은 용병대장 출신으로 군주가 된 경우다. 싸움이 전공이지만 르네상스의 개화에 나름의 공헌을 한 개명開明한 인물들이다. 피렌체는 달랐다. 원래 공화제여서 일인자가 따로 없었지만, 실질적인 일인자가 출현하고 공화제가 명색뿐이던 메디치 시절에도 늘 용병의 한계를 분명히 하였다. 군사정軍

事政은 성격상 군주제로 가기 마련이란 것을 알았기 때문이다. 다른 자치 도시들과 달리 엄청난 무공을 세운 용병대장이라도 기마상 건립은 허용되지 않았다. 영국 출신의 맹장 조반니 아쿠토(존 호크우드)도 산 로마노 전투의 영웅 톨렌티노도, 두오모의 벽화로만 남아 있다.(도판 74, 75) 이제는 달라졌다. 피렌체는 공작령ducato이 되었고, 피렌체 사람들은 이제 시민 아닌 신민臣民이 되어 처음으로 군주의 기마상을 올려다보게 된 것이다.

베키오 궁 바로 옆에 우피치 미술관이 있다.(도판 76) 찾는 사람이 많은 것이 문제지만 관광 성수기나 사람 많은 시간대를 피하는 등 대책을 강구해 반드시 보아야 할 곳이다. 조각예술에서의 고전이 고대 아테네라면, 회화예술의 고전은 두말할 것 없이 르네상스 시기의 피렌체다. 중세 말에 이르기까지 비잔틴 미술의 방언方言에 불과하던 이탈리아 미술이 단숨에 미술의 주류로 등극해 서유럽 미

74, 75. 우첼로의 〈조반니 아쿠토〉(왼쪽)와 카스타뇨의 〈니콜라 다 톨렌티노〉(오른쪽).
벽화인데도 두 당대 거장의 남다른 솜씨 덕에 삼차원의 느낌이 완연하다.

76. 우피치 미술관. 양 날개가 긴 ㄷ자형 건물인데, 연결 통로 이층에서 내다보면 남으로는
아르노 강과 베키오 다리, 북으로는 쿠폴로네와 베키오 궁의 타워가 보인다.

술을 선도하게 된 것이 모두 이즈음의 피렌체에서 비롯됐다. 거장
들이 동시대에 같은 지역에서 속출하고, 이들을 지원할 수 있는 능
력과 의지를 갖춘 신흥 부호층이 생겨난 것은 역사적 행운이다. 때
맞춰 되살아난 고전과 과학에 대한 관심이 종교 일변도를 넘어 소
재의 다양화와 원근법 활용 등 회화 기법의 발전에 기여한 공로도
빼놓을 수 없다. 그 결과, 유럽 열강의 군주들이 경쟁적으로 선호하
고, 나폴레옹이 욕심껏 가져가고, 또 19세기 말 20세기 초에 미국의
재벌들이 아무리 사 갔어도, 르네상스 미술에 관한 한 우피치의 소
장은 세계 제일이다.

우피치에 들렀다면 바로 인근의 바르젤로 궁Palazzo del Bargello도 챙
겨 보자. 단테 때에도 있던 몇 안 되는 대형 건물 중 하나로(당시 치
안청 건물), 공화정 시절의 자랑스런 유산이다. 마키아벨리가 한때
수감되었던 곳이기도 하다. 지금은 첼리니, 도나텔로, 베로키오, 미

켈란젤로로 이어지는 르네상스 조각의 수작秀作들을 옛스러운 공간에 보기 좋게 배치해 놓았다.

이제 우피치에서 멀지 않은 산타 크로체 교회Chiesa di Santa Croce부터 시계 반대 방향으로 피렌체 시내를 한 바퀴 돌아보자. 산타 크로체는 두오모보다도 일 년 먼저 1295년 착공된 프란체스코 교회다.(도판77) 사실 단테가 시내를 거닐던 시절의 피렌체는 하나의 커다란 공사판이었다. 당시 서 있던 대형 건물이라고는 이미 살펴본 산 미니아토 교회 말고는 바르젤로 궁과 세례당 정도였다. 쿠폴로네는 물론, 조토의 종탑도 세워지기 전이다. 이러던 것이 13세기 말, 14세기 초가 되면서 오늘날 피렌체의 관광명소가 되는 성속聖俗의 주요 건물들이 일제히 착공된다. 상업이 일어서고 돈이 늘어난 것이다. 자연히 인근의 시골 사람들이 피렌체로 모여들었다. 볼로냐 가는 길의 두메산골 무젤로Mugello에서 농사짓던 메디치 집안이 가족의 운명을 상업에 걸고 솔가率家하여 피렌체로 들어온 것도 이 무렵이다. '시민 건물'을 가지려는 시민들의 자부심에 대한 얘기는 이미 했다. 여기에 더해 교회를 건립하고 교회 안에 사적 공간인 가족 경당을 확보하고 개인 팔라초(시내)와 빌라(교외)를 짓고 꾸미려는 부자 상인들의 경쟁적 수요가 겹친 것이다. 이탈리아 속담 그대로 "돈 있는 곳에 예술 있다Dove era la ricchezza, c'era l'arte"였다.

교회 앞에 지켜 서서 허공을 응시하는 단테의 눈매에 생각이 가득하다. 내부에 들어서면 굳이 가이드북이 없어도 좋을 정도로 잘 알려진 화가, 조각가, 문인 들이 남긴 자취가 풍성하다. 우선 널찍한 본당 안의 남북 벽면에 즐비한 피렌체 출신 인물들의 묘소가 인상적이다. 단테, 브루니, 도나텔로, 기베르티, 미켈란젤로, 마키아벨리, 갈릴레이가 모두 한 마을 태생이라는 사실을 새삼 상기시켜 준다. 참고로, 유럽 교회의 묘소는 실제 묘tomba를 쓴 경우와 벽면에 추모 조형cenotafio을 꾸민 경우가 있다. 실제 유해는 교회 바닥에 별

77. 산타 크로체 교회. 두오모에 비해 널찍한 앞마당에 면해 있어 한갓진 느낌이다. 오른쪽에 파치 경당 지붕의 납작한 돔이 보인다.

도로 관을 조성해 보관하기도 하고, 추모 조형의 일부로 조각한 관에 넣어 두기도 한다. 산타 크로체의 경우, 마키아벨리의 유해는 추모 조형의 관 속에 있고, 미켈란젤로는 추모 조형의 관은 비어 있되 교회 바닥의 관에 묻혀 있고, 단테의 경우는 단지 추모 조형일 뿐 실제 유해는 추방되어 말년을 보낸 라벤나에 묻혀 있다.

산타 크로체는 무엇보다 중세 미술이 르네상스 미술로 넘어오는 과정을 미술품의 원래 위치에서 견학할 수 있는 최적의 현장이다. 조토가 근대 회화의 개조開祖로 칭송되는 이유가 석연해진다. 이차원의 평면세계에 수삼백 년을 자족하던 비잔틴 영향 아래 있던 중세 회화가 불과 두어 세대 만에 조토와 그 제자들에 의해 근대 회화의 문턱에 성큼 다가가는 것을 볼 수 있다. 새로워진 인물 모델링과 다양해진 색깔뿐만이 아니다. 성가족과 성인들의 형상 모사模寫에만 애쓰던 과거를 털고, 기독교 신앙의 감동적인 대목들을 이야기로 구성해 넓은 벽면 가득 그림으로 재현한 것이다. 이탈리아 전역의 교회들에서 우리가 일상적으로 접하는 그림들, 특히 프레스코화는 대개 이 시절, 이곳 사람들의 창의에서 비롯된 것이다.

북쪽 바르디 경당 앞에 높직한 도나텔로의 예수 수난상crocifissione. 조각과 색조의 사실성이 같은 주제의 동시대 작품들과 차원이 다르다. 본당에서 남쪽으로 나서면 브루넬레스키의 역작 파치 경당 Cappella di Pazzi과 함께 시원한 회랑 정원chiostro이 르네상스 건축만의 고요한 하모니로 맞아 준다. 콰트로첸토가 서양미술사에 당당한 시대로 남은 데에는 이런 연고들이 있었구나 싶다.

다음 행선지는 산 마르코San Marco 수도원. 산타 크로체에서 걸어가려면 조금 멀 수도 있다. 이 도메니쿠스 수도원에 오면 육백 년 역사에 가장 유명한 수사修士 두 사람을 떠올리지 않을 수 없다. 역시 둘 다 콰트로첸토 인물로, 프라 안젤리코Fra Angelico(1395-1455)와 프라 사보나롤라Girolamo Savonarola(1452-1498)다. '프라fra'는 '프라테frate(형제)'의 약어로, 수도사를 칭할 때 쓴다. 세대 차이는 나지만 같은 수도원, 같은 수도사의 삶과 죽음이 그렇게 극명한 차이를 보일 수가 없다. 한 사람은 단아한 인물과 섬세한 경치의 성화聖畵를 그리며 평화로운 삶을 마친 후 로마의 산타 마리아 소프라 미네르바 교회의 제단 옆에 잠들어 있다. 또 한 사람은 정치 수도사로, 산 마르코의 대표의원priore이 되어 상류층의 화려한 생활을 비난하는 대중 선동으로 유사 신정神政 체제를 이끌다가 교황 알렉산데르 6세와 대립, 파문된 후 시뇨리아 광장에서 화형으로 격렬한 삶을 마친다. 사보나롤라는 1492년 대大로렌초의 임종 병상에서도 험한 기세로 회개를 촉구했다고 한다. 결국 대로렌초의 사후 피렌체는 사 년간 유례없는 신정의 도가니를 경험한다.

이 자칭 예언자와 메디치가家의 관계가 공교롭다. 권좌에 오르고

78. 프라 안젤리코의 〈수태고지〉. 수천사首天使가 성처녀聖處女를 찾아 기쁜 소식을 전하는
이 모습은, 프라 안젤리코가 형상화한 이래 숱한 수태고지 그림들의 모범이 되었다.

나서 어느 날 노老코시모가 피렌체에 머물던 교황 에브게니우스 4
세에게 물었다고 한다. 하느님이 흡족해할 만한 역사役事로 무엇이
좋겠는가고. 교황은 산 마르코 수도원의 복원에 일만 피오리노(당
시 피렌체의 한 가구당 소비지출 평균이 연간 약 칠십 피오리노였
다)를 내라고 액수까지 정해 권했고, 노코시모는 쾌히 승낙한 후 총
애하던 건축가 미켈로초에 일을 맡겼다는 것이다. 멍석을 깔아 놓
으니 사보나롤라가 페라라Ferrara에서 옮겨 왔고, 그 뒤는 알려진 이
야기다.

　한 시절의 격동에 관계없이 오늘날 산 마르코는 고즈넉하다. 수
도원 이층으로 올라가면 초입에 안젤리코의 〈수태고지受胎告知〉가
긴 복도의 하얀 벽면 한켠에 호젓이 빛난다.(도판 78) 이후 같은 주
제의 그림들에 준거가 되어 준 프레스코화다. 여기서부터 ㄱ자로
돌아가면서 반 평 남짓한 수사들의 독방이 이어지는데, 안젤리코
가 방마다 작은 프레스코 성화 하나씩을 그려 주었다. 한결같이 애

잔하고 경건한 소품들이다. 맨 끝에 사보나롤라가 쓰던 방이 홀로 이채롭다.

산 마르코 곁에 산티시마 안눈치아타Santissima Annunziata 광장이 있다. 피렌체에서 르네상스가 시작되고 정점에 이른 증거들이 집약되어 있어 흥미로운 곳이다. 광장 자체가 브루넬레스키의 설계이고, 고대 로마의 아르코arco와 톤도tondo를 한껏 활용한 초기 르네상스 건축들이 광장을 싸고 있다.(도판 79) 특히 영아보호소 건물은 안에도 좋은 그림들이 있지만 정면의 포르티코가 각별히 말쑥하다. 산티시마 안눈치아타 교회는 폰토르모Pontormo, 브론치노Bronzino, 피오렌티노 등 매너리즘 화가들의 수작을 한자리에서, 그것도 원위치에서 감상할 수 있는 드문 기회다. 르네상스의 종점에서 '완성' 다음에 오는 것이 무엇인지 고심한 화가들이다. 그 중간 단계의 수많은 견본들은 인근 아카데미아 미술관Galleria dell'Accademia에 빼곡하다. 시뇨리아 광장에 있는 복제본 〈다비드상〉의 원본이 여기에 있다.(도판 80) 미켈란젤로가 젊은 시절 교황 율리우스 2세의 호출로 피렌체를 떠나기 전에 만든 명작으로, 또 하나의 피렌체 시민 자부심의 상징

79. 산티시마 안눈치아타 교회 앞 광장. 브루넬레스키 디자인의 단정한 초기 르네상스 건물들이 광장을 싸고 있어 유명하지만, 교회 내부도 안드레아 델 사르토, 폰토르모 등 매너리즘 거장들의 명품 프레스코들로 간단치 않다.

80. 미켈란젤로의 〈다비드상〉. 하마터면
시유市有에서 국유國有로 넘어갈 뻔했던 곡절에
관계없이, 골리앗을 겨냥하는 눈매가 여전하다.

이다.

수년 전 이탈리아 정부가 〈다비드상〉의
소유권 등에 대한 법적 검토서를 낸 일이
있었다. "이탈리아의 통일로 구舊토스카나
공국이 이탈리아 공화국에 승계되었으므
로 〈다비드상〉의 소유권도 중앙 정부에 있
다"라는 요지였다. 렌치 당시 시장의 촌철
대응이 좋았다. "그게 무슨 비 오는 날 우
산인가, 네 것 내 것 하게. 〈다비드상〉은 피
렌체 시의 주문으로 미켈란젤로가 만들어
1504년 시뇨리아 광장에 세운 이래 한 번
도 사고 판 적이 없다." 렌치 시장이 중앙
정부의 총리가 되었다고 해서 입장이 바뀌
었을 것 같지 않다.

다음 목적지 산타 마리아 노벨라 교회
Basilica di Santa Maria Novella로 가는 길에 메디치 궁Palazzo Medici Ricardi과 산 로
렌초 교회Chiesa di San Lorenzo가 있다. 각각 메디치가의 가장들이 살아
잠자던 곳이고 죽어 잠든 곳이다. 메디치 궁의 준엄한 외관과 기능
적 내부구조는 르네상스 시기 대도시 팔라초 건축의 모범이다. 이
후 스트로치 궁, 루첼라이 궁 들이 잇따라 세워지고, 로마에서도 파
르네세 궁을 비롯해 많은 대저택들이 뒤따른다. 메디치 궁 안의 경
당을 장식한 고촐리B. Gozzoli의 프레스코 〈동방박사의 행렬〉은 즐거
운 명품이다.(도판 81) 채색과 모델링, 자연과 수목의 미세 묘사는
르네상스 회화의 중간성과를 집약해 보여 준다. 비좁은 경당의 벽
면을 돌아가며 장식한 파노라마식 구도도 새롭다. 등장인물들도
메디치 일가와 당시 피렌체 공의회(1438-1445)에 참석했던 동방
(비잔틴) 대표들의 실제 초상이다. 피렌체 공의회는 이슬람의 오토

81. 베노초 고촐리의 〈동방박사의 행렬〉. 피렌체 제일 가문의 백 년 저택치고는 자못 검박한 메디치 궁 안에, 못지않게 단출한 가족경당을 홀로 화사하게 장식해 주고 있다.

만 터키가 소아시아 일대를 석권한 위기 상황에서 가톨릭과 정교회 간 통합 협의를 위해 노老코시모가 역점 외교사업으로 유치한 국제 회의였다. 별무성과였으나 역사적 수명을 다해 가던 비잔틴 제국 에서 성직자, 고전 학자 들이 대거 참석해 고대문화에 대한 관심을 촉진하는 기회가 되었다.

조그만 광장을 가로지르면 바로 산 로렌초 교회다.(도판 82) 교 회 안에 따로 메디치 경당이 있지만 실질적으로는 교회 전체가 메 디치 가문의 교회다. 대大로렌초를 포함한 역대 메디치가의 인물들 이 대부분 이곳에 묻혀 있다. 다른 부호들이 각 교구의 교회에 가족

경당 하나 확보하려 애쓸 때, 이 집안은 베키오 궁 못지않은 양택陽
宅에 살다가 바로 이웃한 곳의 두오모 못지않은 음택陰宅에 묻혔으
니 당시의 위세를 짐작하기 어렵잖다.

다시 잠깐 걸으면 산타 마리아 노벨라 교회다.(도판 84) 정면부
터 본당의 경당들을 거쳐 성구실聖具室과 바깥 회랑들에 이르기까지
산타 마리아 노벨라는 르네상스 회화, 조각, 건축의 보석들로 가득
하다. 알베르티의 정면facciata이 보여 주는 색, 선, 면의 조화, 마사초
가 〈삼위일체Trinità〉에서 완성한 삼차원 공간감(도판 83), 우첼로가
〈노아의 방주〉에 실현한 획기적인 원근법 등을 다 이곳에서 본다.
〈아기 예수 탄생〉을 정감 넘치는 광경으로 재현한 보티첼리와 〈성
모 마리아의 생애〉를 르네상스 시절 피렌체의 일상생활처럼 그려
낸 기를란다요의 착상에 미소 짓게 된다. 살아있는 르네상스 미술
관이다. 관심 분야에 달린 일이지만, 만일 피렌체를 방문한 사람이
불가피하게 교회를 딱 한 곳만 '들어가' 보려 한다면 여러모로 이곳

82. 산 로렌초 교회. 브루넬레스키의 디자인으로 짓기 시작해 미켈란젤로의 손길이 많이 남아 있는,
메디치 일문一門의 가족 교회다.

이 적절하다.

당시 피렌체 부호들 중 하나로, 알베르티의 정면 건축비를 출연한 조반니 루첼라이의 일기에 기록된 내용이다. "산타 마리아 노벨라의 우아한 정면을 볼 때마다 무한한 기쁨을 느낀다. 하느님의 영광, 피렌체의 명예, 그리고 내 자신의 좋은 기억을 위해 이만한 투자가 다시 어디 있겠는가." 당시 개명한 상인과 부호들로 가득했던 피렌체의 분위기에서 많은 사람들이 공감했을 생각이고, 실제 이러한 출연과 지원은 경쟁적으로 이루어졌다.

피렌체의 볼거리는 대개 아르노 강 우안右岸에 모여 있다. 이제 한 군데만 잠시 들르고 좌안으로 건너가자. 오니산티Ognissanti 교회는 도심에서 한 발짝 비켜서 멀리 베키오 다리가 바라보이는 강가의 정겨운 광장에 면해 있다. 다리를 쉬어 가기 좋은 위치요 분위기다. 교회 안 보티첼리의 묘소가 단출하다. 과학과 절제와 균형과 조화의 아름다움이 주조이던 그 시절, 감수성 넘치는 자기만의 그림으로 엇갈린 평가를 받던 보티첼리. 사보나롤라의 설교에 감복해 아예 절필하고 은둔했던 사람이다. 동쪽 벽에 프레스코로 남아 우리에게 친근한 〈성 아우구스티누스〉의 절절한 표정은 보티첼리 자신의 마음속과 무관치 않았을 것이다.(도판 1)

강을 건너오면 산타 마리아 델 카르미네Santa Maria del Carmine 교회가 있다. 브란카치Brancacci 경당의 삼면을 꽉 채운 실로 경탄스러운 콰트로첸토 피렌체의 대표적인 프레스코 연작을 절대 놓쳐선 안 된

83. 마사초의 〈삼위일체〉. 산타 마리아 노벨라에 들어서면 교회 안에 즐비한 르네상스 대작들에 앞서서 그 반듯한 장엄으로 우리를 맞아 준다.

다. 마솔리노Masolino가 시작한 것을 마사초Masaccio가 이어서 그린 수십 년 후 필리피노 리피Filippino Lippi가 완성했다.(도판 85) 인근 산토 스피리토 교회와 그 앞 광장은 도심 속 오아시스의 느낌이다. 이곳에서 잠깐 다리를 쉬며 음료 한잔 하고 인근 피티 궁으로 향한다.

피티 궁Palazzo Pitti은 베키오 궁에 살던 코시모 1세가 만년에 이사와 살기 시작한 후 이백여 년 뒤 가계가 끊길 때까지 메디치 가문의 오랜 거소였다.(도판 86) 피티 궁의 일부를 활용한 팔라티나 미술관 Galleria Palatina은 그 소장품도 대단하지만 전시방식이 독특하다. 소장한 그림들을 연대나 주제와 관계없이 원래의 구매자가 수집해 배치했던 그대로 전시해 수집자의 취향과 수집 시기의 유행을 알 수 있도록 했다는 것이다. 르네상스 미술에서 빼놓을 수 없으나 피렌체

84. 산타 마리아 노벨라 교회. 교회 내부에 르네상스 미술사의 보물들이 가득하지만, 알베르티의 역작인 교회 정면으로 더욱 유명하다.

에 와서 활동한 일은 없는 라파엘로와 티치아노의 그림들이 많다.

건물 뒤쪽으로 나서면 보볼리 정원이 있다. 늘씬한 소나무와 삼나무 들이 '들여다보기'에 지친 눈을 달래 준다. 정원 언덕을 따라 올라가면 벨베데레Forte del Belvedere(구舊피렌체 성곽의 감시 타워)에 이르고, 이곳에 서면 다시 피렌체 시내가 한눈에 들어온다. 피렌체 산책을 시작하며 올랐던 산 미니아토에서 본 것보다 근경近景이어서 그간 다닌 곳들을 확인해 보는 즐거움이 있다.(도판 87)

피렌체의 전경을 즐기는 데는 이 두 곳과 인근의 산상山上마을 피에솔레Fiesole가 좋지만, 나는 개인적으로 피렌체 교외 산 마르티노 알라 팔마San Martino alla Palma에서 물결치는 구릉 저편에 신기루처럼 바라보이던 피렌체를 잊지 못한다. 그곳에 빌라를 갖고 있는 람베르토 디니Lamberto Dini 상원 외교위원장의 초청으로 점심을 같이했던 일이 있다. 예의 콰트로첸토에 지어진 빌라였다. 저명한 미국의 미술사가 베런슨B. Berenson이 이곳 교회의 포르티코 사이로 내다보이는 경치를 두고 "예술과 자연의 완벽한 조화"라고 했던 그 마을이다. 점심을 마치고 함께 산보하던 팔순의 위원장이 이야기하기

85. 카르미네 교회 브란카치 경당의 프레스코 연작 중 한 장면. 이 교회의 허름하기까지 한 정면을 보아서는, 그 안에 르네상스 프레스코화의 정수들로 가득한 경당이 있다는 것을 상상하기 쉽지 않다.

86, 87. 피티 궁(위)과 부속 보볼리 정원(아래). 피렌체에서 가장 큰 규모의 팔라초로서
16세기 이후 이백 년간 메디치가家의 소유였으며, 나폴레옹, 비토리오 에마누엘레 2세 등도
한때 머물렀다. 보볼리 정원에서 내다보는 피렌체 경관은 코로의 그림이다.

를, 십여 년 전 자신이 외무장관이던 시절, 미국의 국무장관이던 올
브라이트M. Albright를 이곳에 초대했을 때라며 먼저 홍소哄笑부터 금
치 못한다. 그때도 함께 식사를 하고 빌라 안팎을 거니는데 올브라

이트 장관이 지나가는 말로 빌라가 언제 지어졌냐고 묻더란다. 단지 연대만 말해 줘도 되는데 장난스런 마음이 동한 노정치인은 "미 대륙이 발견(1492)되기 수십 년 전"이라고 답해 줬고, 이 말에 미국의 장관은 잠시 기습당한 표정이 되었다며 다시 웃음을 터뜨린다. 지금은 미국일지 모르지만 그 시절 미국은 있지도 않았고 피렌체가 주역이었다는 웃음이었다. 사실 미 대륙의 명칭도 피렌체 사람의 이름에서 따온 것이다. 메디치 상사商社의 스페인 주재원으로 일하다 일약 모험가로 변신해 브라질을 '발견'한 아메리고 베스푸치 Amerigo Vespucci(1454-1512)는 피렌체 토박이였다.

"몇십 년이 흘러도 아무 일도 없는 때가 있고 몇 주간에도 몇십 년의 변화가 올 수 있는 것이다." 레닌이 언젠가 했다는 말이다. 배경은 전혀 다르지만, '몇십 년'을 '몇백 년'으로, 그리고 '몇 주간'을 '몇십 년'으로 대체하면 피렌체가 르네상스 어간에 일구어낸 변화를 비슷하게 설명해낸다. 르네상스란, 줄여 말하면 콰트로첸토의 피렌체가 경작해낸 지적 예술적 활동의 총화에 다름 아니다. 르네상스가 가져온 변화는 이내 문화가 되었고, 피렌체는, 아니 그 영향을 한번 접한 토스카나, 이탈리아는, 나아가 알프스 너머의 유럽도, 이제 다시 과거로 돌아갈 수 없게 된다. 뒤러, 홀바인, 브뤼헐 부자父子만이 르네상스 사람들이 아니다. 에라스뮈스, 토머스 모어, 마르틴 루터가 다 르네상스의 사람들이다. 중세의 나루터에 천 년을 머물던 역사의 배는 이들이 노 저은 르네상스의 강을 건너 근대의 언덕에 이른 것이다.

나폴리에서 살레르노까지

이탈리아에는 예로부터 '복 받은 캄파니아Campania Felix'라는 말이 있다. 온화한 기후와 빼어난 풍광, 그리고 비옥한 토양이 이유였다. 나폴리는 오랫동안 캄파니아의 중심이었고 그 일대는 고대 이래로 인기가 높던 땅이었다. 그중에도 나폴리에서 살레르노에 이르는 해안은 특별하다. 포추올리Pozzuoli에서 시작해 나폴리 만灣의 반원을 돌고 소렌토 반도와 아말피 해안을 따라 살레르노까지 가는 길이다. 별명하여 '나폴리 리비에라Riviera Napolitana'다.

우선 연안 마을들의 면면이 다르다. 이스키아와 프로치다 두 섬이 코앞에 보이는 쿠마 유적지에서 시작해 나폴리를 지나면 바로 베수비오Vesuvio 산이다. 그 아래가 베수비오의 화산재에 묻혀 이천 년을 지낸 폼페이, 에르콜라노, 토레 안눈치아타 등 고대 마을들이다. 나폴리 만 끝자락의 카스텔라마레, 비코 에쿠엔세를 지나 소렌토에 이르면 카프리 섬이 닿을 듯하다. 이어지는 아말피 해안의 절경! 전체적으로 절경이면서 아말피 해안의 마을들은 또 각기 개성미가 장점이다. 포시타노Positano, 푸로레Furore, 아말피Amalfi, 라벨로Ravello 등 마을들이 서로 붙어 있다 싶게 가깝지만 각자가 다르고 그 분위기와 특색이 출중하다. 그리 길지 않은 해안을 따라 이렇게 다양한 소읍과 섬들이 서로의 내력과 매력을 뽐내는 유례는 다시없을 것이다.

단지 자연 경관과 휴양지로서의 장점 이야기가 아니다. 고대와 중세의 역사가 도처에 남아 숨 쉬고, 고대 이전의 신화와 전설이 곳

88. 쿠마의 시빌라 암굴. 이 정도는 되어야 예언의 권위가 인정되지 싶은 그런 분위기다.

곳에 서려 있다. 호메로스가 들려주던 옛이야기의 흥미로운 무대였고, 베르길리우스가 노래한 로마 건국 전승의 현장이다. 베르길리우스가 묻혀 잠든 곳도 나폴리 시내의 한 언덕 위다. 풍광은 물론이고 기후까지 일 년 사철 보장되다시피 하니, 이 변덕 없는 천연의 뮤즈를 찾아 수많은 세계의 예인藝人과 문사文士 들이 다녀갔다. 아예 한때를 거주하며 지울 수 없는 자취를 남긴 이들도 많다. 포시타노의 파울 클레와 디아길레프, 아말피의 입센, 라벨로의 바그너, 소렌토의 니체, 이스키아 섬의 오든W. H. Auden과 커포티T. Capote, 프로치다 섬의 르 코르뷔지에 등은 다만 19세기 이후의 몇몇 예일 뿐이다. 카프리 섬에 이르면 일일이 거명이 불가능할 정도로 명단이 길다.

이번 여정은 여러모로 쿠마Cuma에서 시작하는 것이 제격이다. 쿠마는 기원전 8세기 이탈리아 반도 남부에 해외 식민지를 개척하기 시작한 그리스 사람들의 첫 마을이다. 지금은 그야말로 황성마저 희미한 옛터뿐이지만, 해안 높직이 위치한 아크로폴리스 자리에 서면 목전의 이스키아 섬은 물론 멀찍이 카프리 섬과 길쭉하게 뻗어 나온 소렌토 반도가 한눈에 들어온다. 이제 찾아갈 절경들의 훌륭한 예고편이다. 아크로폴리스 양옆으로 제우스 신전과 아폴로 신전이 있고, 조금 떨어진 곳에 원형극장과 네크로폴리스 necropolis(음택마을)가 있다. 로마 사람들의 폼페이 유적지에 비해 남

89. 쿠마의 아폴로 신전 터. 삼천 년 세월에 이제는 돌무더기 수준이지만, 떠나온 바다를 잊지 않고 새로운 땅을 품어 안는 고대 그리스인의 입지 선정 기준을 느끼는 데는 부족함이 없다.

아 있는 건물들이 많지 않아 그렇지, 규모는 비슷하고 시기적으로는 근 팔백 년이 앞선다.(도판 89)

쿠마 아크로폴리스에서 월계수 우거진 오솔길을 따라 내려오면 시빌라 암굴Antro della Sibilla이 있다.(도판 88) 세심한 독자들은 앞서 티볼리에 들렀을 때 빌라 그레고리아나 언덕 위로 티볼리 시빌라 Sibilla Tiburtina의 거소를 찾았던 일을 기억할 것이다. 이 암굴은 그에 못지않게 유명한 쿠마 시빌라가 살던 곳이다. 엄청난 바위산을 뚫어 널찍한 터널을 내고 그 맨 끝에 조그만 방을 조성해 놓았다. 베르길리우스의 아이네아스가 쿠마 시빌라로부터 자신이 로마 문명을 세우리라는 예언을 들었다는 바로 그곳이다. 전승의 진위는 따질 일이 아니고, 암굴의 모양새나 분위기가 그럴 법하고도 남는다. 일찍이 1343년 페트라르카F. Petrarca가 이곳을 다녀가며 했다는 말이 있

90. 나폴리 전경. 나폴리는 원래 쿠마와 포실리포 쪽에서 들어오며 조망하는 것이 제일이다. 멀리 베수비오의 두 봉우리가 선명하고, 오른쪽으로는 나폴리 만 건너 카프리 섬까지 보인다.

다. "이곳이 시빌라가 살던 곳이구나! 바보들은 들어간 다음 다시 나오지 못했고 현자들은 처음부터 들어갈 생각을 하지 않았다는 그 무시무시한 암굴이로구나!"

쿠마에서 나폴리는 지척이다. 나폴리 쪽으로 넘어오는 초입이 포실리포 언덕이다. 이곳에 잠시 멈춰 나폴리 만을 한번 굽어본다. 나폴리 시내가 왼쪽 해안을 따라 펼쳐지는 저편에 베수비오의 두 봉우리가 신비롭고, 멀리 소렌토 반도가 길게 뻗어 끝나는 곳에 카프리 섬이 아련하다.(도판 90) 한 번 보면 그 경관의 수려함에 탄성이 절로 나오고, 학창시절 굳게 입력된 후 좀체 잊히지 않는 노래가 떠오른다. "창공에 빛난 별, 물 위에 어리고, 바람은 고요히 불어오누나Sul mare luccica l'astro d'argento, Placida e l'onda prospero e il vento." 이탈리아어 노랫말의 훌륭한 직역이다.

　포실리포 언덕을 올라가면 베르길리우스 공원이고 내려가면 메르젤리나Mergellina 부두다. 공원에는 고대 로마 최고의 시인이 잠들어 있고, 부두는 아말피 해안 바위섬에 살던 비운의 세이렌 파르테노페Partenope의 시신이 밀려왔다고 하니, 두루 심상치 않은 곳들이다. 여기서 시작하는 해안도로(비아 카라치올로)가 바로 이 노래의 고향인 산타 루치아 부두까지 이어진다. 노래의 5절은 이렇게 나간다. "오, 예쁜 나폴리, 복 받은 땅이여. 신께서 바라던 미소가 있는 곳…O dolce Napoli o suol beato, Ove sorridere volle il creato…."

　자고이래 땅으로 바다로 물산이 풍부하고 기후와 풍광이 수려하니 사는 이들의 마음이 여유로웠을 것이다. 나폴리 민요가 발달한 까닭이다. 성 아우구스티누스의 어록에도 "노래하는 사람은 두 번 기도하는 것이나 마찬가지Chi canta pregha due volte"란 말이 있다. 중국말로 '심광신이心曠神怡'의 경지다.

사실 나폴리는 도시 자체의 아름다움이랄 것은 없다. 피렌체나 시에나의 전경을 볼 때와 같은 느낌은 아니라는 얘기다. 한마디로 나폴리는 인공人工에 풍수風水를 함께 보아야 하는 곳이다. 괴테가 일찍이 "나폴리를 보고 정신을 빼앗긴 모든 이들을 용서하시라"고 신께 빌었다 하고, "어떤 말이나 글 혹은 그림으로도 나폴리를 온전히 묘사할 수 없을 것"이라고 말한 데에는 이런 경지를 염두에 두었을 것이다. 괴테의 나폴리 칭송은 유별날 정도다. 사실 베수비오를 옆에 끼고 티레노 너른 바다를 내다보며 기다란 소렌토 반도가 천연의 방파제로 감싸 주는 햇볕 가득한 나폴리의 시원한 경관은 힐끗 보아도 후한 점수를 주지 않을 수 없다. 사행천蛇行川 변에 웅기중기 엎드린 듯 자리잡은 로마를 여기에 비할 수 없다고 한 이도 괴테다. 그의 이십 개월에 걸친 이탈리아 여행(1786년 9월-1788년 4월)의 주목적이 고전 탐사였던 만큼 로마에서 일 년 넘게 체류한 것은 당연한 얘기지만, 나폴리에서만 한 달 반을 보냈다. 그리고 내린 결론이, 나폴리 사람들이 하는 말대로 "나폴리를 보기 전에는 죽지 말아라Vedi Napoli e poi muori"였다.

이런 데다가, 아니 바로 이런 이유로 해서, 나폴리는 남부 이탈리아의 오랜 중심지였다. '세계의 경이Stupor Mundi'란 별명을 얻으며 메초조르노의 전설이 된 프리드리히 2세가 죽자 프랑스 앙주가家의 샤를이 교황의 후원으로 남부 이탈리아의 맹주가 된다. 이 샤를 1세가 시칠리아 왕국의 수도를 나폴리로 옮기고 오늘 우리가 보는 나폴리의 모습을 일구는 역사役事를 개시하는 것이다. 이후 나폴리는 통일 때까지 남부 이탈리아의 육백 년 도읍이었다. 나폴리 왕국의 전성기랄 수 있는 17세기에는 파리 다음가는 유럽 제이의 도시였고, 19세기 통일 당시에도, 단연 (로마에 앞서) 이탈리아의 제일 도시였다. 나폴리의 산 카를로 극장Teatro di San Carlo은 일찍이 1737

91. 산 마르티노 수도원. 보메로 언덕 위에 우뚝한 산 마르티노 수도원은 그 옆의 산텔모 성채와 함께 나폴리 어디에서도 눈에 띄는 랜드마크다.

년 개관한, 세계에서 가장 오랜 오페라 극장이다. 19세기 중반까지도 많은 이들은 밀라노의 라 스칼라La Scala나 베네치아의 라 페니체 La Fenice 극장에 앞서 산 카를로에서의 초연初演을 최대 영광으로 알았다. 리소르지멘토Risorgimento 당시의 세력 관계로 볼 때 나폴리 왕국이 이탈리아의 다른 어떤 세력에 의해 병합된다는 것은 상상하기 힘든 일이었다. 그러나 역사에서 드물지 않게 보듯 그런 일이 벌어졌고, 여러 측면에서 많이 다른 남북 이탈리아는 한 나라가 되었다.

수려한 풍광과 지내 온 역사가 이러하니 나폴리에는 볼 것이 많다. '무엇을 볼까'보다 '어떻게 돌아볼까'가 걱정이다. 게다가 시역市域이 넓어 걸어 다닌다는 것은 애초에 불가능하다. 많이 알려진 이 지역의 다른 문제들도 만만치 않다. 거리에 자동차와 사람들이 너무 많아 혼잡, 무질서에 시끄럽고 다소 지저분하다. 대중교통이나 행정 관리(개관시간 운영 등) 수준이 기대만 못한 것도 사실이다.

92. 〈파르네세 헤라클레스〉. 나폴리의
국립고고학박물관은 소장 규모도 세계
최대지만 그 내용 면에서도 완미한 작품들이
넘쳐, 다른 고고학박물관에 흔히 전시된
돌 조각 같은 것들은 놓일 자리가 없다.

하지만 이런 이유들 때문에 역사와 문화는 생략한 채 경치만 보고 간다면 실수다. 문제점들이란 것도 보기에 따라서는 이 도시 나름의 활기 같은 것이다. 어린 시절을 1950-1960년대 한국의 대도시에서 보낸 나는 옛 고향을 보는 듯 크게 낯설지 않은 느낌이었다.

보메로Vomero는 포실리포 곁의 좀 더 높은 언덕이다. 언덕 정상에 있는 산 마르티노 수도원Certosa di San Martino은 앙주 시절에 지은 것을 1600년대 나폴리의 전성 시절에 대대적으로 증축한 것이다.(도판 91) 조용한 생활이 기본인 수도원조차 안팎을 바로크로 성장盛裝했다. 수도원 교회를 보니, 보통은 실무공간으로 남겨 두는 성구실聖具室과 사제관司祭館까지 정성으로 장식했다. 그 덕에 볼거리가 많다. 귀도 레니, 리베라에서 루카 조르다노, 카라치올로, 시몽 부에 등 당대 바로크 거물들의 대작을 현장에서, 그것도 수도원 하나에서 보는 울림이 크다. 안뜰 회랑이 수도원 부속임을 잊을 정도로 작은 공원만 하고, 경내에 함께 있는 나폴리 특유의 자랑거리인 프레세페presepe(본래 아기 예수의 구유를 뜻하는데, 아기 예수 탄생 장면을 재현한 설치조형에 대한 통칭으로 상용한다) 전시관도 볼만하다.

나폴리에 오면 산 마르티노와 함께 꼭 들러야 할 박물관이 두 개 있다. 국립고고학박물관과 카포디몬테 국립박물관이다. 하나는 고전 시대의 조각, 부조, 프레스코, 모자이크 등에서 세계 최대의 고고학박물관이고, 카포디몬테는 르네상스와 바로크 그림들을 주력

93. 카포디몬테 미술관. 엄청난 컬렉션이니만큼 왕궁으로 쓰던 건물이 아니고는 전시가 쉽지 않았을 것이다. 나폴리를 벗어난 듯 정숙한 분위기다.

으로 한 세계적 수준의 박물관이다. 이 두 곳의 방대한 소장이 이룩된 배경이 의외로 간단하다. 18세기 초 스페인, 프랑스, 오스트리아 등 삼국 간 스페인 계승 전쟁의 곡절 끝에 스페인 보르보네 왕가의 카를로스 3세가 나폴리 왕으로 부임한다. 그가 나폴리에 와 제일 먼저 일으킨 공공사업 중 하나가 폼페이 유적지 발굴이다. 이와거의 동시에 그는 파르네세Farnese 가문의 마지막 상속녀 엘리자베타 파르네세를 모친으로 둔 덕에 가문의 이백 년 컬렉션을 통째로 물려받는다. 폼페이를 발굴해 얻은 예술품들도 엄청나지만, 교황 바오로 3세가 일으킨 가문이 이백 년을 지속하며 모은 미술품들이 그에 못지않게 대단하다.(도판 94) 동시대 그림들이야 화가들한테 주문 제작한 것도 많지만, 고대 조각들은 대개 로마의 카라칼라 욕장浴場이나 티볼리의 빌라 아드리아나 등지에서 그냥 줍다시피 가져다가 로마의 파르네세 궁(현 프랑스 대사관 청사)를 비롯해 파르마, 카프라롤라 등 전국에 산재한 가문의 부동산들을 장식했던 것들이다. 이렇게 모인 물건들이 두 박물관에 가득하다. 조각들은 대개 고고학박물관에, 그림들은 카포디몬테에 모아 놓았다.

어디서 가져왔든 상관없이 〈파르네세 황소〉 〈파르네세 헤라클레스〉 등을 비롯해 고고학박물관의 초대형 건물 네 개 층에 빼곡한 조각상, 부조물, 프레스코, 모자이크 들은 경탄을 금치 못할 대작이요 명품 들이다.(도판 92) 이미 이천 년 전 이만한 완성도를 이루었으니 고전이라 부르기로 한 것이리라. 그 뒤의 것들은 다 공자님 말씀대로 술이부작述而不作임을 알겠다.

카포디몬테는 나폴리의 안산案山 꼭대기에 자리한 카를로스 왕의 이궁離宮이었다.(도판 93) 미술관 입구의 티치아노 작 〈바오로 3세와 조카들〉 초상이 먼저 눈에 들어온다. 티치아노의 거침없는 붓길 속에 교황의 눈매와 입매만이 오백 년이 지난 지금에도 움직일 듯 섬세하다. 지력과 염력이 느껴지는 얼굴이요 자태다. 이 정도는 되어야 권모술수와 백가쟁명의 르네상스 이탈리아에서 이백 년 가업을 일굴 수 있지 싶은 모습으로, 이제 인물화의 과제가 더 이상 모사模寫에 있지 않음을 보여 준다. 르네상스의 한복판을 종횡한 교황과 그 집안에 손색없게 컬렉션은 지역에 상관없이 이탈리아 르네상스의 대표적 화가들을 망라한다. 마솔리노, 만테냐, 필리피노 리피, 보티첼리, 미켈란젤로, 라파엘로, 파르미자니노, 코레조 등등. 이 총중叢中에 마사초의 단정한 〈예수 십자가형〉이 르네상스의 시원始原을 새삼 상기시켜 준다.(도판 95)

나폴리 회화실도 꼭 들러 봐야 한다. 중세 말, 멀리 시에나의 거장들부터 나폴리 왕국 전성기의 바로크 화가들을 거쳐 19세기 포실리포 화파畵派에 이르는 육백 년 컬렉션이다. 앙주가家는 당시 교황들과 친분이 깊어 카발리니(로마), 조토(피렌체), 시모네 마르티

94, 95. 티치아노의 〈교황 바오로 3세〉(왼쪽)와 마사초의 〈예수 십자가형〉(오른쪽).
몇 점 없는 마사초의 작품이 토스카나를 떠나 이곳 카포디몬테까지 와 있다는 것이
벌써 파르네세 교황 바오로 3세의 당시 위세를 말해 준다.

니(시에나) 등 중세 말의 거장들까지 나폴리에 초빙했었다. 주력은
산 마르티노에서 보았던 나폴리 바로크 거장들의 작품이다. 나폴
리 미술의 황금기를 이끈 이들은 유럽 전역에 이름을 떨치던 대가
들이었다. 맨 끝 방에 홀로 걸린 지나칠 수 없는 그림이 있다. 〈예수
책형磔刑〉. 이탈리아 전역과 몰타, 시칠리아를 떠돌며 짧고 험한 생
을 보낸 카라바조가 만년에 나폴리에 남겨 준 걸작이다.

이제 교회 몇 곳을 둘러볼 차례다. 언덕을 내려오면 환경이 일변
하며 다시 어수선한 나폴리 시내로 접어든다. 옛적 한문 시간에 배
웠던 훤소喧騷란 말 그대로다. 시내에서도 스파카나폴리와 비아 트
리부날리 일대에 좋은 교회와 볼거리들이 집중되어 있다. 그 한켠
에 서 있는 두오모는, 고대 로마의 아폴로 신전 터 위에 샤를 1세가
프랑스 고딕 양식으로 세우고 그 뒤에 나폴리 바로크가 현란하게
추가된 교회다. 나폴리의 수호성인 성 제나로San Gennaro를 모신 경당
에는 성인의 피를 보관한 유리 용기를 모셔 놓았다. 일 년에 두 차례

96. 나폴리의 훤소喧騷. 차량과 사람들이 섞여드는 곳에
빨래들이 휘날리고 아이들은 아랑곳 않고 달리기나
축구 연습까지 한다.

정해진 날이면 굳어 있던 성인의 피
가 녹아 무사한 일 년을 바라는 신심
깊은 나폴리 사람들을 어김없이 안
심시키는, 고대의 신탁神託 같은 보
물이다. 언젠가 한 번 성인의 피가
녹지 않아 온 시민이 걱정하던 해에
나폴리 축구팀이 세리에 B로 강등
되는 '재앙'이 일어났었다고 한다.
그 후로 다시는 그런 일이 없었고,
내가 이탈리아를 떠나오던 2013년
나폴리 팀은 세리에 A에서도 우승
을 다투고 있었다.

두오모에서 코너를 돌아 조금 가
면 피오 몬테 델라 미세리코르디아
Pio Monte della Misericordia 교회가 흥미롭
다. 1602년 나폴리의 귀족 젊은이들
이 일곱 가지 자선활동 분야를 정해
결사를 만들고 세운 교회다. 카라바
조의 제단화 〈일곱 가지 자선활동〉이 인상적이다. 부속 박물관에
자선 분야별 대표가 모여 앉아 회의하던 칠각七角 탁자도 재미있다.
참고로, 이들이 정한 일곱 가지 자선활동은 주린 사람 먹여 주기,
벗은 사람 입혀 주기, 목마른 사람 물 주기, 아픈 사람 구완하기, 갇
힌 사람 면회 가기, 죽은 사람 묻어 주기, 순례객들 재워 주기 등이
었다.

이탈리아의 큰 도시들을 여행 다닐 때 활용도 높은 장소가 교회
의 키오스트로chiostro다. 특히 나폴리같이 덥고, 길 다니는 것이 고
단할 가능성이 높은 도시에서 요긴하다.(도판 96) 소음과 인적의

97, 98. 산타 키아라 교회(위)와 산 그레고리오 아르메노 교회(아래)의 키오스트로.
필요가 발명을 낳았는지, 나폴리 교회들의 키오스트로는 요긴한 휴식공간으로 그만이다.

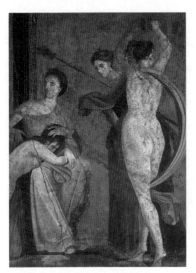

99. 빌라 데이 미스테리의 벽화. 폼페이 교외의
호화 빌라를 장식한 벽화들 중 하나로,
고대 로마의 회화가 상당 수준에 있었음을
말해 주는 희귀한 실례다.

차단 효과가 경이로울 정도다. 덤으로 그 장식이나 조경들이 미감을 더해 주는 곳도 많다. 인근에 위치한 산 그레고리오 아르메노 San Gregorio Armeno 교회의 키오스트로는 남부의 풍성한 과실수를 활용한 조경이 거의 과수원 수준이고, 조금 떨어진 산타 키아라 Santa Chiara 교회 키오스트로의 채색 도기 maiolica 장식도 압권이다.(도판 97, 98) 휴식 목적이 아니라도 일부러 찾아보아야 할 곳들이다. 이쯤에서 나폴리를 떠나야겠다. 팔라초 레알레(왕궁), 누오보 성 Castel Nuovo, 달걀 성 Castel dell'ovo 들을 빼먹어 아쉽지만 살레르노까지 가야 하고, 들를 곳에 비해 시간이 많지 않다.

베수비오 화산이 폭발한 것은 기원후 79년 8월 24일 오후 1시였다. 기록적인 대폭발로, 폼페이가 육칠 미터의 화산재에 묻히고 인근 에르콜라노가 해일 토사에 매몰됐다. 마침 나폴리 만에 와 있던 고대 로마의 박물학자 플리니오 Plinio(23-79)가 처음 보는 장관에 이끌려 접근했다가 저명 희생자로 기록되었다. 1748년 발굴이 개시되어 고대 로마 도시의 온전한 모습이 드러나고, 수준 높은 당시의 생활상이 알려지면서 새삼 그리스와 로마 등 고전에 대한 관심이 높아졌다. 소위 '그랜드 투어'가 유행하고 건축에 신고전주의 바람이 분 데는 폼페이가 큰 계기였다. 이천년 전 도시의 데쿠마누스 막시무스 Decumanus maximus(고대 로마 도시의 동서대로), 신전, 교회, 포럼, 극장, 욕장浴場, 상가, 주택 들이 그대로 남아 사람들이 실제로 드나들기까지 하며 볼 수 있다는 것은 폼페이의 큰 매력이다.(도판 99-101) 주거의 규모, 구조와 장식 들은 이후 어느 시대, 어느 나라에도 뒤지지 않을 수준이다. 로마에서

100, 101. 폼페이 유적지. 이천 년 전 자신이 저질렀던 역사적인 파괴에 시침을 떼는 듯, 자못 태연하게 폼페이를 내려다보는 베수비오의 모습이 평화롭다.

멀리 떨어진 마을인데도 건물들에 카이사르, 아우구스투스는 물론 아이네아스와 로물루스의 상像들을 모셨던 벽감壁龕이 곳곳에 남아 있다. 로마 시민들의 로마에 대한 자부심이 어느 정도였는지 알 수 있는 대목이다.

걱정은 넘쳐나는 관광객이다. 유적지, 특히 사람들이 출입하는 노천 유적의 경우 관리 문제는 생각보다 심각하다. 그것도 고대 도시 하나 전체가 비바람과 각종 공해에 노출되어 무수한 관광객의 방문을 감당해야 한다는 것은 보통 일이 아니다. 몇 년 전 유적지 내의 건물 하나가 그대로 무너져 내려 온갖 진단과 처방이 난무한 일이 있었다. "애초에 감당 못할 규모로 발굴해 놓은 것이 문제이며, 일부를 다시 (땅속에) 묻어 보존하는 방법밖에 없다"는 의견까지 나왔었다.

소렌토로 가는 길은 상쾌하다. 해안과 거리를 둔 구절양장九折羊腸 산길이지만 길가 마을들이 예외 없이 경치와 음식이 일품이다. 카스텔라마레 디 스타비아, 비코 에쿠엔세 등 마을들 모두 유럽이 알아주는 식당들을 자랑한다. 비결은 '식재료와 식당 간의 지근거리', 모토는 '브로콜리와 감자만으로도 기막힌 요리를!'이란다. 해산물은 물론 오일과 치즈가 좋고, 바질, 오레가노, 타임, 로즈마리 등 향신료가 다양하고 신선한 까닭이다.

소렌토와 카프리 섬, 그리고 반도의 끝을 돌아 절벽 사면斜面에 위치한 포시타노 등지는 이탈리아가 자랑하는 '라 돌체 비타La dolce vita'(즐거운 인생)의 원천 같은 장소들이다. 태양과 바다와 경치 등 자연의 혜택에 이 지역 특유의 의식주 라이프스타일이 어우러져 만들어낸 막강 브랜드의 현장이다. 소렌토 반도를 돌아 아말피로 가는 길은 드라이브가 쉽지 않다. 굴곡 많은 해안선과 깎아지른 절벽들의 절경에 취하고 절벽을 깎아 만든 도로가 생각보다 좁기 때문이다. 이 와중에 세이렌의 노랫소리까지 들려왔다니 옛 사람들의 항해는 어떠했을까. 포시타노 앞바다의 리 갈리Li Galli 바위섬들이 세이렌들의 거처로 공인된 것에 수긍이 간다.

카프리 섬을 모르는 사람은 없을 것이다. 소렌토에서 페리로 한 시간이 안 되는 카프리는 인류가 휴가를 즐기기 시작한 이래의 휴양지다. 예수를 처형한 궁극적 결재권자인 제2대 로마 황제 티베리우스가 기원후 27년 은퇴해 이곳으로 온 것도 빼어난 경치가 이유였을 것이다.

경치가 자연의 작품이라면 색깔은 태양의 조화造化다. 이탈리아의 태양이 만들어낸 다양한 색깔들을 카프리에 오면 다 만난다. 이탈리아 축구대표팀의 대명사 '아주리'가 비롯된 아주로azzuro부터 투르케세turchese, 코발토cobalto 등이 다 파랑이지만, 맑은 날 카프리의, 아니 이탈리아의 진짜 파란 하늘색은 체룰레오ceruleo라고 한다. 이것이 영어로 넘어가서 '시룰리언cerulean'이 됐다. 황갈색을 뜻하는 영어의 시에너sienna는 토스카나의 중세도시 시에나Siena에서 나온 말이다. 이탈리아 중부지방에 밝은 흙빛 벽을 한 집들이 많은데 그 색을 테라코타terracotta(구운 흙)라고 하고, 시에나의 흙빛은 조금 더 갈색 톤이 강하다. 카프리의 마리나 그란데Marina Grande에 배가 닿으면 절벽을 따라 늘어선 집들의 다채로움이 그대로 한 벌의 팔레트다. 시내를 걷다 보면 불현듯 부겐빌리아 붉은 덩굴이 덮어 싼 하얀 담장들 사이가 온통 파란색뿐인데, 자세히 보면 조금 더 파란 쪽이 바다고 나머지는 하늘이다. 이렇게 키워진 색감이 이 사람들의 손재간과 함께 이탈리아의 미술과 패션 산업의 원동력이 되었을 것이다.

많은 사람들이 온갖 목적으로 이곳을 다녀갔다. 소설을 쓰려, 시상詩想을 얻으려, 그림 그리려, 휴양하려, 심지어 나라 뒤집을 구상까지 하려 다녀가며 별보다 많은 이야기를 남긴 곳이다. 오스카 와일드가 (본국에서의 범법이 드러나) 묵다가 쫓겨난 호텔이 있고,

고리키가 레닌을 맞아 장기 두던 빌라가 있고(도판 102), 르 코르뷔지에가 설계한 호텔, 처칠과 아이젠하워가 회담한 팔라초가 있는 곳이다. 막심 고리키Maxim Gorky는 제일차 세계대전 전야에 빌라를 하나 얻어 육 년이나 머물렀다. 볼로냐의 혁명학교 구상도 이곳에서 나온 것이다. 나머지 이름들도 도저히 '기타'로 분류할 수 없는 면면이다. 괴테, 러스킨, 포스터E. M. Forster, 로런스D. H. Lawrence, 앙드레 지드, 릴케, 발레리, 버지니아 울프를 거쳐 파블로 네루다, 그레이엄 그린, 고어 비달에 이르면 우리와 동시대를 살던 사람들이다. 이러다 보니 소위 셀럽 컬처celeb culture와 '그 사람이 갔던 곳에 가 보기' 효과까지 겹쳐 찾는 이들이 끊이지 않는다. 더구나 요즘은 자연이 빚어 놓은 걸작과 함께 사람들이 만든 소위 명품 가게들까지 들어차 '라 돌체 비타'의 인프라를 완결해 놓았다.

카프리를 떠나기 전에 한 군데 꼭 가 볼 곳이 있다. 바로 아나카프리Anacapri의 빌라 산 미켈레Villa San Michele다. 이곳 정원의 석조 정자에서 바라보는 절경은 형언하기 쉽지 않다. 마리나 그란데 너머 몬테 티베리오 절벽의 빌라 요비스Villa Jovis까지, 또 그 너머 소렌토까지

102. 카프리의 빌라로 고리키를 찾은 레닌. 카프리에 망명해 있던 막심 고리키(가운데)를 1908년 레닌(오른쪽)과 보그다노프(왼쪽)가 찾아가 휴식의 한때를 갖고 있다.

103. 빌라 산 미켈레에서 내다본 파노라마. 마리나 그란데를 넘어 티베리우스 황제가 살던 빌라 요비스가 있는 언덕이 보이고, 좁은 물길 건너 왼쪽으로 소렌토가 아련하다.

일체의 피조물들이 온통 파란 일색 속에 떠 있는데, 그 파란색이 하늘인지 바다인지 다시 한번 경계가 아련하다.(도판 103)

소렌토도 고대 로마 이래의 도시로 역사가 없을 리 없지만, 역시 유명 인사들의 휴양지로서의 명성이 앞선다. 해안 절벽 위 공원 안에 있는 한 호텔에 묵은 적이 있다. 오뉴월이면 「돌아오라, 소렌토」의 노랫말에 나오듯 '은은한 오렌지 꽃향기'가 진동하는 곳이다. 그간 다녀간 영화배우, 문인, 예인 들의 사진이 라운지에 즐비한데, 호텔 사장이 자랑삼아 보여 주는 두툼한 방명록에는 19세기 중반 프로이센의 재상 비스마르크와 바이에른 왕 루트비히 2세의 서명도 있다.

많은 이들이 다녀갔겠지만 이 호텔이 추억하는 일번 투숙객은 나폴리 태생 불세출의 테너 카루소E. Caruso(1873-1921)다.(도판 104) 미국에서 돌아온 그는 이 호텔에서 생애 마지막 해의 봄을 지내고

104. 엔리코 카루소 자화상. 20세기 초
이탈리아의 미국 이민이 아직도 이어지던 시절,
카루소의 미국 내 인기는 동포들의 우상이
되고도 남을 정도였다.

그해 여름 영면했다고 한다. 그가 쓰던 방에는 '카루소 스위트Caruso Suite'라는 팻말과 함께 그가 사용하던 피아노와 책상이 그대로 놓여 있다. 이 얘기는 이미 고전이고 그 속편마저 이제 고전 반열에 들었다면서 사장이 1980년대 중반의 인기곡 「카루소」이야기를 들려준다. 파바로티도 가끔 불러 더욱 유명해진 노래다. 당시 이탈리아 사람들의 많은 사랑을 받던 가수 루치오 달라Lucio Dalla가 소렌토에 놀러 왔다가 카루소 스위트에 머물며 며칠 사이에 작곡했다는 것이다. 이 동네 분위기와는 많이 다른 비련조悲戀調지만 참 마음에 남는 노래다. 루치오 달라는 사십여 년 전 가요계 데뷔 때부터 한국에서도 제법 인기가 있었다고 한마디 거드니 좌중이 모두 의외라는 표정이다. 1970년대 초 산레모 가요제가 한국에서 큰 인기였고 당시 대학시절을 보낸 많은 이들이 루치오 달라의 입상곡 「1943년 3월 4일생」을 기억한다고 했더니 놀라움이 감동으로 바뀐다. 색슨Saxon 사람들은 자신들에 대해 모르는 것을 의외로 여기는 데 비해, 라틴Latin 사람들은 자신들을 알아주는 경우 매우 감격해 하는 경향이 있다. 또 하나 꼭 봐야 할 장면이 있다. 호텔 테라스 카페에서 나폴리 만 저편으로 바라보이는 베수비오의 완벽한 이등변 삼각형으로, 배경 색은 역시 카프리에서 본 그 '체룰레오'다. 루치오 달라는 내가 소렌토에 다녀온 지 얼마 안 된 2012년 많은 이들의 애도 속에 타계했다.

인근 포시타노는 '라 돌체 비타'의 중요한 요소인 '라 벨라 피구라La bella figura'(고운 모습) 브랜드 개발에 기여가 큰 마을이다.(도판

105. 포시타노 전경. 멀리서 보아도 아름다운 마을이, 들어가 보면 아기자기 차려놓은 것이 카프리 이상이다.

105) 휴양지의 가벼운 옷차림을 맵시있게 디자인한 '포시타노 패션'의 발상지로, 소위 나폴리 스타일을 선도한 공이 있다. 나폴리 스타일은 특히 남성 패션의 방향을 결정적으로 바꾸었다. 당시까지 부동이던 런던 새빌 로Savile Row의 정통 양복에 도전하며 이탈리아 양복을 남성 정장 패션의 주류로 데뷔시킨 것이다. 더운 기후와 젊은 취향을 반영한 가벼운 옷감, 가는 소매통과 부드러운 어깨선, 거북하지 않은 착용감 등이 핵심 아이디어다. 역대 제임스 본드들마저 자국산이 아닌 이탈리아 양복을 선호하면서 대세가 정해졌던 것이다.

포시타노가 옷을 만든다면 푸로레는 와인을 만든다. 역시 절벽에 위치한 푸로레는 도저히 불가능해 보이는 절벽면에서 포도를 키운다. 그레코 디 투포, 팔랑기나 등 고대 이래 이 지방 특유의 품종으로 만드는 화이트 와인이 일품이다. 한낮의 햇볕에다가, 밤이면 절

106, 107. 빌라 루폴로(아래)와 하늘정원에서 바라본 아말피 해안(위). 하늘과 바다 사이의 마을 라벨로 방문은 더 보탤 것도 없이 문자 그대로 필생의 경험이다.

벽 전면으로 받아내는 서늘한 바닷바람이 어우러진 덕이다.

라벨로는 특별한 마을이다. 아말피 해안의 다른 곳들과 달리 해변에서 완전히 격리되어, 한참을 올라간 산정山頂 마을이다. 이 일대의 맹주 아말피의 영향에서 진작 벗어나 19세기 초까지 자치했던 역사가 있다. 지리적 위치 덕이 컸을 것이다. 그 덕에 경관 또한 독보적이다. 일찍이 1349년 아말피 일대를 돌아보았던 보카치오G. Boccaccio도 라벨로의 아름다움을 첫 손에 꼽았다. 두오모 광장에 서면 '사람이 이런 곳에 이렇게 해 놓고 살 수가 있구나' 하는 감동이 온다.

광장 곁의 빌라 루폴로Villa Rufolo가 유명한 곳이다. 13세기 라벨로의 번성을 이끈 갑부 루폴로의 저택이다. 외관은 중세 성채 같은데 일단 들어서니 아말피 해안의 절경이 시야를 채우는 동시에 한 폭의 하늘정원이 마법의 카펫인 양 발아래 펼쳐진다.(도판 106, 107) 노르만-사라센 혼합 양식의 이국적 건물 장식을 자세히 올려다볼 겨를이 없다. 해안에 면한 정자에 앉으니 하늘과 바다 사이에 이 정원뿐이다. 흐드러진 올레안드로oleandro 꽃의 원색에 삼나무, 종려나무, 우산소나무 들이 모두 제자리에서 천상의 정원을 완성한다. 이탈리아 정원이 세계의 정원 조경에 교본 역할을 했다는 안내원의 자랑이 허언虛言 같지 않다. 실제로 바그너가 그의 마지막 오페라 「파르지팔Parsifal」의 무대로 삼았던 정원이다. 그 영향인지 그리그, 로스트로포비치, 브루노 발터, 레너드 번스타인 등 라벨로에서 휴가를 지낸 음악인들의 명단이 길다. 매년 여름 이 정원에서 열리는 콘서트의 인기가 좋아, 근처 비슷한 입지에 브라질 건축가 니에메예르O. Niemeyer의 디자인으로 큰 콘서트 홀을 지었다. 이곳에서 골목을 조금 걸으면 만나게 되는 빌라 침브로네Villa Cimbrone 또한 화려한 역대 과객 명단을 자랑하는 빠뜨릴 수 없는 휴식공간이다.

라벨로의 바로 아래 해변에 아말피가 있다. 아말피 해안길 따라

108. 아말피의 두오모. 지금은 인구 오천의 관광 마을이지만,
널찍한 층계참 위에 우뚝 선 두오모의 위용만 한번 올려다보아도
아말피의 전성기를 떠올리기 어렵잖다.

마을이 많다지만, 역시 아말피가 이 지역의 장형長兄이다. 역사적으로 이 해안을 오늘의 모습으로 일으킨 중심도시다. 한때(10-11세기) 이탈리아의 어느 해상세력보다 앞서 막강 선단船團을 갖추고 연안 무역은 물론 멀리 소아시아, 북아프리카와도 왕래하였다. 북으로부터 롬바르드, 남으로부터 사라센의 침입을 막아낸 강자였다. 밀라노와 피렌체는 물론, 시에나와 피사도 자치도시로서의 체제를 갖추기 한참 전 이야기다. 아말피는 오늘도 그 시절을 잊지 못해 시세市勢를 기울여 사 년에 한 번씩이나마 중세 사대四大 해상세력 대항 보트 경주대회regatta를 개최한다. 아말피 외에 베네치아, 제노바, 피사가 참가한다. 이탈리아의 해군기는 현재도 이들 네 개 도시의 문장紋章으로 되어 있다.

역사가 있는 만큼 두오모도 일품이다. 단순히 예쁜 마을의 교회 차원을 넘어 한때 티레노 바다를 호령했던 도시의 두오모다운 웅자雄姿가 있다.(도판 108) 중세의 상인들 대신 각국의 관광객들로 주역이 바뀌었지만 도시의 활기만큼은 오늘도 여전하다.

다음은 이번 여행의 종착지 살레르노Salerno. 13세기에 나폴리가 수도로 자리잡기 이전에는 줄곧 남부 이탈리아의 중심이었고, 롬

109. 살레르노의 두오모. 살레르노 시내의 차분함도 그렇지만, 두오모는 여러모로 한 여정의 끝에 어울리는 분위기가 있다.

바르드족과 노르만인들 그리고 호엔슈타우펜의 신성로마 황제 프리드리히 2세도 한때 이곳을 근거지로 삼았었다. 1944년 연합군이 이곳에 상륙한 후에는 임시 수도의 역할도 했다. 그러던 이곳이 1980년 혹심한 지진으로 복구 불능의 지경에 이르렀다가 유럽연합의 도움으로 본격적인 도시 재건에 나선 게 지난 1990년대다.

살레르노의 두오모에 가면 이 도시의 부침에 못지않은 영욕의 세월을 보내고 제단 밑에 영면한 중세의 교황이 있다.(도판 109) 그레고리우스 7세. 역사에 유명한 '카노사의 굴욕'으로 신성로마 황제 하인리히 4세를 욕보인 그는, 이내 황제의 되갚음으로 로마에 감금되는 처지가 되었다가 노르만의 맹장 귀스카르도R. Guiscardo에게 구출되어 살레르노에서 쓸쓸한 말년을 보낸다. 그에게 큰 위로가 있었다면 아마 곁에 계신 복음서 저자 마테오 성인이었을 것이다. 성 마테오의 유해는 954년 롬바르드 왕이 살레르노에 정도定都할 때 옮겨 와 두오모 지하실cripta에 모셨던 것이다. 부침과 영욕은 인간사의 숙명이다. 소렌토 반도와 아말피 해안을 다닐 때 구름 위를 걷는 듯하던 기분이 살레르노에 오면서 다시 땅 위에 내려온 느낌으로 바뀌는 것도 작은 규모의 부침 현상이지 싶다.

움브리아, 마르케, 로마냐

움브리아와 마르케 주州는 이탈리아 반도의 중원中原이다. 로마 제국이 멸망한 후 각종 외족이 번갈아 혹은 동시에 출몰하면서 이탈리아는 삼백여 년간 천하대란의 시기를 맞는다. 샤를마뉴의 평정도 일시적이었다. 정치적 진공상태는 다시 수백 년간 지속된다. 당시 북에서 흥한 세력은 이 지역을 통해 내려왔고, 남에서 일어난 세력은 이 지역을 거쳐 밀고 올라갔다. 롬바르드족, 아틸라의 훈족, 신성로마 제국군帝國軍들은 전자의 경우고, 시칠리아에서 흥기한 호엔슈타우펜의 프리드리히 2세나 체사레 보르자의 군대는 후자의 사례다. 일종의 정치적 무주無主 지역이었던 셈이다. 11-12세기가 되면 장사나 싸움으로 입신한 대소 가문들이 각지에 생겨나고, 이들이 주도하는 자치도시들이 일어난다. 공화국이건 군주국이건 강한 도시가 약한 도시들을 상대로 확장을 거듭하는 것이다. 이렇게 정리된 이탈리아의 정치 판도는, 르네상스의 기운이 무르익는 1450년경이 되면 대개 다섯 나라의 병립을 보게 된다. 오늘날까지도 이탈리아의 큰 도시로 남아 있는 로마(교황령), 나폴리(왕국), 베네치아(공화국), 피렌체(공화국), 밀라노(공국) 등 소위 '르네상스 오패五覇'다.

움브리아Umbria와 마르케Marche를 포함해 오늘 우리가 돌아보려는 로마냐Romagna 일대는 이 시기 이후 교황 통치령이 된다. 이 세 지역의 역사적인 마을들과 그 맹주 역할을 했던 대소 가문들의 소장消長은 중세사에 빼놓을 수 없는 얘깃거리다. '르네상스 오패'가 주연으로 출몰하는 무대의 배경에 나름대로 명멸하며 많은 유산을 남겨 주었다. 페루자의 발리오니, 카메리노의 바라노와 같이 한두 세대를 못 넘긴 가문들도 많지만, 볼로냐의 벤티볼리오Bentivoglio, 리미니의 말라테스타Malatesta같이 상당 기간을 한 지역의 군주로 행세한 사례가 적지 않다. 페라라의 데스테d'Este, 우르비노의 몬테펠트로Montefeltro처럼 기백 년의 장수를 기록하며 이탈리아 역사뿐 아니라 유럽사에 뚜렷한 흔적을 남긴 경우도 적지 않다. 이들 대소 자치도시들이 16세기가 되면 대개 교황령으로 흡수되어 19세기 중반 이탈리아의 통일까지 가는 것이다.

이쯤에서 교황이 어떠한 역사적 연고로 기독교회에 대한 종교적 관할을 넘어 영토와 주권까지 갖게 됐는지 잠깐 살펴보자. 로마 교회는 초기부터 상당히 과감한 전제를 내세웠다. 예수님이 베드로에게 다른 사도들에 앞서는 권위를 부여했다는 것, 베드로 성인이 로마 교회의 초대 주교(교황)였다는 것, 교황이 모든 기독교회에 대한 관할권과 기독교권 군주들에 대해 우월한 지위를 가진다는 것 등은 줄잡아 얘기해도 근거가 박약한 주장들이다. 기독교의 수장이 영토권을 보유한 세속국가의 지배자가 된다는 근거는 더더욱 취약하다. 그래서 '만들어진' 보강 증거물들이 콘스탄티누스와 페팽(샤를마뉴의 아버지)의 영토기증서다. 하지만 실제 교황의 특별한 지위는 이런 주장이나 문서보다 역사 발전에 힘입은 바 크다. 7세기 이후 로마 교회와 경쟁관계이던 안티옥, 예루살렘, 알렉산드리아 등 대형 주교구들이 속속 이슬람의 지배하에 들어간다. 비잔틴의 콘스탄티노플 교회마저 1054년 대분열과 함께 떠나가자 로마 교회의 주장에 대한 잠재적 이의異議 세력들은 스스로 정리된 셈이 되었던 것이다.

사실 11세기 말이 되면 롬바르디아, 토스카나 지역의 도시들에 대한 신성로마 황제의 통치권이란 명색뿐이었다. 이 틈새를 교황

110. 오르비에토 전경. 오르비에토를 찾을 때 보통 이용하는 고속도로 쪽보다 몬테피아스코네 쪽 국도에서
석양 녘에 접근하며 바라보는 경관은 한 번 보면 잊기 힘들다.

이 파고들어 와 중세사에 유명한 교황파(구엘프)와 황제파(기벨
린) 간의 대립구도가 형성된다. 교황은 이내 신성로마 황제를 공공
연히 욕보일 정도로 성장한다.(1077년의 카노사의 굴욕) 반작용
이 없을 수 없다. 독일 슈바벤 공작 프리드리히 바르바로사Friedrich I
Barbarossa가 1155년 신성로마 황제가 되면서 대대적인 역전을 시도한
다. 이제 이탈리아 중원의 도시들은 거의 예외 없이 구엘프와 기벨
린으로 나뉘고, 제법 큰 도시의 경우는 한 도시 안에서도 분파가 만
들어져 르네상스에 이르는 것이다. 교황의 우선순위는 로마를 화
려하게 꾸미고 영토를 확대하여 교황의 권위와 권력을 공고히 하는
일이었다. 기독교 신앙을 깊게 하고 높이는 본연의 일은 뒷전에 두
었다. 이 본연의 일을 대신해 감당하고 나선 이가 심심산골 움브리
아의 아시시에서, 그것도 재조在朝가 아닌 재야在野에서 나온다. 바
로 성 프란체스코다.

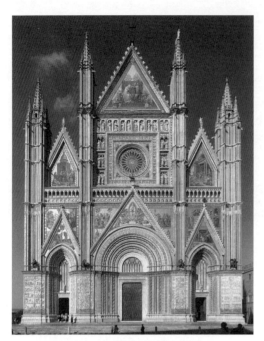

111. 오르비에토의 두오모. 정면의 부조 장식 연작을 한번 자세히 들여다보면, 미술적 평가를 떠나 신약과 구약을 요점 정리로 복습하는 효과가 있다.

오르비에토Orvieto는 로마에서 한 시간 남짓이면 간다. 움브리아의 마을들 중 예외적으로 고속도로 변에 있다. 화산 바위가 만들어낸 천연의 고원에 높직이 자리잡은 모습이 한눈에 보아도 범상찮다.(도판 110) 13세기에는 이탈리아에서 손꼽히게 번성했던 마을로, 영역이 티레노 바다에까지 이르렀다. 번성하면 다툼이 일어나기 마련이다. 당시 오르비에토의 양대 유력 가문이던 모날디와 필리페스키 간의 처절한 대립은 단테가 『신곡』「연옥편」에서 분류해 다루었다. 셰익스피어가 베로나의 유사한 사례를 「로미오와 줄리엣」으로 극화한 것은 기백 년 뒤다.

이 시절 오르비에토 사람들이 시세市勢를 기울여 세운 두오모는 이 마을의 자부심의 원천이다. 특히 정면과 성 브리지오San Brigio 경당이 일품이다. 장대한 정면은 모자이크와 조각과 부조로 신약과 구약의 주요 인물과 장면들을 소상히 재현해 보여 준다. 그대로 한 권의 성서聖書다. 당대 명장名匠 오르카냐Orcagna와 피사노Pisano의 솜씨다.(도판111)

대부분의 교회들은 서쪽에 면하도록 지었다. 두오모 정면의 광장 건너 건물 벽면에는 벤치가 몇 개 있다. 늦은 오후 한때 그늘진 벤치에 앉아 기우는 태양의 천연 조명 속에 정면을 바라보노라면 아무리 보아도 새로 보이는 것이 있고, 이미 본 것도 다르게 보인다. 고

112. 트라시메노 호수. 북부 알프스 산록의 삼대 호수를 빼면 이탈리아 반도에서 가장 큰 호수로,
호반 마을 카스틸리온 델 라고의 고성古城에서 바라본 정경이다.

딕 건물의 내부는 실로 광활하다. 성 브리지오 경당의 프레스코화
는 프라 안젤리코Fra Angelico가 시작해 루카 시뇨렐리Luca Signorelli가 마
무리한 것이다. 정면에서 익힌 성서 이야기의 보충수업이요, 미술
사의 큰 대목에 대한 현장학습이다. 나중에 미켈란젤로의 특장이
되는 인체의 다양한 움직임에 따른 근육 묘사에는 이곳 시뇨렐리의
솜씨가 교재 역할을 했다고 한다. 오르비에토가 더욱 유명해진 것
은 메디치 교황 클레멘스 7세가 한동안 이곳에 살았던 덕도 있다.
1527년 로마 약탈Sacco di Roma의 앙화殃禍를 맞아 로마의 산탄젤로 요
새에서도 견딜 수가 없게 된 그는 이곳의 천험에 의지해 몇 해를 지
냈다.

　　오르비에토에서 페루자로 가는 길에 트라시메노Trasimeno 호수

113. 움브리아 국립미술관. 르네상스의 꽃밭은 피렌체와 토스카나의 꽃만으로 이루어진 것이 아님을 깨우쳐 주는 곳이다.

가 있다.(도판 112) 기원전 217년 카르타고의 영웅 한니발과 로마 집정관 플라미니우스가 한판 결전한 현장이다. 로마의 대패로 끝나 플라미니우스 자신을 포함해 일만오천 명의 로마군이 죽고 육천 명이 생포되었다는 기록이다. 호수 주변에 아직도 산귀네토 Sanguineto(산구에sangue는 '피'라는 뜻), 오사이아Ossaia(오소osso는 '뼈'라는 뜻) 같은 이름의 마을들이 있지만 그지없이 평화롭고 한적한 호수다.

페루자Perugia는 움브리아의 주도州都다. 빼어나게 아름다운 마을은 아니지만, 간단찮은 과거를 누렸던 흔적이 도처에 널려 있다. 고대 로마 이전의 이탈리아 토착 부족인 움브리와 에트루스키 유적부터 중세, 르네상스 건물과 조형들이 구도심에 빼곡하다. 움브리아 미술은 르네상스 미술의 큰 자산이다. 그 집결지인 움브리아 국립미술관 방문은 필수다. 시청이 위치한 13세기 명품 건물 프리오리 궁Palazzo dei Priori 안 사십여 개의 전시실에 방대한 소장을 자랑한다.(도판 113) 초입의 두초Duccio 작 〈성모자聖母子〉로 시작해 르네상스 초기 피에로 델라 프란체스카Piero della Francesca의 〈성 안토니오 다면화〉 앞에 서면 나직한 탄성을 금할 수 없다. 두 거장 모두 토스카나 사람이지만 움브리아와 마르케 일대에 큰 자취를 남겼다. 이어지는 그림들 중 발군은 당연히 움브리아의 자랑인 페루지노Perugino와 핀투리키오Pinturicchio다. 페루지노는 단정한 배경에 온화한 인물 표현으로 독보적 경지를 열어 라파엘로에게 전수했다. 핀투리키오 역시 특유의 섬세한 장식적 묘사로 인근 스펠로Spello의 산타 마리아 마조레 교회를 비롯해 조금 멀리 시에나 두오모의 피콜로미니 도서관과 로마의 여러 교회들에 불멸의 유산을 남겼다.

움브리아는 그리 넓지는 않으나 고속도로autostrada보다 국도superstrada 위주고, 지세가 인근 토스카나나 라치오에 비해 다소 험한 편이다. 급한 마음으로 다닐 곳이 아니다. 마을들은 작지만 역사, 종교, 문화, 예술 등 어느 면에서나 지나치기 어려운 곳들이다. 매 사냥을 좋아하고 매의 연구에 업적을 남긴 프리드리히 2세가 터를 닦은 몬테팔코Montefalco(팔코는 '매'라는 뜻), 원조 도자기 마을 데루타Deruta, 트린치 궁이 인상적인 폴리뇨Foligno, 성 베네딕투스의 고향인 산중山中 마을 노르치아Norcia, 페루지노의 고향인 중세 마을 치타 델라 피에베Citta delle Pieve, 고대와 중세의 모습이 온전한 베바냐Bevagna, 그리고 삼천 년 이탈리아 역사를 중원의 한복판에서 온몸으로 겪어낸 문화도시 스폴레토Spoleto 등이 모두 각기 언덕 위의 빛나는 마을들이다.

이들 중에도 아시시는 특별하다. 성 프란체스코가 태어나고 잠든 곳이다. 예수 그리스도가 이 세상에 다녀간 후 천 년이 다 되도록 그는 다시 오지 않았다. 중세인들의 실망은 컸지만 재림에 대한 열망

114. 조토의 〈새들에게 설교하는 성 프란체스코〉.
종교사宗敎史의 명장면이 대가의 솜씨로 미술사의
명화면이 되어 산 프란체스코 교회에 남아 있다.

은 여전했다. 그즈음 세상에 나온 이가 프란체스코 성인이다. 그의 삶은 예수 그리스도를 연상하기에 충분했다. 행적이나 가르침의 파격이 그랬다. 무한 사랑의 실천도 예수와 닮았다. 평화와 자애의 실천에 아무런 경계를 두지 않았다. 십자군 원정에 회의懷疑한 나머지, 손수 팔레스타인까지 험한 길을 떠나 술탄에게 설교하였다. 베바냐의 시골길을 가다가 새들에게도 설교하였다.(도판 114) "기쁨에 찬 새들이 동산에 늘어앉아 날개를 활짝 펴고 주둥이를 열어 성인의 옷깃을 건드리던" 자리엔 소담한 기념 조형이 서 있다. 인근 토스카나와 라치오의 일부를 포함해 움브리아 일대에는 성 프란체스코가 형제자매들과 함께 설교하고 일하고 탁발하고 기도하고 노래를 짓고 이적異蹟을 보인 교회, 들판, 수도원, 기도소, 암굴 들이 산재한다. 성인은 편력 후 자신이 손수 지은 고향의 가난한 교회 포르치운콜라Porziuncola에 돌아와 영면하였다. 멀지 않은 곳에 성 프란체스코가 젊은 시절 유혹을 뿌리치려 몸을 내던졌던 가시장미 덤불이 있다. 성인이 몸을 던지자 가시들이 일순 자취를 감췄다던 그 덤불이다.

당연히 순례객들의 발길이 끊이지 않는다. 산 프란체스코 교회를 앞에 두고 잔잔한 산기슭을 따라 자리잡은 아시시의 모습은 잊을 수 없는 한 폭의 그림이다.(도판 115) 교회 안의 제단 밑에 있는 성인의 묘소가 알맞게 가난하다. 자연에 대한 온전한 사랑을 노래하

115. 산 프란체스코 교회. 초기 르네상스의 전설적 거장들이 나서 교회 아래위층의 벽면과 천장을 성대하게 꾸몄지만,
성인의 가난한 이상을 상기하는 데는 전혀 지장이 없다.

고 가난을 서원하고 실천한 성인을 생각하면 아래위층 교회의 벽면
과 천장을 뒤덮은 조토와 로렌체티Lorenzetti, 시모네 마르티니의 위
업이 부질없는 수고같이 느껴진다. 아래층 교회의 오른쪽 수랑袖廊
벽면에 〈천사들에 둘러싸인 성모자와 함께 선 성 프란체스코〉가 그
중 범박한 것이 오히려 눈에 든다. 시골 아저씨 인상의 성인이 손등
에 성흔聖痕, stigmata이 선명한 채 맨발로 서 있다. 조토를 가르쳤다는
치마부에Cimabue가 남긴 몇 안 되는 벽화다.(도판 116)

이제 구비오Gubbio만 보고 마르케로 넘어가자. 쉽지 않은 입지에
기막히게 자리잡은, 움브리아에서도 가장 중세적인 분위기의 마을
이다.(도판 117) 콘솔리 궁Palazzo dei Consoli의 고졸古拙하며 위엄있는
고딕 건물이 굽어보는 중앙 광장이 이 산간 소읍이 누렸던 범상찮
은 과거를 짐작케 한다. 마을 전체를 내려다보는 언덕 기슭에는 공

116. 〈천사들에 둘러싸인 성모자와 함께 선 성 프란체스코〉.
조토보다 한 세대 앞선 치마부에 작으로, 성인의 모습이
실제에 가장 가까울 것으로 평가되는 프레스코다.

작궁公爵宮, Palazzo Ducale이 있다. 이탈리아 전역에 용명勇名을 떨치고 마르케의 우르비노에 백 년 성지城地를 구축해 르네상스 명문가로 일구었던 페데리코 다 몬테펠트로Federico da Montefeltro(1422-1482)가 태어난 곳이다. 성 프란체스코의 쉼 없는 발길이 이곳에 닿지 않았을리 없다. '구비오의 늑대' 전승이 그것이다. 당시 구비오 마을은 사람 잡아먹는 늑대에 시달리고 있었다고 한다. 그러자 마을을 방문한 성인이 늑대를 상대로 설복에 나섰고, 마을 사람들과 늑대를 평화와 상생으로 인도했다는 것이다.(도판 118)

이탈리아는 지방별 전통만큼 자연경관도 특색이 각각이다. 큰 물결이 넓게 흐르는 듯한 구릉이 토스카나의 특징이라면, 움브리아의 지형은 작은 파도가 다소 급하게 이는 모양이다. 좀 더 산골인 셈

이다. 여기에 비해 아펜니노 산맥의 큰 줄기가 남쪽으로 굽어지는 지점인 마르케는 큰 파도가 더 급해지는 지세다.

구비오에서 움브리아와 마르케 간 주경州境을 넘어 아드리아 해로 향하는 길에 예시Jesi가 있다. 이곳에서 태어난 대단한 인물로, 세계의 경이로 불리며, 이탈리아 반도 곳곳은 물론 알프스 너머를 종횡하며 유럽 중세사에 지울 수 없는 자취를 남긴 프리드리히 2세가 있다. 호엔슈타우펜 왕가의 적자嫡子로, 시칠리아 왕이자 예루살렘 왕에 신성로마 황제였다. 할아버지 바르바로사Barbarossa의 뜻을 이어 구엘프와 기벨린 대립의 최전선에서 역대 교황들과 숱한 유혈, 무혈의 투쟁을 치렀다. 당시 독일 지역의 동부 경계까지 쇄도해 온 몽

117. 구비오 시내. 이탈리아 전역에 중세 마을들이 많지만, 움브리아의 마을들, 그중에도 구비오의 중세 분위기는 특별하다.

골군을 감당하는 한편, 십자군 원정도 이끌며 동분서주의 일생을 보냈다. 그는 시칠리아 궁정 특유의 세계주의적 분위기 속에 성장해 지적 감수성과 정서적 함량이 남달랐다고 한다. (당시 팔레르모는 아랍, 스페인, 노르만, 이탈리아, 그리스 등의 문화 전통이 혼재해, 20세기로 치면 뉴욕을 상기시키는 곳이었다.) 처음부터 교황들과 대화가 쉽지 않을 수밖에 없었을 것이다.

흥미로운 것은 프리드리히 2세와 성 프란체스코의 접점이다. 비슷한 시기에 태어난 두 사람은 같은 교회(아시시의 두오모)에서 세례를 받았다. 두 사람과 성격과 교황 인노켄티우스 3세와의 관계도 흥미롭다. 인노켄티우스는 프리드리히가 어릴 때 후견인이었고, 바티칸으로 찾아온 프란체스코 성인의 사람됨을 한눈에 알아보고 프란체스코 교단을 공인해 준 이였다. 그 뒤 교황 그레고리우스 9세는 프리드리히 2세에게 십자군 원정 약속 이행을 압박하다가 결국 그를 파문한다. 마침 프리드리히는 이미 원정길에 올라 있던 터라 '비교도가 지휘하는 십자군'이라는 초유의 일이 벌어졌다. 이 그레고리우스 9세가 바로 아시시의 주교로 재직하며 프란체스코 성인에 감복해 물심양면으로 도와준 이였고, 성인이 영면한 지 불과 이 년 만인 1228년 그를 시성謚聖하고 산 프란체스코 교회를 착공한 교황이다.

한 가지 더 있다. 프란체스코와 프

118. 사세타의 〈구비오의 늑대〉. 성인과 늑대 사이 뒤쪽의 들판에 버려진 희생자들의 팔다리와 유혈 들이 사실寫實에 부족함이 없다.

119. 예시의 피아네티 궁 내부. 현란한 로코코 갤러리의 천장화 연작은 도덕 교화敎化가 원래 목적이었겠으나, 오늘의 우리에게는 도상학圖像學 교재로 더욱 요긴하다.

리드리히는 나란히, 하지만 각자의 방식으로 르네상스의 씨를 뿌린 이들이다. 성 프란체스코는 그리스도의 휴머니티를 설교하고 실천했다. 교회와 교리와 의식을 넘어 거리에서, 마을에서, 도시에서 설교하고 실천한 것이다. 중세판 종교개혁이었다. 프리드리히 2세 역시 피렌체의 메디치보다 이백여 년 앞서 당대 지식인들을 모아 인문주의 궁정을 운영했다. 창작활동에도 라틴어가 아닌 구어 volgare 사용을 장려하고 본인이 시범까지 보였다. 단테의 선도적인 토스카나어 사용보다 근 백 년이 앞선 일이다.

예시에 가면 예쁜 마을을 찾은 즐거움도 크지만 시립미술관 방문이 필수다. 미술관이 있는 18세기 피아네티 궁Palazzo Pianetti은 건물 자체도 명물이지만, 중세, 르네상스, 현대 미술을 망라하는 소장도 훌륭하다. 긴 통로에 잇닿아 있는 배럴barrel형 천장의 로코코 장식

120. 로렌초 로토의 〈수태고지〉(레카나티 시립미술관).
프라 안젤리코의 시범에서 벗어나, 성처녀聖處女와
수천사首天使의 표정, 몸짓, 의상은 물론 그 색조까지
로토만의 독창으로 분방하게 그려냈다.

과 아이네아스의 생애를 그린 프레스코 연작은 웬만한 왕궁을 방불케 한다.(도판 119) 베네치아 출신으로 마르케 일대에 많은 작품을 남긴 로렌초 로토Lorenzo Lotto(1480-1556)의 좋은 그림들이 많다. 과감한 색감과 탈격脫格의 구도가 그렇게 예쁠 수 없다. 시대의 유행 매너리즘을 두고 독자적 경지를 이룩한 화가다. 현대 작가들로는, 피스톨레토Pistoletto의 '수태고지' 패러디 조각과 구투소R. Gutuso의 그림이 인상적이다. 마지막 방에 이르니 네 가지 덕목을 의인화한 벽화가 장려하다. 각기 지식sapienza, 절조temperenza, 불굴fortienza, 그리고 정의giustizia를 표현한 것이라는 설명이다. 네 가지 중에 이탈리아 사람들이 가장 중시하는 덕목이 무어냐고 지나듯 물었더니, 예쁜 안내직원이 한참 있다가 "아무리 생각해도 정의는 아닌 거 같다"고 답해 일행 모두가 까르르 웃었다. 예시는 속이 다 시원해지는 화이트 와인 베르디키오verdicchio의 명산지이기도 하다.

예시에서 바다 쪽으로 조금 더 가면 레카나티Recanati다.(도판 120) 이탈리아 사람들이 예외 없이 좋아하는 시인 레오파르드G. Leopardi의 생가와 박물관이 볼만하다. 카루소를 잇는 테너로 사랑받던 질리B. Gigli의 고향으로, 역시 그의 박물관이 있다. 인근 마체라타Macerata는 시내 한가운데 원형경기장이 인상적인 마을로, 청淸나라 선교에 공이 큰 예수회 마테오 리치Matteo Ricci가 태어난 곳이다.(도

121. 마체라타 풍경. 토스카나의 부드러움에 비해 다소 급해진 지세地勢와 멀지 않은 아드리아 바다는
마르케 여행의 상쾌함을 더해 주는 요소들이다.

판 121) 이 다양한 인물들의 자취만으로는 모자란다는 듯이, 이탈리아 사람 모두가 사랑하는 영원한 분이 살던 집을 통째로 옮겨와 보관한 곳도 이 부근이다. 또 하나 언덕 위의 마을 로레토Loreto. 아드리아 푸른 바다가 손에 닿을 듯한 언덕 위에 성모 마리아가 살던 성가聖家(산타 카사Santa Casa)가 있다. 팔레스타인에 있던 누옥을 천사들이 날아 옮겨 왔다는 전승이다. 프랑스의 루르드Lourdes, 포르투갈의 파티마Fatima, 헤르체고비나의 메주고레Medjugorje보다 훨씬 오래된 원조 마리아 성지다.

알맹이 산타 카사는 고대에 지은 단칸 돌집이다. 진짜라는 느낌과 가난하다는 확인을 주기에 충분하다. 르네상스의 거장 브라만테와 상갈로의 솜씨라는 화려한 부조의 대리석 건조물에 싸여 널찍한 교회Santuario della Santa Casa의 제단 자리에 위치해 있다.(도판 122)

산타 카사가 옮겨져 왔다는 해는 1294년이다. 그 육 년 뒤 교황 보니파키우스 8세가 주관한 1300년의 성년Holy Year 행사가 있었다. 이 해에 로마가 예루살렘의 대체 순례지로 공인된 사연은 앞에서 설명한 바 있다. 이에 앞서 산타 카사의 '등장'으로 로레토가 나자렛을 대신하여 공식 순례지로 데뷔했던 것이다. '천사공수론天使空輸論'에 대해서는, 십자군 전쟁이 끝난 후 (천사들이 아니라 천사라는 뜻의 성을 가진) 안젤리Angeli 가문의 주도로 분해, 운반되어 왔다는, 보다 현실적인 설명이 제시되기도 했었다.

이탈리아 전역에 이런저런 성유물이 적지 않게 있지만 산타 카사는 사람들이 예수 그리스도의 신성神性에 직접 접해 볼 수 있는 유일한 곳이다. 이런 상징성만으로도 로레토는 빼놓지 못할 순례지가 되었다. 신심信心을 의심받던 갈릴레이도 두 번이나 다녀갔고, 데카르트, 몽테뉴, 괴테, 모차르트 등 알프스를 넘어와 다녀간 해외 저명인사들도 적지 않다. 모차르트의 「로레토 기도곡」은 그 결과물 중 하나다. 매년 6월에 열리는 로레토-마체라타 간 순례길 걷기는 제법 알려진 관광상품이다.

로레토부터 아드리아 해변 길을 따라 좋은 마을들이 많다. 마르케의 주도州都 안코나Ancona는 고대 그리스 사람들이 옮겨 와 살았던 북방 한계였다. 고대 로마 때 브린디시Brindisi가 팔레스타인 성지와 레반테로 가는 관문이었다면, 안코나는 아드리아 건너 달마티아와 또 그 너머 판노니아, 다키아로 가는 출발지였다. 르네상스 교황들 중 최고 지성으로 인정받는 비오 2세Pius II(재위 1458-1464)가 모처럼 십자군을 일으킨 후 성대한 출항을 그리며 병든 몸을 이끌고 이곳까지 왔으나 유럽 각국의 호응이 한심한 수준인 것을 보고 탄식하다 쓰러져 잠든 곳이기도 하다. 지금도 크로아티아(스플리트, 두브로브니크), 그리스(케르키라, 파트레)로 페리가 다니는 바쁜 항구다. 로시니G. Rossini의 고향인 페사로Pesaro와 르네상스 초기 로마냐 일대를 호령하던 말라테스타 가문의 주요 근거지 파노Fano 등이 두루 들러 볼 만하다.

그라다라Gradara는 페사로에서 반 시간 거리다. 피의 역사로 얼룩진 요새형 성채를 중심으로 잘 보존된 중세마을이다. 본래 13세기이 지역에서 입신한 말라테스타가의 소유에서 밀라노의 스포르차Sforza가에 넘어갔다가, 우르비노의 몬테펠트로Montefeltro의 손을 거쳐 결국 교황이 차지하게 된다. 한때 성주였던 조반니 스포르차는 르네상스의 대표적 팜 파탈femme fatale 루크레치아 보르자의 첫 남편이었다. 음모라면 한 수 하는 보르자 교황(알렉산데르 6세)이 열세 살짜리 딸을 정혼定婚할 때 뒷계산이 없었을 리 없다. 갖은 음모와 투쟁으로 손바뀜이 심했던 성채의 메인 홀 입구에 새겨진 경구가 시대상을 전해 준다. "인간을 믿는 인간에게 저주가 있으리Maledictvs Homo qvi Cofidit in Hominem." 라틴어지만 익숙한 어간語幹만으로도 뜻을 짐작할 만하다. 지세에 따라 쌓은 성채가 요새의 목적에 그치지 않

122. 산타 카사. 원래 옮겨 왔던 알맹이 성가聖家는 겹겹이 장식된 구조물에 싸인 뒤 다시 장대한 성소에 놓여 있어, 나자렛의 누옥陋屋을 떠올리려면 다소의 상상력이 필요하다.

123. 〈페데리코 다 몬테펠트로 부부 초상〉. 르네상스 초기의 거장
피에로 델라 프란체스카의 이면화二面畵로, 피렌체의 우피치 미술관에 있다.

고 구조와 치장이 남다르다. 본채 일층의 포르티코portico나 이층의
르네상스식 주랑柱廊, loggia은 방어뿐 아니라 생활을 고려한 증거들
이다. 성채castello 문화는 이렇게 저택palazzo 문화로 바뀌어 갔던 것이
다.

이제 우리는 우르비노Urbino로 간다. 이번 여행의 하이 포인트다.
우르비노는 르네상스의 이상을 여러 측면에서 구상하고, 일부는
실천한 모범적 현장이다. 우르비노를 오늘 우리가 아는 모습으로
일으킨 이가 구비오에서 얘기했던 페데리코 다 몬테펠트로다.(도
판 123) 그는 우르비노를, 피렌체나 밀라노까지는 아니어도 만토
바나 페라라에 못지않은 수준으로 일으켰다. 마르케의 산골짜기에
서 놀라운 일이다. 만토바나 페라라의 경우 각각 곤차가, 데스테 가
문이 누대에 걸쳐 축적한 공업功業이지만, 페데리코 다 몬테펠트로
는 거의 홀로 당대에 이루었다.

그는 문무文武를 겸전兼全한 이였다. 겸전한 정도가 또 남다르다.
용병대장으로 입신한 것은 많은 르네상스 군주들과 공통이지만,
그는 전투에서 한 번도 진 적이 없다. 당시 최강이라던 베네치아의

콜레오니B. Colleoni도 물리쳤다. 한창 때는 전투는 안 하고 얼굴만 비치는 조건으로 계약하는 일도 있을 정도였다. 예술과 문학을 좋아했고, 독서를 즐겨 손에는 늘 역사서나 기도서가 들려 있었다고 한다. 그의 도서관은 바티칸 도서관을 제외하고는 유럽 최고의 규모와 수준의 장서를 자랑했다. 나아가 국부國富의 증대와 신민臣民의 복리를 생각하고 궁실 경비를 최소화해 검소와 겸손의 미덕을 실천한 것은 당시 군주로서는 보기 드문 일이었다. 당대에 이미 '이탈리아의 빛'으로 불렸으며, 마키아벨리는 그를 군주국 운영의 모범사례로 꼽았다. 부르크하르트도 역저『이탈리아 르네상스의 문화』에서 칭송으로 일관하였다.

그의 궁정(공작궁Palazzo Ducale)에는 시인, 묵객의 발길이 끊이

124. 우르비노의 공작궁. 산세山勢를 타고 앉은 견고한 위용이 주는 안정감과 내부의 섬세한 공간활용, 장식이 주는 미감의 조화는 주인 몬테펠트로의 문무文武 겸전과 닮았다.

지 않았다.(도판 124) 당시 우르비노의 궁정생활을 기초로 사교인社交人의 이상형을 정리한 흥미로운 책이 카스틸리오네Baldassare Castiglione(1478-1529)의 『궁정인 교본Il Libro del Cortegiano』이다. 젊은이 교육의 최대 목표가 사회적으로 완벽한 신사를 만드는 데 있다는 생각이 이 시기 우르비노에서 비롯되었다. 사람이 본받아야 할 모범을 교회의 성인들이 아니라 고대의 역사 인물에서 구하기 시작한 것이다. 카스틸리오네 자신이 만토바 귀족 태생으로 유럽 각국의 궁정과 교유交遊한 르네상스인이다.(도판 126) 요즘으로 치면 정치인, 외교관, 군인, 시인, 저술가, 예술비평가에 연애박사의 자질까지 두루 겸비한 사람이었다. 그가 궁극적 사교인의 자질로 첫 손에 꼽은 용어 스프레차투라sprezzatura(어떠한 의식적 노력의 흔적도 드러나지 않는 무관심에 가까운 자연스러움)는 오늘날에도 가끔 인용된다. 친구 라파엘로Raffaello Sanzio(1483-1520)가 그려 준 그의 초상화가 파리 루브르에 걸려 있다. 하이 르네상스의 대표 화가 라파엘로도 우르비노 사람이다.(도판 125) 생몰 연대가 조금 엇갈려 페데리코 다 몬테펠트로와는 만나지 못했으나, 만토바에서 시집와

125, 126. 라파엘로의 〈자화상〉(왼쪽)과 〈발다사레 카스틸리오네 초상〉(오른쪽). 카스틸리오네가 우르비노에 왔을 때 라파엘로는 이미 고향을 떠나 있었지만, 동년배인 두 사람은 뒤에 가까운 사이가 된다.

127. 산 레오 성채. 성채도 명품이지만, 성 아래 산 레오 마을도 꼭 함께 보아야 한다.

페데리코의 자부子婦로 궁정의 사교를 이끌던 엘리사베타 곤차가 (1471-1526)의 초상화를 그려 피렌체의 우피치에 남겼다.

많은 르네상스의 거장들, 특히 초기 인문주의 예술의 대가들이 우르비노에 다녀갔다. 알베르티, 피사넬로, 우첼로, 피에로 델라 프란체스카, 보티첼리 등이다. 공작궁 건물 안에 있는 마르케 국립미술관에는 '아, 이 그림이 여기 있었네' 싶은 그림들이 적지 않다. 건물 한구석에 없는 듯 자리잡은 서재studiolo도 일품이다. 페데리코가 공부하고 명상하던 곳이다. 조형미와 공간감이 서로 도와 미감과 기능성이 두루 살아 있다.

산 레오San Leo는, 우르비노에 옮겨 오기 전까지 몬테펠트로가家의 근거지였다. 3세기 말 달마티아에 살던 레오가 친구 마리노와 함께 디오클레티아누스의 박해를 피해 아드리아 바다 건너 마르케 산중으로 피신 와 자리잡은 곳이다. 오늘날까지 독립국 지위를 유지하고 있는 인근 산 마리노San Marino와 함께, 접근은 힘들고 주위 경계에는 유리한 입지다.(도판 127) 산정山頂의 성채 아래 쾌적하고 조그

128. 티베리우스교. 이천 년 된 다리를 아직도 같은 목적으로 사용하고 자동차까지 다니니 놀라울 뿐이다.

만 마을이 있고, 험한 곳을 마다 않고 다니던 성 프란체스코도 다녀
갔다. 당시 몬테펠트로가의 손님으로 와 있던 귀족 하나가 성인의
설교에 감명받아 인근 라 베르나La Verna 산을 기증했고, 성인은 몇
년 뒤 이곳에서 기도하던 중 다섯 군데 성흔聖痕, stigmata을 입는다.

단테는 험준한 지형에 착안해 이곳을 연옥purgatorio 경치 묘사의
모델로 삼았고, 마키아벨리는 산 레오의 성채야말로 이탈리아 최
고의 군사건축이라고 추켜세웠다. 산 레오 성城은 18세기부터 교황
청의 감옥으로 사용되었다. 이곳에서 복역하다 옥사한 저명 수인囚
人 중 하나가 주세페 발사모Giuseppe Balsamo(1743-1795), 일명 칼리오
스트로Cagliostro 백작이다. 시칠리아의 팔레르모 태생으로, 그야말로
일정한 직업 없이 타고난 재치 하나로 계몽시대의 반계몽성을 파고
들며 유럽 각국 궁정을 무상으로 출입하고 실러, 괴테 등 당대 최고
지성들과 교유한 희한한 인물이었다.

산 레오에서 아드리아를 바라고 조금 내려오면 바로 로마냐

129, 130. 말라테스타 사원(위)과
〈시지스몬도 말라테스타 초상〉(아래).
사원은 알베르티의 손을 거쳐
르네상스 대표 건축의 하나가 되었다.
초상은 피에로 델라 프란체스카
작作으로 파리 루브르에 있다.

Romagna 땅이고, 그 길로 해변에 이르면 리미니Rimini다. 제이차 세계
대전이 끝나고 리미니가 세상에 알려진 것은 유럽 최대의 해수욕장
때문이었다. 십오 킬로미터에 달하는 해변의 인기는 오늘도 여전
하지만, 리미니의 매력은 역시 그 역사와 볼거리들이다. 이미 고대
로마 제국 시절에 초대, 2대 황제가 다녀가며 각각 아우구스투스
개선문과 티베리우스교橋를 남겼다.(도판 128) 13세기 초반 삼십

여 년간 신성로마 황제 프리드리히 2세의 치하에 있었지만 그의 흔적은 남아 있는 것이 별로 없다. 이 일대가 교황령이 된 후 그에 대한 가톨릭 교회의 증오가 작용했다는 설명이다. 물론 볼거리의 주종은 중세 말에서 르네상스까지 리미니를 근거지로 이 일대를 주름잡던 말라테스타가家의 발자취다.

그중 일품이 말라테스타 사원Tempio Malatestiano이다. 말라테스타들 중에도 악명 높던 시지스몬도Sigismondo Malatesta(1417-1468)가 13세기 프란체스코 교회를 가족 묘소로 개조한 것이다.(도판 129, 130) 정면과 외부는 알베르티가 맡고, 내부 장식은 대개 두초Agostino di Duccio(도나텔로의 제자로, 13-14세기에 활동한 화가 두초와는 다른 인물)의 솜씨다. 피에로 델라 프란체스카의 프레스코화 〈성 시지스몬도를 경배하는 시지스몬도〉가 세월 속에 많이 상했는데도 압권임을 알겠다. 성 시지스몬도(독일명 지기스문트)는 13세기 독일 사람으로, 전사戰士들의 수호성인이다. 외관을 보면 순수 고전 모티프만을 활용한 르네상스 최초의 건물이란 평가가 알베르티의 이름과 어울린다. 내부 장식은 많이 달라, 시지스몬도의 세속 취미가 크게 반영되었다는 설명이다. 성경과 성인의 이야기보다는 신화와 영웅 설화, 천체와 신비스런 동물 등 이교도 소재 일색이다. 당시 교황 비오 2세는 반목 관계이던 시지스몬도에게 살인, 간통, 친간, 신성모독, 위증 등의 죄를 물어 악마 숭배자로 규정하고 파문했다. 그 배경에는 말라테스타의 이런 취향도 있었을 것이다. 후진後陣의 흰 벽에 호젓한 조토의 〈그리스도 수난상〉만이 이곳이 종교 공간임을 말없이 담보하는 듯하다. 이 십자가상은 피렌체의 산타 마리아 노벨라 교회의 것과 함께 몇 안 되는 공인된 조토의 성십자가상이다. 조토는 아시시의 작업을 마치고 파도바의 스크로베니Scrovegni한테 가는 길에 리미니에 머물렀다.

리미니에서 해안 국도를 따라 한 시간 가면 라벤나Ravenna다. 여느

131, 132. 산 비탈레 교회(위)와 〈유스티니아누스 황제와 신하들〉 모자이크(아래).
교회 건물도 흔치 않은 초기 교회의 수수한 위엄이 좋지만, 내부의 모자이크 대작들은
경탄스러운 광경이다.

유럽 도시 같은 인상에, 라벤나가 백 년 이상 로마 제국의 수도였다는 사실을 인식하는 사람은 많지 않다. 호노리우스가 402년 천도해 왔고 서로마를 멸망시킨 오도아케르에 이어 이탈리아를 장악한 동고트 왕 테오도리코도 이곳을 수도로 삼았었다. 540년 유스티니아누스 1세의 동로마(비잔틴)가 이탈리아 반도를 잠시 석권했을 때도 라벤나가 근거지였다. 베네치아의 지형과 같이 석호潟湖로 둘러싸여 방어에 유리하고 콘스탄티노플과의 해상 연결이 용이했기 때문일 것이다. 이렇게 라벤나는 이탈리아 내에서 마지막으로 타들어 간 로마 문명의 잔등殘燈이었다.

산 비탈레San Vitale 교회는 라벤나 시내 한가운데 있다.(도판 131) 밖에서 보는 육중한 느낌과 안에서 볼 때의 텅 빈 느낌의 조화가 묘하다. 콘스탄티노플의 성 소피아 교회 건축에서도 되풀이된 방식이다. 내부 천장과 벽면을 뒤덮은 수십만 개의 채색 대리석, 금빛

133. 테오도리코 묘소. 십각형의 석조 이층에 직경 십 미터의 통짜 돌지붕을 얹은 독특한 외관은 로마나 비잔티움 어느 쪽 건축 전통과도 무관한 원조 고딕 스타일로 평가된다.

134. 단테 묘소. 피렌체에서 추방되어 베로나, 루카, 사르차나 등지를 떠돌던 단테는,
라벤나에 정착한 후 1321년 임종을 앞두고서야 필생의 작업이었던 『신곡』을 마무리했다.

대리석 조각으로 된 모자이크 장식, 특히 유스티니아누스 황제와
황비 테오도라가 성자와 신하들을 대동하고 나란히 서 있는 후진의
모자이크는 미술사 교과서에 익숙한 이미지다.(도판 132) 익숙한
데 낯설다. 황제는 물론 신하들까지 성인들과 같은 크기, 같은 용모
로 그렸다. 로마 교회의 영향권에서는 볼 수 없는 표현이다. 콘스탄
티누스 대제가 공인해 준 교회요, 창건한 수도인데, 불과 이백 년이
안 되어 두 교회 간에 간단찮은 간격이 생겼음을 보여 준다. 공식 대
분열은 다시 오백 년이 지난 후 일어난다. 같은 경내에 있는 호노리
우스 황제의 누이 갈라 플라치디아 묘소Mausoleo di Galla Placidia의 모자
이크도 솜씨가 전혀 못지않다. 5세기 중반 아직 서로마일 때의 작
품으로, 고대 로마의 모자이크 전통을 새삼 상기시켜 준다. 산타폴
리나레 인 클라세Sant'Appollinare in Classe 교회의 모자이크도 빼놓을 수
없다. 과연 라벤나는 서유럽에서 유일한 비잔틴 예술의 견본 전시
장이라 해도 지나칠 것이 없다.

여행 다니는 즐거움 중의 하나가 역사적 인물들을 만나는 일이다. 라벤나도 예외가 아니다. 우선 동고트의 왕 테오도리코 Theodorico(재위 474-526). 오도아케르를 몰아내고 이탈리아 반도를 장악해 사십여 년을 통치했던 사람이다. 그는 야만인에 무골로서 일자무식의 비교도였으나 학습능력이 뛰어난 사람이었다. 르네상스 시기의 일부 용병대장들을 상기시키는 자질이다. 콘스탄티노플에서 태어나 이탈리아 일대를 돌아보며 가다듬은 공공정신과 문화 소양은 오히려 정통 로마인보다 한 수 위였다. 라벤나에 와서도 야만의 파괴 본능과는 거리가 있는 치적을 남겼다. 다만 한 가지, 그는 개종할 때 가톨리시즘이 아닌 아리아니즘Arianism을 택했다. 비잔틴에 이어 8세기 후반 프랑크족이 들어오면서 이 지역은 교황의 영향권에 들었고, 로마 교회의 이단異端 억압 본능은 테오도리코가 누리던 동시대인들의 추앙을 퇴색시켰다. 초기 라벤나 건설의 대공大功은 묻힌 채 야만족 추장의 이미지만 남은 것이다. 테오도리코 묘소의 낯선 건축양식이 상상을 자극하고(도판 133), 그가 지었다는 아리안교도 세례당이 이채롭다.

또 한 사람은 단테Dante Alighieri. 1302년 사랑하는 고향 피렌체에서 추방당한 후 라벤나에 와『신곡神曲』저술을 시작했고, 이십 년 뒤 이곳에서 숨을 거두었다.(도판 134) 피렌체는 과거 한동안 단테의 유해 이관을 거듭 요구했으나 라벤나 시의 무대응으로 이제는 포기했다고 한다.

『신곡』이 이탈리아 최대의 베스트셀러가 되고 유럽 문학의 고전이 된 것은 잘 알려진 사실이다. 하지만『신곡』에 앞서 중세 내내 애독된 최장 베스트셀러도 라벤나에서 나왔다는 사실은 덜 알려져 있다. 바로『철학의 위안De consolatione philosophiae』이다. 저자 보에티우스 Boethius(480-524)는 로마의 귀족 집안에서 태어나 테오도리코 왕의 집정관을 지냈다. 이탈리아의 역사적 베스트셀러 작가 두 명이 모두 라벤나 연고자인 셈이다. 영국 사람들은 여기에 바이런 역시 라벤나에서 이 년을 살며 『돈 후안』을 썼다고 덧붙이지만 우리의 관심에서 조금 벗어나는 얘기다.

알프스와 아펜니노가 평지가 되며 맞닿은 지역에 포Po 강이 흐르고, 그 강물이 아드리아 바다와 만난 델타 지역의 남북으로 라벤나와 베네치아가 있다. 이제 포 강을 넘어 베네치아로 가 보자.

베네치아 회상

이탈로 칼비노Italo Calvino(1923-1985)는 이탈리아 사람들이 자랑하는 작가다. 특히 젊은 지식층의 사랑을 받았고 영미 독자들 사이에도 인기가 높았다. 그의 작품 중에 『보이지 않는 도시들Le Citta Invisibili』(1972)이란 소설이 있다. 베네치아 사람 마르코 폴로(1254-1324)가 몽골 제국의 쿠빌라이 칸에게 자신이 돌아본 도시 쉰다섯 곳에 대해 들려주며 주고받는 얘기다. 선문답 같은 대화들이다. 상인은 가 보았고 정복왕은 가 보지 못한 도시들에 대한 얘기인데, 결국 쉰다섯 편이 모두 베네치아 얘기라는 독법讀法이 우세하다. 유라시아 대륙을 종횡한 정복왕이 바라볼 수조차 없었던 도시, 바로 베네치아다.

사실 베네치아는 도시 안에 들어가지 않고는 밖에서 그 모습을 볼 수가 없다. 이탈리아의 여느 도시들과 다른 점이다. 도시의 전경全景만이 아니다. 이탈리아의 도처에 편재遍在한 것들 중에 베네치아에서는 볼 수 없는 것들이 많다. 우선 고대 로마의 유적이 하나도 없다. 이탈리아의 도시치고는 상당히 이국적이다. 시기적으로 서로마가 멸망하고 세워진 도시이니 당연한 얘기다. 또, 역사적으로 봉건 영주들이 없었다. 물 위에 세워진 도시니 농토가 없고, 농토가 없으니 영지가 없어 봉건제의 여지가 없었던 것이다. 베네치아에는 교황의 흔적도 거의 없다. 종교를 중요시했지만 교회와 사제의 권력을 인정하지 않아 역대 교황들과 늘 긴장 관계였다. 도시 전체가 파문된 적도 몇 차례였다. 먼저 베네치아 시민Veneziano이고 그 다음에 기독교도Cristiano라는 생각이 깊었다. 또 하나, 베네치아에서는 프랑스나 스페인 왕은 물론 신성로마 황제의 그림자를 느낄 수 없다. 중세 이래 이탈리아 전역을 제 집처럼 휘젓고 다닌 역대 신성로마 황제들이 베네치아에서는 보이지 않는 것이다. 이처럼 베네치아는 천 년의 역사 동안 그 어떤 외세로부터도 자유로운 독립 공화국이었다. 나폴리는 물론이고 피렌체도 밀라노도 범접해 보지 못한 경지였다.

조금 자세히 보자. 5세기 반달족, 6세기 롬바르드족의 침입을 피해 이주해 온 사람들과 토착 어민들은 베네치아 석호潟湖 외곽을 이루는 리도Lido와 토르첼로 등 인근의 작은 섬들에 모여 살기 시작했다. 샤를마뉴가 정복을 시도하다 포기한 후 베네치아는 아예 신성로마 제국과 이탈리아 왕국의 경계 밖으로 분류된다. 이래저래 육지 길이 막혀 활로는 바닷길뿐이었다. 해양제국으로서의 미래가 타의他意로 열린 것이다. 베네치아가 리알토 섬을 중심으로 공공건물들을 세우고 정부체제를 정비한 것은 9세기에 들어서다. 베네치아의 두 중심 통령궁Palazzo ducale과 산 마르코San Marco 교회가 세워진 것도 이때다. 내외에 국가로서의 성립을 알린 셈이다.

서기 1000년은 베네치아가 아드리아의 해적들을 소탕하고 달마티아에 첫 식민지를 개척한 해다. 해양국가로서의 첫걸음이었다. 이를 기념하는 행사가 유명한 '바다와의 혼인Sposalizio del Mar' 축제다.(도판 135) 대소 선박들이 총출동한 가운데 통령統領의 배가 카날 그란데Canal Grande를 미끄러져 내려와 산 마르코 앞바다에 이르면 통령Doge이 뱃머리에 서서 반지를 바다에 던진다. 베네치아와 바다가 떨어질 수 없는 사이가 되는 것이다. 유럽을 여행하다 보면 역사에 뿌리를 둔 각종 축제들이 도시마다 많지만, 자타가 공인하는 축제의 효시는 이 혼인 행사다.

이후 사오백 년간 베네치아의 성장은 눈부셨다. 1082년 비잔틴

135. 〈바다와의 혼인을 마치고 돌아오는 부첸토로Bucentoro〉. 베네치아 풍경화의 원조 카날레토의 작품이다.
부첸토로(오른쪽 뒤의 깃발이 나부끼는 배)는 '바다와의 혼인' 행사 때 통령이 탔던 호화 전용선 이름이다.

황제의 인가장認可狀, Golden Bull으로 보스포러스 이서以西의 자유통해
권과 면세거래권을 얻어낸다. 7세기 이래 이슬람에 의해 막혔던 동
지중해 해로를 열어젖힌 것이다. 이내 시작된 백여 년에 걸친 십자
군 해프닝은 베네치아가 활동영역을 넓히는 데 다시없는 계기였
다. 다마스쿠스에서 예루살렘을 거쳐 알렉산드리아에 이르는 레반
테의 요충지들에 베네치아의 무역기지가 건설되었다. 십자군 원정
이 시들해지고 이들 근거지를 이슬람 세력이 재점령한 뒤에도 베네
치아의 상인들은 그대로 눌러앉아 본토와의 관계 유지에 핵심적 역
할을 했다.

상인商人은 상대방의 종교나 문화를 묻지 않는다. 산호초 섬으로
피난해 온 사람들에게 바다 너머 낯선 사람들과의 거래와 공존은

생존 본능의 결과였다. 베네치아 사람들의 진취적 기상은 이내 '동방을 진정 알았던 유일한 유럽인'이란 평판을 얻어냈다. 마르코 폴로 집안처럼 중국에만 간 것이 아니다. 카보토Caboto 형제가 그린란드를 발견하고 알비세 다 모스토Alvise da Mosto가 아프리카의 카포베르데에 이른 것 들이 다 그 맥락이다. 1380년 키오자Chioggia 전투에서 숙적 제노바를 제압한 베네치아는 머지않아 스페인의 아라곤 제국과 함께 지중해를 동서로 양분하기에 이른다. 이때쯤이면 크레타 섬을 비롯해 케르키라, 키프로스 등 동지중해의 웬만한 섬들은 대개 베네치아의 영토로 편입되었던 것이다.

이 정도의 성장은 생존 본능과 진취 정신만으로 되지 않는다. 그 뒤에 국가가 있었다. 무역강국, 나아가 해양제국으로 성장하는 과정에서 베네치아가 구축한 국가 시스템은 경이로운 데가 있다. 철저한 공화제로 개인 숭배나 파당 형성의 소지를 없애고, 국부國富의 극대화를 국가가 주도하고 지원했던 것이다. 11세기부터 생겨난 이탈리아 반도의 자치도시들은 예외 없이 공화제로 출발했으나, 1300년경에 이르면 그 대부분은 군주제에 굴복하고 만다. 1500년을 고비로 이탈리아 전역에 외세의 영향이 일반화할 즈음 진정한 독립세력으로, 또 공화체제로 남아 있던 것은 베네치아가 유일했다. 베네치아 선단船團의 선원들은 자유시민으로서 유사시에 전투요원이 되는 자못 근대적인 개념으로 조직되었다. 무역의 효율성과 안전성에 기여한, 크게 앞서간 장치였다. 요즘은 베네치아 비엔날레의 전시공간으로도 활용되지만, 아르세날레Arsenale(베네치아 공화국의 국영 조선소)는 르네상스 시기 유럽의 최대 산업단지였다.(도판 136) 20세기 초 미국 포드사의 모델 티T의 조립생산 공장에 비견할 효율적 공정으로 명성이 높았다.

베네치아 공화국 천 년의 역사에는 수많은 통령이 있었다. 네번째 십자군 원정 때 콘스탄티노플 약탈(1204)을 기획했다는 오명이 함께 다니는 단돌로E. Dandolo(1107-1205) 같은 카리스마의 통령들이 많았다. 포스카리, 모체니고, 그리마니같이 통령을 여럿 배출한 가문들도 적지 않았다. 하지만 통령의 자리에 명예와 권위는 주어지되 독점적 권력이나 차별적 특권은 인정되지 않았다. 당시 이탈리아 자치도시들의 고질적 통폐이던 분파주의와 사적私的 폭력은 베네치아에서는 볼 수 없는 현상이었다. 개인 숭배가 자라기 힘든 제도요 문화였다. 귀족은 있되 번잡한 귀족 타이틀이 없고, 가문은 있되 가문의 요란한 문장紋章이 인정되지 않았다. 통령 선출 절차를 보아도 담합과 조작을 방지하기 위해 우연의 요소까지 포함시켜 가며 불필요할 정도로 정교하고 복잡하게 규정해 놓았다. 통령이 된 뒤에도 권력 남용이 없도록 상시적 견제 절차를 구비하고 가동시켰다. 가히 공화주의 시스템의 이데알티푸스다. 마키아벨리와 친구였던 역사가 귀차르디니가 유사 이래 최고의 통치체제라고 치켜세운 시스템이다. 이를 무릅쓰고 군주가 되려 기도한 통령이 천 년 역사에 단 한 명 있었다. 마리노 팔리에로Marino Faliero(1274-1355)다.

136. 아르세날레 입구. 한 시절 세계 최대의 선박 건조창建造廠은 이제 베네치아 비엔날레의 단골 전시장이 되었다.

137. 리알토 다리에서 내려다본 카날 그란데. 마침 택시(곤돌라), 자가용(모터보트), 버스(바포레토) 등 베네치아 수로의 교통수단들이 한눈에 들어온다.

그는 추상秋霜 같은 사법기구의 대명사인 십인 회의Consiglio dei Dieci의 신속한 체포, 평결, 처형으로 생을 마감했다. 놀라운 수준의 법의 지배를 실천한 역사적 선례다. 국체보전國體保全이 임무인 십인 회의는 그 결정이 즉각적이고 집행이 단호했던 것으로 유명하다. 심리審理 과정은 철저한 비밀이었고, 판결은 번복이 불가능했다.

　베네치아의 별명 중에 유명한 것이 '라 세레니시마La Serenissima'다. '세레나serena'(영어로 서린serene)의 최상급이니, 지극히 차분하고 평화롭고 고요한 경지를 뜻한다. 여기에는 몇 가지 설명이 따라다닌다. 우선 조금 전에 얘기한 공화주의의 모범적 실천이 있다. 베네치아의 정치적 조용함이다. 내부의 정파 간 다툼이 외세와 연결된 일이 없고, 천 년 역사 중에 단 한 번도 성공한 정변이 없었다. 현실적인 고요함의 원천으로는, 과거에는 마차들, 지금은 자동차들이 다니지 못한다는 이유가 크다. 모든 교통수단은 물 위로 미끄러지듯 다니니 소음이 없다. 시외버스 터미널에나 가야 자동차를 구경한다.(도판 137) 대단한 차이다. 이 때문에 베네치아에서는 조금 뒷골목으로 들어가면 그대로 중세에 온 느낌이 든다.

하지만 '세레니시마'의 제일 원천은 아무래도 베네치아 특유의 분위기가 아닐까 싶다. 베네치아에는 특별한 공기가 있다. 계절이나 시간대에 관계없이 즉자적으로 느껴지는 그 무엇이니 공기라 할 수밖에 없다. 많은 이들이 지중해의 햇빛과 베네치아의 물이 주는 효과에 주목했다. 영국의 예술비평가 러스킨J. Ruskin 같은 이는 여기에다 베네치아의 돌(건물 석재)을 추가했다. 빛과 물과 돌이 어우러져 연금술처럼 만들어낸 베네치아만의 공기. 카날레토Canaletto, 과르디F. Guardi의 그림에서 감지되는 그 공기다. 여기에 비잔틴과 오리엔트의 이국적인 요소들까지 더해져, 베네치아는 많은 이들에게 뮤즈이고 영감이었다.

괴테는 베네치아를 두고 (너무 달라서) 달리 비교할 데가 없는 곳이라고 했다. 헨리 제임스Henry James는 『이탈리아 기행Italian Hours』(1909)에서 베네치아에 대해 뭔가 얘기를 덧붙이는 것이 민망한 느낌이라고 했다. 눈앞에 현란하지만 어느 순간 스러질 듯 덧없어 보이는 아름다움의 이미지는 토마스 만이 소설로, 루키노 비스콘티가 영화로 형상화했다. 18세기 베네치아 태생으로, 고향의 이미지가 유럽의 유흥 수도로 '격하'되어 가는 데 일정한 기여가 없지 않았던 카사노바G. Casanova가 자신의 장기인 여성 공략에 십분 활용했음 직한 그런 분위기다.

'피렌체 산책'에서 경험한 인파는 베네치아에서도 못지않다. 이제 이 인파를 무릅쓰고 '라 세레니시마'의 복판으로 직행한다. 통령궁과 산 마르코 교회가 나란히 있는 산 마르코 광장Piazza di San Marco이다. 산 마르코 광장은 사실 하나가 아니라 둘이다. 비둘기가 많은 교회 앞의 너른 광장을 통칭 '피아차'라 하고, 바다에 면한 통령궁 앞의 갈매기 날아드는 곳은 피아체타Piazzetta(작은 광장)라 부른다.(도판 138, 139) 산 마르코 교회는 한눈에 보아도 이탈리아를 포함한 서유럽의 교회들과 외관이 다르다. 비잔틴풍이다. 내부의 공간 처리와 조도照度가 낮은 것까지 그렇다. 이스탄불(옛 콘스탄티노플)의 성 소피아 교회가 비잔틴 교회 건축의 원조라고 하지만, 오백여 년 이슬람 치하에서 방치된 오늘날의 모습 가지고는 산 마르코에 비할 수가 없다. 역사 발전의 곡절에 따라 베네치아의 교회가 비잔틴 제국의 본토이던 오늘의 그리스, 터키 지역을 통틀어 "가장 아름답고 전형적인 비잔틴 교회"(베런슨)가 된 것이다.

넓지 않은 아드리아 해를 사이에 두고 동안東岸과 서안西岸 간의 문화적 차이가 적지 않다. 물론 역사적으로 고대 동로마 제국과 서로마 제국의 분열에서 유래한다. 그 뒤에 발칸 반도에 슬라브족의 대유입이 있었고 교회의 대분열도 있었다. 차이는 더욱 벌어졌고, 이 상이한 두 문화가 만나는 접점에 베네치아가 처한 셈이다.

산 마르코 교회는 문화적으로 두 영향의 풍요로운 조합을 보여준다. 조각, 부조, 프레스코 등 각종 조형이 다양하지만, 압권은 역시 비잔틴 예술의 백미인 모자이크다. 비잔틴 교회의 어두침침한 내부에 들어서면 순간의 무명無明이 차차 거두어지며 벽면과 천장의 모자이크 인물(그리스도와 성인)들이 하나둘 드러난다. 중세인들에게 신비와 경외의 느낌을 주었을 것이다. 산 마르코 교회에서 꼭 챙겨 보면 좋을 것이 중앙 제단의 팔라 도로Pala d'Oro와 중앙 입구 위에 복제본으로 있는(원작은 부속 박물관에 있다), 네 마리 청동마상이다.(도판 140, 141) 두 대표 예술품의 역사적 곡절이 기박奇薄하다. 팔라 도로를 장식한 현란한 보석들은 대부분 베네치아가 콘스탄티노플 약탈(1204)에서 가져온 것이고, 청동마상은 1797년 베네치아 공화국 정복 후 나폴레옹이 약취해 갔던 것을 1815년 워털루 전투로 나폴레옹이 역사의 뒤안길로 밀린 후 돌려받은 것이다. 하나 더, 산 마르코는 베네치아의 중심 교회지만 베네치아 공화

138, 139. 산 마르코 교회 앞 광장 피아차(위)와 통령궁 앞 광장 피아체타(아래).
수년 전까지만 해도 피아차는 비둘기, 피아체타는 갈매기들로 붐볐는데, 이제는 두 곳 다
중국 관광객들 차지다.

국이 멸망할 때까지 두오모나 카테드랄레가 아니라 통령의 개인 경당의 지위에 머물렀다. 베네치아가 교황의 영향을 차단하려 얼마나 애썼는지 보여 주는 대목이다.

곁에 나란히 서 있는 통령궁의 건축 스타일은 산 마르코와 많이 다르다.(도판 142) 아라베스크 장식과 기하학적 패턴이 현란하고, 삼엽三葉 아치와 사엽四葉 톤도를 한껏 활용한 소위 베네치아식 고딕이다. 지상층과 이층은 새하얀 석재로 장식하고, 삼사층은 붉은빛이 도는 베로나산 대리석으로 마감했다. 이 순백의 석회석이야말로 많은 이들이 상찬하는 베네치아의 간판 석재다. 아드리아 건너 이스트리아Istria가 주산지다. 베네치아의 첫 식민지였던 달마티아

140, 141. 청동마상(위, 산 마르코 교회 박물관)과 팔라 도로(아래, 산 마르코 교회). 청동마상은 제4차 십자군 전쟁 때 콘스탄티노플의 전차경기장에서 통째로 가져온 것이고, 팔라 도로는 10세기 초부터 중앙 제단에 위치해 산 마르코와 역사를 함께했으나, 앞뒷면 촘촘한 각종 보석의 대부분은 역시 콘스탄티노플에서 가져온 것이다.

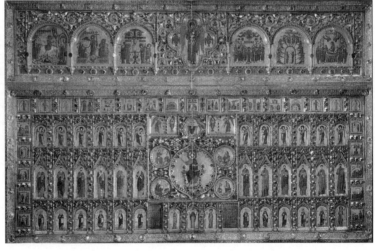

142. 베네치아의 통령궁. 예쁘고 반듯하고 화려한 건물이 처음 보면 인상적이고, 다시 보면 시원하고, 오래 보아도 트집을 잡을 수 없다. 바다와 가약佳約을 맺은 나라의 심장부로 손색이 없다.

지역은 무역기지일 뿐 아니라 건축재의 최대 공급지였다.

통령궁은 두말할 것 없이 천 년 베네치아의 심장이다. 통령의 사무실과 관저, 원로원, 십인 회의 등 국가기관 일체가 이곳에 있었다. 예술이 따라오지 않을 수 없다. 베네치아의 역사를 되새기며 이들 사무실, 접견실, 회의실 들을 돌아보는 재미는 이내 내부공간 곳곳의 도저한 장식들로 옮겨 간다. 입구와 천장과 벽면뿐 아니라 바닥과 층계참과 창틀에 이르기까지, 어느 한 구석, 어느 한 표면을 꾸미지 않고 놓아 둔 공간이 없다. 그중에 전체 회의실Sala del Maggior Consoglio은 보기 드문 명품 공간이다. 그렇게 방대하고 화려하고 위압적인 공간을 그처럼 섬세하고 정제되고 차분한 느낌이 들도록 만든 것은 예술의 힘일 것이다. 입구 쪽 벽면 전체를 차지한 틴토레토Tintoretto(1518-1594)의 초대형 그림 〈천국〉은 단일 폭으로 세계 최대라는 설명이 아니어도 감탄하기에 부족함이 없다.(도판 143) 또 벽면 상단 코르니체cornice를 따라 돌아가며 역대 통령들의 초상이 형형으로 당당하다. 딱 한 곳만 초상 대신 검은 천이 덮여 있다. 반역으로 처형된 통령 팔리에로의 자리다. 통령의 지존으로도 '세레니시마'는 범할 수 없었다. 검은 천에 흰 글씨의 설명이 명료하다. "이 자리에는 범죄로 처단된 마리노 팔리에로가 있었다HIC EST LOGVS MARINI FALETRO DECAPITATO PRO CRIMINIBVS." 베네치아식 춘추서법春秋書法이다.

다른 좋은 그림들도 많다. 조반니 벨리니G. Bellini와 티치아노Tiziano 도 일부 있지만, 틴토레토, 베로네세, 팔마 부자父子, 바사노 일가 등 후기 르네상스 사람들의 대작이 대부분이다. 1574년의 큰 화재가 원인이란다. 모두 베네치아와 베네토 출신 일색이고 외부 화가의 작품이 별로 없는 것도 눈에 띈다. 건물을 나서면 안뜰로 내려오는 거인 층계참Scala dei Giganti이 있는데 건물 안쪽에서 보는 외관이 바깥에서 보는 정면의 모습과 사뭇 다르다. 원tondo과 아치arco, 꽃줄festone

143. 틴토레토의 〈천국〉(부분). 타고난 재간과 그 재간을 받쳐 주는 무한 정력의 측면에서 미켈란젤로와 쌍벽이다.

144. 〈프란체스코 포스카리 초상〉(라자로 바스티아니 작). 마키아벨리가 설파한 사자와 여우를 겸전한 듯한 모습에 위엄이 서려 있다.

등 우리 눈에 익숙한 르네상스 장식이다. 로마 약탈(1527)을 피해 베네치아에 와 활동한 산소비노J. Sansovino의 솜씨다. 산소비노 덕분에 베네치아도 이탈리아임을 새삼 상기하게 된다.

피아차 건너편의 코레르 박물관Museo di Correr은 산 마르코 교회와 통령궁에서 익힌 베네치아 문화사를 정리해 보는 곳이다. 예술뿐 아니라 정치, 사회, 산업 등 베네치아의 전모를 보기 좋게 전시해, 여러 박물관을 다닐 필요가 없게끔 꾸며 놓았다. 몇 개 걸려 있는 통령들의 초상 중에 프란체스코 포스카리Francesco Foscari(재위 1423-1457)의 모습이 인상적이다.(도판 144) 지혜와 의지를 갖춘 위엄 서린 초상이다. 그는 베네치아 공화국의 최절정기를 주재하며 삼십사 년간 통령의 지위에 있었다. 이 시기에 베네치아는 해상국가로서의 지위를 완결하고, 밀라노의 비스콘티Visconti를 상대로 베네토 일대는 물론 롬바르디아의 브레시아, 베르가모까지 영토를 넓힌다. 육상국가Stato di Terra를 겸하게 된 것이다. 카날 그란데가 아카데미아 미술관 쪽으로 크게 휘어지는 물목에 카포스카리Ca'Foscari가 있다. 베네치아 대학 본관 건물이다. 포스카리 가문이 대대로 거주하던 사저私邸로, 베네치아 대학을 통칭 카포스카리라고 부르는 배경이다.

베네치아에 교회가 많지만, 산 마르코 말고도 최소한 두 곳은 자세히 봐야 한다. 산타 마리아 글로리오사 데이 프라리Santa Maria Gloriosa dei Frari(약칭 프라리) 교회(도판 145)와 산티 조반니 에 파올로Santi Giovanni e Paolo(약칭 자니폴로) 교회다. 각기 베네치아 내 프란체스코 교단과 도메니쿠스 교단의 대표 교회다.

프라리는 교회가 갖고 있는 좋은 볼거리들을 집약해 보여 준다.

145. 산타 마리아 글로리오사 데이 프라리 교회. 피아찰레 로마(육상교통 터미널)에서
산 마르코 가는 길의 중간 지점이어서 찾기도 편리하다.

사람 좋은 신부神父의 안내 덕에 더욱 즐거운 방문이었다. 우선 피
렌체의 산타 크로체처럼 큰 인물들의 묘소와 추모 조형이 많다. 베
네치아 르네상스 미술의 최고봉 티치아노Tiziano Vecellio(1488-1576)
의 묘소가 초입에 있다. 중앙 제단의 장엄한 제단화 〈성모승천聖母
昇天〉을 그린 이다. 신부의 설명을 들으며 나는 슬쩍 "카도레Pieve di
Cadore(티치아노가 태어난 베네토 돌로미티의 산골 마을)의 소년이
프라리에 잠들어 있구나"라고 한마디 해 보았다. 과연 신부는 반색
을 하며 카도레에 가 봤냐고 묻더니 흥이 나서 얽힌 이야기들을 풀
어 놓는다. 안내하는 이들한테 더 많은 얘기를 들을 수 있는 첩경이

146. 티치아노의 〈카페사로의 마돈나〉. 베네치아의 교회 하나에서 건축, 미술, 음악 등 다양한 볼거리를 찾는다면, 산 마르코 다음으로는 단연 이곳 프라리다.

역시 적당한 추임새임을 다시 확인한다. 맞은편에 18세기 후반 신고전주의 선풍의 선두에 있던 다산多産의 조각가 카노바A. Canova의 묘소가 있다. 본인이 생전에 디자인해 두었다는 현대풍 신고전 조형이 중세 고딕의 교회 안에 외로운 느낌이다.

카노바 묘소와 나란히 위치한 호화 묘소는 17세기에 통령을 지낸 페사로G. Pesaro의 것이다. 그런데 묘소에 티치아노의 〈카페사로의 마돈나〉가 있어야 할 자리가 빈 벽이다.(도판 146) 서양미술사 책들에 단골로 소개되는 그림으로, 창의적 구도와 색깔 사용으로 베네치아 르네상스의 독자성을 내외에 알린 명작이다. 신부에게 물었더니 그림 뒤 벽면에 습기와 균열이 생겨 제단 옆 별도 공간에 옮겨 놓았다며 데려가 보여 준다. 있을 곳에 걸려 있지 않은 좋은 그림이 보기에 딱했다. 오페라를 창안한 몬테베르디C. Monteverdi도 이 교회에 묻혀 있다. 세례당 옆 조그만 경당 안이다. 그는 바이올린 제작으로 유명한 크레모나 태생이지만, 베네치아에서 주로 활동한 바로크 사람이다.

중앙 제단의 〈성모승천〉. 승천하는 성모 위로 휘황한 금빛 하늘에 성부聖父가 내려다보고, 이승의 푸른빛 하늘 아래 사도들이 베드로를 가운데 두고 저마다의 몸짓으로 올려다본다. 믿지 못할 광경에 또다시 의심하던 도마는 성모가 승천하며 건네준 '물증' 허리띠를 두르고 있다.(도판 147) 이 그림은 제단 가까이서 올려다보아야

147, 148. 티치아노의 〈성모승천〉(왼쪽)과 벨리니의 〈성모자상〉 삼면화 부분(오른쪽).
그림의 목적이 사람의 마음을 흔드는 데 있다면, 이 두 그림은 흑백으로 보는 것이
오히려 효과적이다.

한다며 신부가 권유한다. 역시 그림들은 의도된 곳에 있어야 하는
소이所以다. 제단 주위의 정교한 상감목象嵌木 장식의 합창석coro 양
옆으로 18세기 오르간이 높직하다. 합창석 공간의 음향 효과를 보
여 주겠다며 신부가 느닷없이 성가聖歌 한 소절을 직접 실연한다.
갈 데 없는 이탈리아 사람이다. 성구실聖具室로 옮기니 벨리니Giovanni
Bellini(1430-1516)의 성모자상 삼면화三面畵가 맞아 준다.(도판 148)
지극히 고운 형상과 색조 앞에서 가벼운 한숨마저 나온다. 모든 것
을 신의 뜻에 맡긴 뒤에도 남을 수밖에 없는 잔잔한 슬픔이 성모의
눈매와 입가에 어려 있다. 벨리니의 성모야말로 '라 세레니시마'다.
티치아노가 베네치아 르네상스의 무성한 여름이라면 벨리니는 파

릇한 초봄이었다.

리알토 다리를 건너 자니폴로 교회로 가기 전에 한 군데 들러 가자. 스쿠올라 그란데 디 산 로코Scuola Grande di San Rocco. 프라리와 작은 골목 하나를 사이에 두고 있다. 스쿠올라는 학교가 아니라 수호성인을 한 명씩 정해 모신 상인들의 친목단체다. 통령궁의 전체 회의실에서 만났던 틴토레토가 신약과 구약의 이야기와 성 로코의 행적을 그림으로 제작해 이층 큰 건물의 구석구석을 뒤덮어 놓았다.(도판 149) 이십삼 년이 걸렸다고 한다. 경이로운 창의와 정력의 화업畫業이다. 시각과 구도의 독창성과 명암의 극적인 활용은 앞서 티치아노에게서도 본 것이지만, 화폭의 스케일과 역동성은 독보적이랄 수밖에 없다. 어두운 색조를 배경으로 빛의 효과를 한껏 활용한 특유의 기법이 건물 전 공간에 충만하다. 웅혼, 장려하고 신비스러움을 넘어 자못 초월적인 분위기다. 통령궁과 아카데미아 미술관을 비롯해 베네치아에 틴토레토의 그림들이 많지만 역시 이곳이 압권이다. 나폴레옹이 온갖 것들을 다 떼어 가고 훼손하면서도 이곳은 지나쳤다고 한다. 거의 전부가 완벽히 남아 있다.

149. 틴토레토의 〈예수 십자가형〉. 드넓은 스쿠올라 그란데 디 산 로코의 내부 벽면 전체를 뒤덮다시피 한 틴토레토의 대작 그림이 주는 시각적 효과는 하나의 충격이다.

자니폴로 교회 앞마당의 콜레오니Colleoni 기마상은 언제 보아도 고개가 끄덕여진다.(도판 150, 151) 베로키오의 마지막 작품이다. 피렌체에서 큰 공방을 운영하며 레오나르도, 페루지노 들에게 그림도 지도했지만, 역시 그의 특장은 조각이다. 파도바의 산토 광장에 가타멜라타Gattamelata 기마상을 세운 도나텔로의 모범을 넘어 소위 동작을 조각에 성공적으로 실현했다. 위엄 서린 얼굴로 상체를 약간 틀어 올리며 내려다보는 마상馬上의 자태가 영락없는 싸움 대장이다.

교회 안은 역대 통령 스물다섯 명의 묘소들이 가득한 베네치아 공화국의 판테온이다. 장의葬儀 예술의 박물관 격이다. 특히 모체니고Mocenigo 집안 출신 통령들의 묘소가 볼만하다. 모체니고 가문은 피렌체의 메디치 이상 가는 권세를 누린 집안이다. 일곱 명의 통령을 비롯해 문무의 고관들을 무수히 배출했다. 베네치아만의 정치 전통이 아니었다면 진작 군주 노릇을 했을 집안이었다.

이왕 카스텔로 구역까지 왔으니 몇 곳 더 보고 가자. 스쿠올라 디 산 조르조 델리 스키아보니Scuola di San Giorgio degli Schiavoni는 달마티아 출신 석재 업자들의 클럽하우스다. 앞서 본 스쿠올라 그란데 디 산 로코와는 분위기가 딴판이다. 카르파초V. Carpaccio(1460-1525)의 단정하고 경쾌한 명작들이 즐비해 기억에 남는 장소다. 카르파초도 베네치아 르네상스에서 빼놓을 수 없는 인물이다. 스토리텔링 솜씨와 재치있는 파격으로 벨리니, 티치아노의 틈새에서 자신만의 예술적 자취를 남겼다.

베네치아에는 소위 하우스 뮤지엄(단독 건물의 크지 않은 개인 컬렉션)들이 많지만, 퀘리니 스탐팔리아Querini Stampalia 박물관은 그 중에서도 보석이다. 널찍한 포르모사 광장 뒤켠에 있는데, 산 마르코 광장과 리알토 다리의 중간 지점인데도 한적하기가 산골마을 분위기다. 베네치아가 자랑하는 현대 건축가 스카르파C. Scarpa의 정원

150, 151. 자니폴로 교회(위)와 교회 앞의
콜레오니 기마상(아래). 프라리 교회가 예술 쪽이라면,
자니폴로 교회는 베네치아의 정치사 공부에
이점이 있다.

이 차분해서 좋다. 전시 내용은 코레르 박물관의 흥미로운 축소판이다. 백미는 역시 조반니 벨리니의 〈아기 예수 봉헌〉으로, 스카르파가 특별 제작한 이젤 위에 놓여 있다. 성모와 아기 예수, 예언자 시메온과 등장인물들이 배경 묘사 없이 전면前面으로 당겨져 화폭에 가득하다. 새로운 구도와 인물 표현이 베네치아의 르네상스를 선도한 대표 화가답다. 그는 1453년 비잔틴 제국을 없이하고 기세 등등하던 오토만 터키의 요청으로 콘스탄티노플에 건너가 술탄 메멧 2세Memet II의 초상화를 그려 주기도 했다. 벨리니를 하나만 더 보려면 바로 근처의 산 자카리아 교회San Zaccaria가 좋다.(도판 152) 그림이 많은 소담스런 르네상스 교회로, 그의 만년작 〈성모자와 성인들〉이 익숙한 모습으로 맞아 준다. 당시 베네치아의 유행대로 대담한 색조를 사용하고도 변함없이 온화한 자신만의 그림을 그려냈다.

152. 산 자카리아 교회. 고딕과 르네상스가 공존하는 정면 디자인의 미감이 특별하다.

산 자카리아 교회를 나와 왼쪽으로 난 좁은 골목을 빠져나오면 바로 피아체타와 이어지는 부둣가다. 교회와 박물관도 보아야 하겠지만 베네치아에 오면 역시 물과 돌과 빛, 그리고 그 공기라고 하지 않던가. 이런 여건이야말로 베네치아의 건물과 그림과 조각과 예술품을 가능하게 해 준 원천이요 탯줄일 터이다. 베네치아를 며칠 돌아본 후 괴테가 탄식조의 소감을 이렇게 밝혔다. "우리 북쪽 사람들은 흙먼지 날리는 칙칙한 공기 속에 (직사광선은 고사하고) 반사된 빛마저 풀이 죽는 비좁은 공간에 살아가

153. 피아체타에서 바라본 산 조르조 마조레 교회. 좋은 건축의 제일 조건은 역시 주변과의 상생相生,
즉 주변을 살려내면서 건축도 함께 드러내는 그런 경지임을 느낀다.

니 (베네치아 사람들과 같이) 세상을 기쁨으로 바라보는 눈을 갖기
가 쉽지 않은 것이다." 흙먼지와 물안개의 차이다.

물안개 너머 바라보이는 산 조르조 마조레 교회Basilica di San Giorgio
Maggiore의 유혹은 외면하기가 쉽지 않다.(도판 153) 굳이 바포레토
vaporetto를 기다릴 것 없이 곤돌라로 건너가 본다. 교회 건물은 비트
루비우스 이래의 건축가로 대접받는 팔라디오A. Palladio(1508-1580)
의 작품이다. 고전주의 요소들을 과감히 도입한 르네상스 건축으
로 베네토 일대에 불멸의 족적을 남긴 이다. 엄격한 절조와 균형
을 중시하는 그의 스타일이 정작 베네치아에서는 환영을 받지 못
해 본섬 리알토에는 그의 건물이 없다. 산 조르조 마조레 섬의 이
교회와 주데카 섬의 명물인 레덴토레 교회Chiesa del Redentore 둘뿐이

154. 산타 마리아 델라 살루테 교회. 베네치아에 랜드마크 건물들이 많지만, 한가위 보름달같이 환한 품새가 한 번 보면 잊기 힘든 교회다.

다. 작은 섬에 홀로 선 교회가 오히려 팔라디오 건축의 단아함에 적합해 보인다. 부속 수도원도 필수의 팔라디오 코스다. 특히 정원 회랑chiostro은 대칭과 조화의 미를 완벽하게 구현한 모범이다. 건물 안 수사修士들의 식당refettorio을 찾아 한쪽 벽면을 덮은 베로네세P. Veronese(1528-1588)의 〈카나의 결혼연〉을 원위치에서 감상하는 특권을 누려 본다. 다만 전시된 것은 품질 좋은 사진판으로, 원작은 아카데미아 미술관에 있지만 현장감을 느끼기에는 부족함이 없다. 베네치아의 르네상스 미술은 베로네세에서 절정에 이른다.

다시 피아체타로 건너와 베네토의 명물 프로세코prosecco 한 잔으로 쉬어 가려면 노천 카페들도 나쁘지 않지만 조금 걸어서 다니엘리Danieli 호텔이 제격이다. 단돌로 집안의 문중 저택이었던 14세기 건물로, 역대 투숙한 저명인사의 리스트는 그야말로 끝이 없다. 괴테부터 시작해 디킨스, 프루스트, 번스타인 등을 거쳐 오늘날 안젤리나 졸리에 이르기까지 진행 중이다. 테라스의 카페에 앉아 산타 마리아 델라 살루테 교회의 하이얀 달덩이 쿠폴라를 바라보노라면 세상 시름은 물론 베네치아를 찾은 즐거움마저 간 곳이 잠시 묘연하다.(도판 154) 19세기 유럽의 낭만객들이 완벽한 죽을 자리로 베네치아를 꼽았던 이유를 알 듯 말 듯 하다. 살루테 교회는 팔라디오와 그 제자 스카모치의 맥을 잇는 롱게나B. Longhena의 디자인이다. 롱게나는 베네치아의 바로크 건축을 선도하며 카페사로Ca'Pesaro, 카레초니코Ca'Rezzonico 등 카날 그란데에 면한 명품 건물들을 남겼다.

산타 마리아 델라 살루테 옆으로 나지막이 자리잡은 베니에르 궁Palazzo Venier dei Leoni이 보인다. 페기 구겐하임 미술관이다.(도판 155) 요즘은 그라시 궁 등에 몇 군데 더 생기기는 했지만 베네치아에서 독보적인 현대미술 컬렉션이다. 페기 구겐하임Peggy Guggenheim

155. 베니에르 궁. 카날 그란데 가의 이례적인 단층 팔라초로, 페기 구겐하임 미술관이라는 이름으로 더욱 친숙하다.

(1898-1979)은 미국 광산 재벌 집안의 상속녀로, 당대의 전위 미술인들과 광범하게 교유하며 그들의 작품을 판매하고 수집했던 호사가 신세대 여성이었다. 뉴욕의 원조 구겐하임 미술관을 세운 솔로몬 구겐하임이 큰아버지이고 화가 막스 에른스트Max Ernst가 한때 남편이었다. 집안의 지인이자 르네상스 미술의 권위자인 베런슨B. Berenson이 자신의 추상미술 취미를 못마땅해 하며 미술관을 한 번도 찾아 주지 않자 "와 주시면 그림들을 모두 천으로 가려 놓고 모시겠다"고 제안했다는 등의 얘기들이 자서전『미술 중독자의 고백』에 나온다. 베런슨은 찾지 않았지만, 페기 구겐하임 컬렉션의 인기는 꾸준하여 베네치아로서는 아주 고마운 미술관이 되었다.

다시 산 마르코 쪽으로 나오니 초저녁이다. 하나둘 들어오는 피아체타의 가로등, 아니 수로등水路燈 불빛이 물 위에 어리니 예의 세레나serena 말고 달리 묘사할 말이 없다. 이제 그만 베네치아를 떠날 시간이다. 베네치아의 공항 이름이 다시 마르코 폴로다. 마르코 폴로의 시절이던 13세기, 상인의 나라 베네치아는 유럽 최고의 부자 도시로 꼽혔다. 십만 명 정도의 시민이 삼천삼백 척의 선박을 보유하고 삼만육천 명에 달하는 선원 겸 수병을 유지했다는 것은 대단한 기록이다. 공통 이익(경제)과 공화주의(정치)에 한 번 합의한 후 어느 개인도, 어느 가문, 어느 파당도 이를 범하지 못했다. 국가 운영의 전일성專—性과 효율성은 유례를 찾기 힘들 정도다. 전성기의 제노바도, 욱일旭日의 기세이던 오토만의 메멧 술탄도, '광개토교황' 율리우스가 주도한 캉브레Cambrai 연합군도 어쩌지 못한 베네치아였다. 그 과정에서 '영혼과 이윤을 맞바꾸었'는지, '이교도와 더 가깝게 지냈'는지는 별도의 얘깃거리다. 베네치아는 이탈리아의 조그만 일부로 남았지만 오늘 저녁 여전히 세레니시마다.

베네토 주경州境을 넘어 프리울리Friuli 주 우디네로 가는 길. 파사리아노Passariano라는 작은 마을에 큰 빌라가 하나 있다. 빌라 마닌Villa

Manin이다. 베네치아 공화국의 마지막 통령 루도비코 마닌Ludovico Manin(1725-1802)이 살던 문중 저택이다. 나폴레옹이 베네치아를 점령한 후 기거했던 곳이고, 베네치아 공화국을 정치 지도에서 지워 버린 캄포포르미오Campoformio 조약이 서명된 곳으로, 베네치아에게는 비운의 건물이다. 세계사에 유명한 1789년, 마닌이 통령으로 선출되었을 때 경합했던 이가 뱉었다는 말이다. "프리울리 출신이 베네치아의 통령이 되다니. 베네치아 공화국도 이제 끝장이로구나!" 말이 씨가 되었는지 한 달 후 프랑스에 혁명이 일어났고, 1797년 나폴레옹은 베네치아에게 아틸라Attila가 되겠다는 자신의 약속을 지켜냈다. 빌라 마닌은 오늘도 의구한데, 갤리선들 가득하던 베네치아 만灣은 곤돌라들만 한가롭다.

시칠리아 답사

시칠리아는 지중해 중앙 십자로의 교차점에 위치한 섬이다. 동서로 지브롤터 해협과 수에즈 운하의 중간, 남북으로 리비에라 해안의 제노바와 북아프리카의 렙티스 마그나Leptis Magna(고대 로마의 주요 항구)의 중간 지점이다. 지중해가 세상의 중심이던 시절, 그 중심의 한가운데였던 셈이다. 당연히 유럽의 역사에 굵직한 자국을 남긴 많은 세력과 종족들이 거쳐 갔다. 고대에는 먼저 페니키아, 카르타고, 그리스의 세력이 번갈아 혹은 동시에 쟁패하다가 기원전 3세기 말부터 오백여 년간은 로마의 일부였다. 서로마 제국의 멸망 전후에는 지중해 연안을 석권했던 반달족과 고트족 들이 다녀갔다. 중세에는 다시 비잔틴 제국(동로마)의 차지였다가 9세기에는 신흥제국 사라센(아랍)이 들어와 이백여 년을 통치했다. 11세기에는 노르만인이 들어와 시칠리아 왕국을 세웠고 이를 독일 슈바벤 호엔슈타우펜가家의 신성로마 황제 프리드리히 2세가 물려받았다가 프랑스 앙주가家에 내준다. 15세기 이후로는 주로 스페인의 지배와 영향 아래 사백 년을 지내다가 1861년 통일 이탈리아 왕국에 흡수되어 오늘에 이르는 것이다.

척 보아도 어지러울 정도의 역사인데, 유사 이래가 이 정도고, 그 전의 유산과 전승도 만만치 않다. 기원전 5000년으로 거슬러 올라가는 신석기시대 유적지가 있으며, 유럽 고대古代 전사前史의 큰 분수령이었던 트로이 전쟁에서 이기고 진 양측이 공히 전쟁의 폐허를 뒤로하고 새 운명을 찾아 도착한 곳도 시칠리아였다. 아이네아스

Aeneas가 이끄는 트로이 유민遺民들이 자리잡은 곳이 시칠리아 서부 트라파니Trapani 일대이고, 오디세우스는 승전 장병들을 인솔해 지금의 메시나Messina로 왔었다. 이렇게 유럽 역사와 문화의 원천을 형성했던 물줄기들이 전승으로, 유적으로, 혹은 예술품으로 남아 시칠리아 여행을 특별한 경험으로 만들어 준다.

조금 구체적으로 보자. 반달족과 고트족 들이 휩쓸고 간 자리에 들어선 비잔틴 제국은 어차피 그리스 문화의 연장선상에 있었지만, 비잔틴을 내쫓고 시칠리아 도주島主가 된 사라센도 인적 종교적 언어적 측면에서 이렇다 할 변경을 강요하지 않았다. 지배층의 구조도 그렇고, 기독교 신앙과 그리스어 사용이 그대로 용인된 것이다. 노르만족이 사라센을 몰아내고 들어왔을 때도 이러한 병립, 허용, 공존의 전통은 이어졌다. 회교도와 기독교도가 한동네에 살았고 라틴어, 아랍어, 그리스어 등 세 가지 말이 두루 통용되었다. 라틴어를 쓰는 아랍인들, 아랍어를 하는 기독교도들이 많았고, 히브리어를 쓰는 유대교도도 적지 않았다. 천 년 전 얘기가 오늘 같고, 오늘의 종교 간 다툼이 천 년 전 얘기같이 들린다. 경제활동은 더 말할 나위가 없다. 제노바, 피사의 상인은 물론, 시리아, 아프리카의 상인들이 종교적으로 혹은 언어상으로 아무런 제약 없이 출입하고 거래했다. 건축 하나를 보더라도 노르만 건축, 이슬람 건축, 그리스 건축이 따로 있다기보다 소위 아랍-노르만-비잔틴 혼합 양식, 결국 시칠리아식이라고나 불러야 할 건물이 많다. 심지어 교회를 지으면서도 노르만의 외관과 비잔틴식 내부 장식에 이슬람풍의 쿠폴라를 얹어 짓는 식이다. 문화 공존, 나아가 문명 공존의 이상태理想態를 일상 속에 구현했던 셈이다. 자연히 풍성한 문화가 뒤따랐고, 다문화성多文化性은 시칠리아의 정체성처럼 되었다.

풍성한 것은 문화만이 아니다. 시칠리아는 토산土産과 소출所出에서 단위 면적 기준으로 이탈리아 제일이다. 들에는 각종 곡식, 채소

156. 카타니아에서 바라본 에트나 산. 시칠리아 큰 섬을 그 너른 자락 안에 넉넉히 품어내고 있는 어머니 산이다.

와 과일나무, 꽃 들로 가득하고, 산에는 소나무, 참나무, 밤나무, 너도밤나무, 도토리나무, 자작나무 들이 무성하다. 자연의 생장에 최적인 기후조건과 아직도 이따금 활동하는 에트나Etna 화산의 덕이다. 에트나는 20세기에도 몇 차례 큰 분출이 있었던, 유럽에서 가장 유명한 활화산인데, 섬의 태반이 그 영향권이어서 시칠리아의 옥토沃土 조성에 일등 공신이 되었다.(도판 156) 연중 일조일日照日도 삼백 일 이상이다. 당연히 오렌지, 레몬, 귤 같은 과일과 피스타키오, 아몬드 등 열대성 견과류가 지천이다. 올리브유와 밀은 시칠리아산을 최고로 치고, 토산의 꿀, 치즈와 일찍이 아랍인들이 들여온 사탕수수는 시칠리아 특유의 다양한 후식 개발에 큰 역할을 했다. 와인에 이르면 더 이를 것이 없다. 원래 포도나무는 에트나 기슭에서 흥에 겨워 춤추던 디오니소스의 발밑에서 처음 돋아났다는 것 아닌가. 오랜 포도나무와 활발한 와인 생산은 시칠리아 전역이 공통이지만, 특히 에트나 인근에서 좋은 와인이 많이 난다.

풍광도 다양하다. 어느 코너를 돌면 아프가니스탄에라도 온 듯 흙먼지 이는 대지의 민얼굴이 이어지다가, 조금 더 가면 푸른 초원의 나직한 구릉이 이어지는 것이 토스카나를 방불케 한다. 다시 얼

157. 팔레르모 해변과 펠레그리노 산. 무학無學, 도선道詵이 아니어도 한눈에 알아볼 수 있는 입지다.

마를 가면 초원의 골짜기와 흙먼지 날리는 산마루길이 동시에 나타
나 미국 서부의 네바다쯤을 연상시킨다. 섬 하나에 이 정도로 다양
한 자연과 물산의 축복이 내리기가 쉽지 않다. 일찍이 비잔틴 황제
콘스탄스 2세가 이탈리아 반도 수복을 꿈꾸며 아예 시라쿠사Siracusa
로 옮겨 와 살았고, 시칠리아 왕위를 물려받은 프리드리히 2세가
신성로마 제위에 오른 후에도 팔레르모를 떠나려 하지 않았던 일들
이 미상불 이해가 간다.

　이렇게 시칠리아는 이탈리아에서도 가장 다른 지역이고, 시칠리
아의 다름이 이탈리아의 다양성을 완결한다. 1960년대에 출간된
바르치니L. Barzini의 스테디셀러 『이탈리아 사람들Gli Italiani』에 재미있
는 얘기가 나온다. 1861년 시칠리아가 통일 이탈리아의 일부로 편
입되던 시절 시칠리아 사람들 중에는 이탈리아란 말을 처음 듣는

사람이 있을 정도였고, 일부는 "사람들이 이탈리아 얘기를 하기에 새로 오신 왕비 이름인 줄 알았다"는 사람까지 있었다는 것이다. 이러한 사정은 통일 후 백 년이 지나도록 크게 달라지지 않아, 책이 출간되던 1960년대에도 적지 않은 이들이 이탈리아라는 말에 익숙지 않았다고 한다. 그만큼 역사적으로 또 문화적으로 시칠리아가 자족自足한 지역이었다는 의미일 것이다. 시칠리아 얘기가 나오면 흔히 인용되는 괴테의 말이 있다. "시칠리아를 빼놓고는 이탈리아를 다 보았다고 할 수 없다. (이탈리아를 여는) 열쇠가 시칠리아에 있기 때문이다." 그가 시칠리아 왕국의 수도 팔레르모 땅을 밟은 지 열흘째 되던 날 토로한 감상이다.

우리도 팔레르모에서 시작하자. 의미있는 도시를 방문하게 되면 그 지형이랄까 지세를 먼저 보게 되고, 그 다음으로 건축이 눈에 들어오기 마련이다. 팔레르모를 보면 첫눈에 그 입지가 범상치 않다. 멀끔한 펠레그리노Pellegrino 바위산과 알파노Alfano 산을 좌우에 끼고 이 두 산을 잇는 산줄기를 병풍처럼 뒤에 두른 채 황금 분지에 자리 잡고 티레노 바다에 면해 로마 쪽을 바라보는 모양새다. 배산背山에 더해 협산임수挾山臨水의 안정감이 마치 반쯤 헐어낸 원형극장 안에 아늑히 자리한 느낌이다. 풍수 공부 없이 보아도 그럴듯한 광경이다.(도판 157)

팔레르모는 페니키아 이래 지중해의 요충지이지만 역사의 전면에 등장한 것은 노르만 시절이다. 노르만이 시칠리아를 접수한 지 칠십 년, 루제로 2세Ruggero II(1105-1154)가 1130년 독자적 왕국을 창건하고 팔레르모에 정도定都했던 것이다. 왕국을 개창한 일은 이탈리아 역사에 전무前無할 뿐 아니라 거의 후무後無한 역사적 이니셔티브였다. 루제로의 왕국은 왕조王朝가 바뀌면서도 국체國體가 이어져, 후에 나폴리까지 포함하는 양兩 시칠리아 왕국Regno delle Due Sicilie이 되어 1861년 이탈리아의 통일 때까지 존속한다.

루제로 2세는 이질 문화를 포용한다는 차원을 넘어 다문화성을 왕국의 자산으로 적극 활용해 시칠리아의 전성시대를 연 현군賢君이다. 노르만인은 무사武士나 축산일을, 그리스인은 교회 일과 배 타는 일을 했고, 아랍인은 농사를 지었으며, 상업과 전문직은 유대인의 몫이었다. 피렌체, 베네치아 등 이탈리아의 자치도시들은 비로소 형체를 갖추기 시작했을 뿐이었고, 프랑스와 영국도 아직 미약했으며, 합스부르크가家는 역사에 데뷔도 하지 못했던 그 시절, 신생 시칠리아 왕국은 유럽 제일의 글로벌 부국이었다. 여러 문화를 포괄하다 보니 자연히 학식도 최고 수준이어서, 당대 지성의 본산인 콘스탄티노플이나 코르도바와 경쟁할 정도였다. 세 개의 공식 통용어 외에 시칠리아의 토착어vernacolo는 또 그대로 시문학詩文學에 널리 사용되어 후일 단테의 토스카나어 사용에 모범적 선례가 되었다. 오늘날 팔레르모와 그 부근의 역사 유산 중에는 이때 시작한 역사役事들이 많다.

그 대표적 명소가 노르만 궁Palazzo dei Normanni이다. 아랍인들이 지어 놓은 성채를 재활용해 왕궁으로 증축했다. 1130년 루제로가 왕이 되자마자 착공해 십 년 걸려 지었다.(도판 158) 이층에 왕실 전용 거소居所들의 이국적인 모자이크 장식과 집기들이 볼만하지만 백미는 역시 팔라티나 경당Cappella Palatina이다.(도판 159) 사실 경당敬堂은 개인이나 가족을 위한 사적인 예배공간이다. 일반 신도들에게 개방되는 공공의 예배장소인 교회가 신도들의 외경심을 자아내기 위해 위엄있게 내외를 꾸미는 것과 달리, 경당은 대개 안에 들어서면 잔잔한 감탄은 몰라도 눈이 휘둥그레지기는 쉽지 않은 법이다. 이곳은 매우 큰 예외다. 왕의 경당임을 감안하더라도 유례없는 호화 성장盛裝이다. 들여다보면 역시 세 문화(라틴, 그리스, 이슬람)가 혼용하는 이채로운 공간이다. 외래세력으로서 새로이 왕국을 출범시키면서 세 그룹의 핵심 토착민들을 고루 품으려는 노력의 조형적

158, 159. 노르만 궁(위)과 팔라티나 경당(아래). 중세 노르만들이 척박한 고향을 떠나 노르망디, 브리튼 섬, 시칠리아 섬 등지에 일구어 놓은 것들을 보면, 오늘날 스칸디나비아의 성취가 놀랄 일이 아니다.

표현인 것이다. 고대 그리스와 로마의 기둥과 기둥머리 장식, 비잔틴의 모자이크, 아랍식의 아치 등이 두루 동원되었다. 석회동굴의 종유석을 연상시키는 천장 장식은 스페인 그라나다의 알람브라 궁전 유의 영락없는 이슬람 양식이다.

　기독교 이야기의 형상적 표현도 독특하다. 베드로나 바울의 순교, 그리스도의 고난과 죽음 등은 과감히 생략하고, 승리와 기적의 얘기들만 연출했다. 중앙 후진後陣의 그리스도상도 고난의 예수가 아닌 '최고 지배자 그리스도Cristo Pantocratove'의 당당한 모습이다. 군데군데 기록을 위해 새겨 넣은 자구字句들도 모두 세 가지 언어로 동시에 표기했다. 근본을 묻지 않고 토착 신민臣民들 모두의 눈과 머리에, 이미지로서 또 말로서, 새로운 왕권의 정당성을 각인하려던 노력이 역연하다. 먼 바다 항해와 낯선 땅 정복을 전문으로 하는 노르만 조상들이 해로海路 만 리 시칠리아에 와 사라센을 몰아낸 지 칠십 년, 루제로의 왕국은 이렇게 야심찬 미래를 기약했으나 두 세대 만

160. 산 조반니 에레미티 교회. 분홍색 돔과 열대식물 우거진 정원이 그렇게 잘 어울릴 수 없다.

161. 팔레르모의 두오모. 프리드리히 2세가 영면해 있다. 그를 이어 시칠리아를 다스렸던 프랑스 앙주가家,
스페인 아라곤가家 군주의 묘소들도 시칠리아의 과거를 돌아보는 데 좋은 소재다.

에 직계 후손이 없어 모계인 호엔슈타우펜 집안에 넘어가고 만다.

노르만 궁을 나오면 지척에 산 조반니 델리 에레미티San Giovanni degli Eremiti 교회가 있다. 아랍풍의 분홍색 돔이 눈에 띄는, 노르만 궁과 비슷한 시기에 지어진 교회다. 키오스트로가 예쁘고 역시 아랍인들이 각종 열대 식물들로 꾸며 놓은 정원이 일품이어서 쉬어 갈 만한 곳이다.(도판 160)

인근의 두오모 역시 비슷한 시기에 지은 전형적인 혼합양식의 건축이다.(도판 161) 내부는 좀 심한 개조를 겪어 18세기 신고전 양식만 남아 감흥이 덜하다. 시칠리아 왕이자 신성로마 황제이던 예의 프리드리히 2세의 묘소가 이곳에 있다.

두오모를 나서면 비아 비토리오 에마누엘레 큰길이다. 이 직선도로를 따라 일 킬로미터 남짓 가면 옛 부두La Cala에 이르는데, 팔레르모의 볼거리는 대개 이 길가 혹은 그 좌우 언저리에 있다. 나폴리가 시역市域이 넓고 볼거리들이 언덕 아래위로 산재해 있어 도보로 다니기가 쉽지 않았던 데 비하면 상당한 장점이다.

이쯤에서 팔레르모를 위한 변명을 하나 해 두자. 나폴리도 비슷한 얘기를 듣지만, 팔레르모도 오랜 세월 굳어진 메초조르노

Mezzogiorno 공통의 부정적 평판이 있다. 전반적으로 무질서하고 소음이 많고 군데군데 불결하고 잠재적으로 위험하다는 얘기다. 특히 팔레르모의 무질서와 도시 쓰레기는 괴테가 다녀갔던 시절에도 문제였던 듯하다. "로마의 코르소Corso 거리 못지않은 아름다운 길들이 바람 한 번 불면 쓰레기와 먼지로 가득하고…. 나폴리에서는 나귀들이 동네마다 돌며 쓰레기를 실어 가던데…. 팔레르모도 무언가 방안을 내야 하는 것 아니냐"고 괴테가 묻자, 여관 주인이 "집집마다 밖으로 쓸어낸 쓰레기는 바람 없는 날엔 밖에서 썩고 바람 부는 날엔 여기저기 날아다녀… 열심히 쓸어 보았자 몽당빗자루만 쓰레기에 추가되는 셈"이라고 답하는 대목이 예의 여행기에 나온다. 팔레르모, 나아가 시칠리아에서 요즘 말로 '행정의 실패'는 뿌리가 깊다. 하지만 그 실패에 따르는 여행객의 불편을 이내 잊게 만드는 샘솟는 매력을 아울러 갖추고 있는 곳이다. 신화와 역사와 종교, 바꿔 말해 인류 문명에 대한 근원적 사색을 빼어난 풍광과 날씨와 음

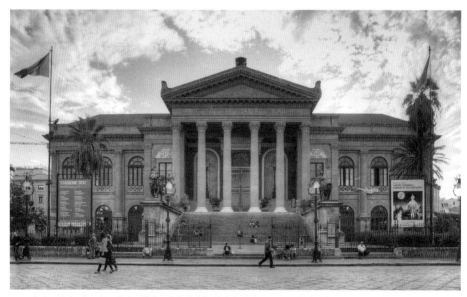

162. 마시모 극장. 비토리오 에마누엘레 2세의 탄식을 탓하기 어려운 규모요 치장이다.

163. 안토넬로 다 메시나의 〈수태고지 받은 성처녀〉. 소폭의 단정한 이 그림을 보고 있자니 한동안 눈을 뗄 수 없었고, 다음 기회에 다시 가서 보았을 때도 마찬가지였다.

식, 그리고 인간미 넘치는 환대 속에서 다듬어 볼 수 있는 흔치 않은 기회다.

팔레르모에는 바로크 건물과 조형들이 넘친다. 그중에도 팔레르모 특유의 바로크 장식으로 이름난 오라토리오oratorio(지방 귀족들의 친목과 예배를 위한 회관)들이 볼만하다. 산 로렌초, 산타 치타, 산 도메니코 등이 특히 볼만한 오라토리오들이다. 모두 팔레르모의 거장 세르포타G. Serpotta(1652-1732)의 솜씨로 이루어진 스투코stucco 장식을 자랑한다. 벽면 전체를 덮다시피 한 아기 천사들의 다양한 몸짓과 분방한 움직임은 바로크 장식의 의도대로 보는 이들을 취하게 한다. 이들 오라토리오들이 모여 있는 근처에 마시모 오페라 극장Teatro Massimo도 있다.(도판 162) 고대 신전의 외관으로 거창하게 지은 신고전 건물인데, 영화 〈대부〉 3편 끝부분 총격 장면을 찍은 장소이기도 하다. 이탈리아의 통일 후 국왕 비토리오 에마누엘레 2세가 통일 왕국의 새로운 판도를 순방하던 중에 이 극장을 둘러본 후 팔레르모 정도의 도시에 이런 극장이 과연 필요하냐며 몹시 의아해했다고 한다. 남쪽 사람들의 사는 방식에 대한 북쪽 사람들의 시각을 요약한 지적이다.

이제 어수선한 도시 분위기를 조금 비껴가 보자. 차분한 15세기 건물 아바텔리스 궁Palazzo Abatellis에 시칠리아 주립미술관이 있다. 중세부터 바로크까지 망라한 소장이지만 알려진 르네상스 명품 몇 개가 역시 인상적이다. 초입의 대형 벽화 〈죽음의 승리〉가 시원 섬뜩하고, 다 메시나A. da Messina(1430-1479)의 〈수태고지 받은 성처녀〉는 성처녀의 얼굴 묘사에서 드러나는, 전에 보지 못한 섬세함과 친

164. 몬레알레의 두오모. 교회 자체가 놀라운 볼거리이지만, 두오모의 테라스 아래로 펼쳐지는
콘카 도로Conca d'Oro의 파노라마도 잊으면 안 된다.

근함이 마음에 와 닿는다.(도판 163) 인물화를 외관 묘사에서 내면
표현으로 끌어올린, 시칠리아 출신으로는 희귀한 르네상스 화가
다.

그림을 좋아한다면, 주립미술관에서는 좀 떨어져 있지만 19세
기 이후 이탈리아의 좋은 그림들이 많은 현대미술관도 볼만하다.
시칠리아 출신 미술가 위주의 지방 미술관인데도 컬렉션의 폭과
깊이, 수준이 대단하다. 이탈리아의 현대미술에서 마키아이올리
Macchiaioli(19세기에 피렌체를 중심으로 활약한 젊은 화가 그룹)와
미래주의futurismo가 그저 일부에 불과함을 보여 준다. 뿌리 깊은 도
시에 샘이 깊은 소장所藏이다.

몬레알레Monreale는 팔레르모에 머무는 동안 반드시 들러야 할 교
외 마을이다. 팔레르모의 황금 분지를 굽어보는 경치도 그만이지
만, 두오모 방문이 필수다.(도판 164) 노르만 왕조의 마지막 적통

굴리엘모 2세Guglielmo II가 온 정성을 기울인 역사다. 가까운 풀리아
는 물론 멀리 토스카나에서까지 명장名匠들을 초빙해 와 짓고 꾸몄
다. 피사Pisa의 사탑을 지은 당대의 건축가 본나노Bonnano de Pisa도 불
려 와 청동문짝을 만들었다. 두오모 내부의 벽면을 모두 덮다시피
한 모자이크 그림들, 부속 키오스트로의 아치와 조경은 다시없을
걸작이다. 팔레르모의 노르만 궁이나 이곳 몬레알레 두오모의 모
자이크 그림은 모자이크 미술의 원조인 비잔틴 본토 어디에서도 찾
아보기 힘든 모자이크 미술의 정수로 꼽힌다. 성경 이야기의 주요
장면들을 세심히 재현해 시각적 효과를 극대화함으로써 보는 이들
을 압도한다. 과연 옛 사람들에게 천국의 앞마당에 와 있는 느낌을
주고도 남았겠다. 십자군 원정길에 인근 북아프리카에서 전사한
프랑스 왕 루이 9세Louis IX(재위 1226-1270)의 유해가 프랑스로 옮
겨지기 전에 이곳에 묻혔었다.

　　이제 서해안부터 시작해 시계 반대 방향으로 섬을 한 바퀴 돌아보

165. 세제스타의 신전. 외딴 곳에 호젓이, 하지만 온전히 서 있는 유래에는 아직도 의문이 남아 있다.

자. 팔레르모를 벗어나 서해안을 향하면 채 한 시간이 못 되어 세제스타Segesta가 나온다. 고대 엘리미족Elimi의 근거지로, 도리아 양식의 근사한 신전 하나와 극장 터가 온전히 남아 있다.(도판 165) 아테네의 역사가 투키디데스Thucydides(기원전 460-395)가 "엘리미가 바로 트로이 사람들"이라고 장담하는 바람에 이들은 아이네아스가 인솔해 온 미래 로마인의 직계 조상들로 통한다. 헬레니즘이 시칠리아 섬 서쪽까지 빠르게 전파되고 있었음을 보여 주는 증거들이다.

지척 해안의 산상山上마을 에리체Erice는 정지된 시간 속에 잠긴 듯 신비로운 분위기다. 해무가 걷히지 않는 겨울철에는 마을 전체가 그대로 중세, 아니 고대로 돌아간 듯하다. 이 일대를 거느렸던 에릭스Eryx가 사랑의 여신 아프로디테의 아들이었다는 전승과 함께 마을 한가운데 아프로디테를 모시던 신전 터가 남아 있다. 신전 터 자리에 덧 지은 노르만 시절의 성채 이름도 베네레 성이다. 그리스 사람들의 아프로디테가 카르타고 사람들에게는 아스타르테Astarte, 로마인들에겐 베네레, 영어로는 비너스Venus였다.

마르살라Marsala는 출발이 카르타고의 해군 기지였다. 이미 이천 수백 년 전부터 폭군으로 이름난 시라쿠사의 디오니시우스Dionysius, 아그리젠토의 전성시대를 이끈 티몰레온Timoleon, '피해 막심한 승리 Pyrrhic victory'의 어원이 유래된 에피루스 왕 피루스Pyrrhus 등 당대 막강 병력들과 겨루었던 역전歷戰의 근거지다. 기원전 241년 로마에 정복된 뒤로는 카르타고 본토와 북아프리카 공략의 교두보였다. 19세기 리소르지멘토의 분수령이 된 가리발디G. Garibaldi의 시칠리아 점령은 제노바를 떠나온 붉은 셔츠의 천인대千人隊, i Mille가 이곳 마르살라에 상륙하면서 시작되었다.

마르살라가 대하 서사시라면 그 앞바다 뱃길로 몇 분 안 걸리는 작은 섬 모치아Mozia는 한 편의 서정시다. 모치아 섬은 기원전 8세기 소아시아의 티레Tyre를 떠나 온 페니키아 사람들의 오랜 근거지였

166. 〈모치아 청년상〉. 인근 마차라의
〈춤추는 사티로〉도 그렇지만,
고전 시대 걸작들의 발견이 아직도
지하에서, 또 해저에서 진행 중이다.

다. 시라쿠사의 그리스군에 유린된 후 잊혔던 곳을 19세기 영국의 호사가 와인업자이자 아마추어 고고학자인 휘터커J. Whitaker가 '발견'했다. 친구였던 슐리만H. Schliemann(당시 트로이 유적지를 발굴한 고고학자)이 페니키아 유적지임을 직접 확인해 준 곳이다. 유적지 안의 네크로폴리스에는 바알 하몬Baal-Hammon을 모시던 유대계 신전 터까지 있어 고고학자들에게는 필수 방문지다. 휘터커가 살던 빌라는 현재 박물관으로 사용되고 있는데, 지난 1979년 발견된 〈모치아 청년상〉이 자랑이다. 과연 한눈에 보아도 명품인 실물 크기의 대리석상인데 흔히 보는 그리스 조각상들과 솜씨는 비슷하나 얼굴 표정, 의상 표현, 신체 포즈 등에서 자못 독특함이 느껴진다. 페니키아-카르타고 문명과 그리스 문명이 만나는 지점에서 나올 만한 솜씨다.(도판 166)

다시 육지로 나와 그리 멀지 않은 곳에 위치한 마차라 델 발로Mazara del Vallo는 오랜 어항漁港이다. 마을 자체가 각별히 예쁘고 시칠리아 기준으로는 제법 정돈된 마을이라 일부러 들러볼 만한 곳이다. 여기에도 덤이 없지 않다. 1998년 이곳 앞바다에서 어부들이 엄청난 물건을 하나 건져 올렸다. 바로 고대 그리스의 청동 조각상 〈춤추는 사티로〉.(사티로는 말의 모습을 한 디오니소스의 친구다) 사티로 박물관을 별도로 만들어 모셔 놓았는데, 워낙 명물이라 프락시텔레스Praxiteles의 작품이란 설이 우세하다.

셀리눈테Selinunte 유적지는 마차라에서 가깝다. 시칠리아 섬 동남부에 주로 정착했던 그리스 공동체의 서부 최전방 도시였다. 세제스타의 엘리미와 마르살라의 카르타고를 최전선에서 감당하면서

167. 셀리눈테의 유허遺墟. 유적이라 부르기도 사치스러울 정도로 쓰러지고
무너져 내려 온전히 서 있는 것이 없을 정도다.

도 인구 팔만의 도시로 이백 년간 번성을 구가했다. 결국 기원전 3
세기 카르타고의 맹렬한 공격에 지진까지 겹쳐 지도상에서 사라졌
고, 19세기에 와서야 발굴이 이루어졌다. 세제스타와 달리 도시 전
체가 폐허로 변한 모습이 그대로 보존되어 있다. 폐허의 규모가 우
선 놀랍고, 폐허 된 모습이 처연하기 그지없다. 누구를 모셨던 신전
인지조차 밝히기 어려울 정도로 철저히 무너져, 모든 신전 터는 알
파벳으로 이름이 붙어 있다. 그중에서도 신전 F와 신전 G는 마치
폐허의 정의定義를 시각적으로 재현한 모습이다.(도판 167) "마치
전사한 병사들의 시신이 쌓여 있듯 포개지고 널려 있는 기둥 조각
과 돌무더기들"이라는 모파상의 표현은 무릇 모든 것이 망하면 이
렇게 되겠지 싶은 바로 그 전형이다. 굳이 분류하고 배치한다는 것
이 오히려 무의미한, 모든 것이 일목一目에 요연瞭然한 야생 박물관
이다. 사람의 죽음을 장렬하다 하면 도시의 비슷한 죽음은 무어라

168. 아그리젠토의 콘코르디아 신전. 그리스 본토에 남아 있는 고대 그리스 건축을 통틀어 보아도 반듯하고 조화로운 아름다움에서 이 신전에 필적하기란 쉽지 않다.

형용할까.

아그리젠토Agrigento는 고대 그리스의 도시 아크라가스Akragas이던 시절부터 환상적인 입지와 아름다운 신전들로 찬사를 듣던 곳이다. 배후의 바위절벽과 바다 사이의 길고 널찍한 언덕 마루를 따라 요소마다 신전들이 하나씩 서 있다. 흔치 않은 광경이다. 제우스 신전도 대단한 규모로 유명하지만 역시 콘코르디아 신전이 일학─鶴이다.(도판 168) 보존 상태도 완벽하고 우아한 미가 독보적이다. 종래의 우람한 거인 숭배 건축을 탈피해, 비로소 신을 편안히 모시기에 적합한 아름다움에 이르렀다는 찬사가 따라다닌다. 파에스툼Paestum의 헤라 신전이 이에 필적하지만 섬세한 아름다움에서는 이곳의 콘코르디아가 한 수 위라는 평가다. 괴테가 와서 보고 과연 빙켈만J. J. Winckelmann이 고전미의 조건으로 얘기했던 요소들을 고루 갖추고 있다고 탄복했던 그 신전이다.

이제 잠시 해안을 벗어나 섬의 중원으로 들어가 보자. 엔나Enna는 지리적으로 시칠리아의 정중앙이다. 이탈리아 전역에 산상마을들이 많지만 특히 우뚝한 위풍이 있다. 근처 봉우리마다 자리잡은 대소 산상마을들을 보조함補助艦으로 거느린 모함母艦의 모습이다. 어느 건물을 특정할 것 없이 마을 전체가 중세로부터 그대로 옮겨 온 느낌이다. 마을 한편에 호젓한 롬바르디아 성Castello di Lombardia은 롬바르드족이 세운 후 뭇 종족들이 거쳐 간 곳이다. 시칠리아에 대한 주인의식이 각별했던 루제로와 프리드리히 2세가 예외일 수 없다. 성채에 올라 보니 주위 경계라는 중세의 군사 목적과 일망무제一望無際의 절경이라는 요즘의 관광 목적에 고루 부합함을 알겠다. 맑은 날에는 에트나 산은 물론 시칠리아 전역이 해안까지 보인다고 한다.(도판 169)

169. 엔나의 롬바르디아 성에서 내려다본 시칠리아의 중원. 롬바르드족의 고성古城 자리에 프리드리히 2세가 오늘의 모습으로 지었다. 프리드리히는 자신의 강토疆土를 구석구석 다니며 쓸고 닦고 짓고 꾸민 부지런한 군주였다.

170. 빌라 카살레의 모자이크화. 현대성 넘치는 감각이 이천 년 세월을
단숨에 뛰어넘어 다가온다.

심심산골이지만 바로 근처에 흥미로운 마을 두 곳이 있다. 피아
차 아르메리나Piazza Armerina와 아이도네Aidone. 각각 고대 로마 후기
의 호화 저택인 빌라 카살레Villa Imperiale del Casale의 유지遺址와 최근 미
국의 폴 게티 미술관으로부터 곡절 끝에 회수한 도난 미술품〈모르
간티나 비너스Morgantina Venus〉가 있는 곳이다. 3-4세기에 지어진 빌
라 카살레를 장식한 현란한 모자이크 그림들은 미술사 책에도 많이
소개된 볼거리다. 헤라클레스, 큐피드 등 신화부터 야생동물 사냥,
젊은 여인들의 공놀이 등 일상적 소재에 이르기까지 분방하게 묘
사해 놓았다.(도판 170) 산골 한가운데에 있기에는 대단한 규모요
이례적인 화려함이어서, 막센티우스Maxentius 황제 집안의 빌라였다
는 설이 유력하다. 막센티우스는 제국의 일인자 자리를 놓고 콘스
탄티누스 대제와 겨루다가 로마의 밀비오 다리 전투에서 패퇴한 이
다.

모르간티나는 아이도네 마을의 전사前史 시대 유적지 이름이다.
지난 1970년대에 이곳에서 도굴된 장려우미壯麗優美한 비너스 입
상이 1988년 미국 로스앤젤레스의 폴 게티 미술관에서 '발견'되었
다.(도판 171) 그 후 오랜 외교적 사법적, 그리고 과학적(석회암 성

171. 〈모르간티나 비너스〉. 해외로 불법 반출된 이 미술품의 회수를 위해 이탈리아 정부로서 모처럼 법리와 물증, 치밀한 논리를 총동원해 얻어낸 귀중한 승리였다.

분 조사 결과 이탈리아 유물로 밝혀졌다) 논란이 이어졌다. 곡절 끝에 합의가 이루어졌고, 드디어 2011년 이탈리아 통일 백오십 주년을 맞아 아이도네 시에 반환되었다. 이탈리아 언론과 아이도네 사람들의 흥분은 대단했다. 앞서 모치아나 마차라의 조각상들 못지않은 아름다움에 어려웠던 반환 과정의 사연이 겹쳐 〈모르간티나 비너스〉는 동반 반환된 예술품들과 함께 일시에 유명 볼거리가 되었다.

아이도네를 빠져나와 고속도로를 타고 시칠리아 제이의 도시이자 작곡가 벨리니V. Bellini의 고향인 카타니아Catania를 지나면 바로 시라쿠사다. 시라쿠사는 이오니오 바다를 건너온 그리스 이민들이 이천칠백 년 전에 건설한 도시다. 이탈리아 반도의 남단을 포함하는 그리스의 광역 식민지 마그나 그라이키아의 중심 도시였다. 시칠리아의 풍요로운 물산과 티레노 바다로 들어가는 메시나 해협을 지켜 선 전략적 위치에 힘입어 일찍부터 번영의 기초를 닦았다. 이미 기원전 5세기에 아테네 등 본토 도시들과의 전쟁에서 이긴 일들은 18세기 미영美英 간의 관계와 비교되기도 한다. 시라쿠사가 당시의 뉴욕이라면, 구시가지가 위치한 섬 오르티자Ortigia는 맨해튼이었다. 오르티자 안팎에 장장 이십칠 세기에 걸친 시라쿠사의 역사가 그대로 느껴지는 현장들이 아직도 관심있는 여행객들을 맞고 있으니 대단한 일이다.

두오모가 그 대표적인 케이스다. 고대 아테나Athena 신전 터의 남은 골조를 활용해 빈 공간을 채우는 식으로 7세기에 지은 초기 교회다.(도판 172) 이미 신전이던 시절부터 그리스는 물론 소아시아

172. 시라쿠사의 두오모. 옛 그리스인의 부지 선정과 공간 배치는 오늘의 우리가 보아도 대단한 수준인데, 고대와 중세의 이탈리아 사람들이 그 덕을 많이 보았다.

의 에페소, 북아프리카의 카르타고에까지 알려져, 전 지중해에 유명한 건물이었다. 그 후 로마가 신전을 증축했고 비잔틴 시절인 7세기에 교회가 돼서 아랍인들이 왔을 때는 일부 개조해 모스크로도 쓰였다. 노르만 왕조 때 측랑側廊의 경당들을 증설하고 천장을 높였다 하는데, 이때가 거의 천 년 전이고 보면 오늘의 우리는 대개 중세 건물을 대하고 있는 셈이다. 시칠리아의 역사가 이 건물 하나에 축약되어 있다고 보아 과장이 아니다. 더욱 흥미로운 것은 그 모든 역사적 과정의 자취들이 구분해 알아볼 수 있을 정도로 남아 있다는 점이다. 특히 신전 시절의 두꺼운 도리아 기둥이 그대로 교회 벽면의 일부가 된 채 이천오백 년이 지난 오늘에도 화석化石인 듯 뚜렷한

173. 카라바조의 〈성 루치아 매장〉. 삽질하는 인부들의
몸에서 땀이 떨어질 듯한 리얼리즘이다.

것은 가슴 뛰는 광경이 아닐 수 없다. 또 두오모 광장 자체가 이탈리아의 수많은 구도심 광장들 중에서도 손꼽히는 아름다운 곳이다.

두오모 광장 언저리에 기막힌 그림 두 점이 숨어 있다. 광장 건너편 산타 루치아 알라 바디아Santa Lucia alla Badia 교회의 제단화가 카라바조의 〈성 루치아 매장〉이다.(도판 173) 성 루치아는 시라쿠사의 수호성녀로, 304년 이곳에서 순교했다. 음습한 분위기에 등장인물들이 생동하여, 보는 이도 매장 현장에 함께 선 느낌이다. 인근 몰타 섬에서 탈옥한 카라바조가 이곳으로 도망 와 파란의 생애 말년에 남겨 준 명작이다.

교회 뒤편의 소담스런 중세 저택 벨로모 궁Palazzo Bellomo에 자리한 주립미술관에도 자랑거리가 하나 있다. 팔레르모의 아바텔리스 미술관에서 만나 보았던 안토넬로 다 메시나의 〈수태고지〉다. 그림의 상태가 안 좋아 아쉽지만 피렌체 산 마르코 수도원의 프라 안젤리코가 수태고지 그림의 전범을 세운 지 불과 한 세대 만에 안토넬로가 이룬 성과가 약여躍如하다. 이제 성모와 가브리엘레 수천사首天使는 엄청난 순간에 긴장하기보다 기쁜 소식을 주고받는 곱기만 한 모습이다.

오르티자 섬의 끝에 자리한 마니아체Maniace 성은 군사적 요충의 의미를 직감할 수 있는 곳이다. 1234년 프리드리히 2세 때 세웠다 하나 고대 이래로 비슷한 기능을 했을 자리다. 성 위에 올라 보니 과연 이오니오 바다가 한눈에 내다보이며 메시나 해협으로 통하는 길목을 지키는 데 부족함이 없음을 알겠다. 오르티자에서 육지로 건너와 멀지 않은 곳에 위치한 고고학 공원도 시라쿠사의 필수 코스다. 통짜 바위산을 쪼고 깎아 만든 만오천 명 수용 규모의 반원형 극장Teatro Greco은 고대 그리스의 삼대 비극 작가로 이름을 떨치던 아이스킬로스Aeschylos가 초연初演 장소로 애용했다는 곳이다.(도판 174) 기원전 3세기 폭군 히에론Hieron 시절에 지었다는 제단은 길이만 이백 미터에 달하는데, 하루에 황소 사백오십 마리를 제물로 바치는 규모였다고 한다. 당시 시라쿠사가 아테네에 비견되고 또 대적했다는 얘기를 수긍케 하는 물증들이다. 지중해 한복판에서 수백 년을 풍미한 시라쿠사도 로마의 천하통일이라는 대세를 돌려 놓을 수는 없었다. 기원전 3세기는 로마가 카르타고 세력은 물론 마그

174. 오르티자의 반원형 극장. 고대 그리스를 풍미했다는 연극의 인기를 능히 짐작하고 남을 초대형 극장이다.

나 그라이키아 전역을 평정한 시기였다. 기원전 212년 시라쿠사는 로마의 말발굽 아래 역사적 종언을 고했고, 시라쿠사 태생으로 고대 최고의 수학자이던 아르키메데스Archimedes(기원전 287-기원전 212)는 그 와중에 희생된 저명인사였다.

시라쿠사에서 내륙으로 조금 들어가면 일군의 바로크 도시들이 있다. 1693년의 대지진으로 사십여 개 도시가 일순에 폐허로 변한 것을 당시 유행이던 바로크 양식으로 재건한 것이다. 로마의 바로크라고는 얘기만 들어 본 지방 건축가들이 앞장서서 특유의 '시칠리아 바로크'를 탄생시켰다. 그중에도 노토Noto가 유명해 '돌로 만든 정원il giardino di pietra'이란 별명까지 얻었다. 재료도 전부 조형이 손쉬운 토산의 꿀빛 석회암을 사용했고, 바로크 양식이 개발한 모티프들과 장식을 총동원해 건물이 주는 극적 효과를 극대화했다. 옆으로 출렁이고 위로 솟는 형상의 건물들이 앞다퉈 벌이는 바로크의 향연이다. 가히 바로키시모barocchissimo(바로크barocco의 최상급)다.(도판 175) 건물이 요란한 데 비해 마을은 고요하다. 이 묘한 대조는 1960년대 이탈리아 영화 중흥에 한몫을 한 안토니오니M. Antonioni(1912-2007) 감독의 화제작 〈모험L'Avventura〉(우리나라에서는 〈정사〉로 개봉되었다)에 배경이 되어 주었다. 로마의 바로크가 가톨릭 권력의 과시라면, 시칠리아의 바로크는 자연의 분노에 대한 조형적 항의이지 싶다.

해는 저물고 갈 길은 멀지만 타오르미나Taormina를 보지 않고서야 시칠리아를 떠날 수 없다. 사람들이 여행지에 다녀와서 감상을 이야기할 때 흔히 기준으로 삼는 것이 자신의 방문 전 인식이다. '생각했던 것보다 못하다'느니, '사진으로 본 것이 훨씬 낫다'는 유의 평가들이다. 이런 리스크에 대비하는 보험 상품이 있다면 성공할 곳 중의 하나가 타오르미나다. 이오니오 푸른 바다가 그대로 이어져 눈 덮인 에트나의 완만한 능선이 되고, 이를 바라고 선 옛 극장

175. 노토의 두오모. 건축이 예술인 것은 역시 그 용도나 기능 못지않게 스타일이나 디자인이 주는 효과에 주목했기 때문이다.

터의 기둥과 무너진 벽들 사이로 비끼는 석양빛을 보며 트집을 잡는다는 것은 애초에 불가능하기 때문이다.(도판 176) 인공의 고전이 자연의 고전 속에 완벽한 일부로 동화되는 순간이고, 따로 사진을 찍을 것도 없이 그 순간은 머릿속에, 또 가슴속에 그대로 새겨져 남는다.

돌이켜 보면 시칠리아가 번성했던 때는 시칠리아를 사랑한 군주들이 시칠리아에 머물며 지키고 다스렸던 기간뿐이었다. 프리드리히 황제의 역사적 유산들이 프랑스 출신 교황 클레멘스 4세의 주선으로 프랑스 앙주가家에 넘어간 13세기 후반부터 시칠리아의 운세는 내리막길인 셈이었다. 15세기에는 아라곤 왕국의 일개 지방이되었고, 이후 스페인 총독과 스페인 보르보네가家의 왕들이 나폴리에 앉아 베푸는 신통찮은 통치 아래 역사 발전의 뒷전으로 물러앉았던 것이다. 급기야 1860년 이탈리아의 통일운동 막바지에는 가

176. 타오르미나 극장에서 바라본 에트나 산. 산과 물이 한데 어울린 자리를 빛과 바람이 감싸 안으니
사람 설 자리가 마땅찮은 그런 경관이다.

리발디가 이끄는 불과 천 명의 민병대에 접수당하는 처지가 되었
다. 이 시기 세상이 바뀌는 과정을 시칠리아 토착 귀족의 시각에서
서늘하게 그린 소설이 있다. 토마시 디 람페두사G. Tomasi di Lampedusa의
『표범Il Gattopardo』. 이탈리아어로 된 현대소설 중 최고의 작품이라는
평가가 있다. 사라진, 또 사라져 가는 화려했던 과거에 대한 가슴
저린 기록이다. 역사가 기록하고 남은 여백은 역시 문학의 몫이다.
문학이 이런 역할을 해 주니 시칠리아에 대한 상련相憐의 눈길을 거
둘 수가 없나 보다.

밀라노와 그 부근

밀라노는 로마 못지않게 오랜 도시다. 이천오백 년 전 알프스를 넘어온 켈트족들이 세웠다. 한창 때는 이곳을 근거지로 중부 이탈리아에 진출하여 에트루스키를 몰아내고 로마까지 약탈한 일이 있다. 3세기 말 디오클레티아누스 황제 때 로마 제국이 동서로 나누어진 뒤에는 서로마 제국의 실질적인 수도 노릇도 했다. 313년 기독교 신앙을 공인하는 콘스탄티누스의 역사적 칙령이 선포된 곳도 밀라노였다. 성 아우구스티누스도 일부러 밀라노를 찾아 성 암브로시우스Ambrosius(339-397) 대주교로부터 세례를 받았다.

  그 뒤 서로마가 멸망한 후 수백 년간 이탈리아 반도는 외족들이 주인공이었다. 유럽의 중원에서 일어선 종족치고 다녀가지 않은 종족이 없을 정도다. 침입해 온 세력이나 '구원'해 준 세력이 모두 외족들이다. 고트족을 비잔틴이 몰아낸 후 비잔틴은 롬바르드족에 밀려났으며, 롬바르드는 다시 프랑크 왕국의 페팽(샤를마뉴의 부친)이 와서 평정했다. 이러한 춘추전국 상황을 최종적으로 정돈한 이가 독일의 오토 1세Otto I(912-973)다. 작센 출신으로 독일 왕에 오른 오토는, 800년 샤를마뉴의 로마 황제 대관을 본받아 962년 로마에 행차해 교황 요한 12세의 집전 아래 신성로마 황제에 오른다.

  이후 이 신성로마 황제라는 주술적 명칭의 마력과 함께 이탈리아 특유의 풍요로운 문화와 물산이 지닌 매력은 역대 독일 왕들의 이탈리아에 대한 '관심'의 원천이 되었다. 이탈리아 중세사의 설명에 큰 배경을 이루는 황제파(기벨린)와 교황파(구엘프) 간의 대립이

177. 〈잔 갈레아초 비스콘티 초상〉.
밀라노의 두오모부터 파비아의
수도원까지, 밀라노의 중세 유산 중에
그의 자취가 닿지 않은 것은
많지 않다.

시작된 것도 이때다.

이즈음 북부지역을 중심으로 대소 도시들이 동시다발로 흥기興起한다. 밀라노, 파비아, 베르가모, 브레시아, 피아첸차, 크레모나, 파르마, 베로나, 파도바, 볼로냐, 만토바, 모데나 등등 포 강 일대의 자치도시들이 선도하고, 머지않아 아펜니노 산맥 너머 피사, 시에나, 피렌체, 아레초 등 토스카나의 도시들도 일어선다. 이탈리아 반도가 모처럼 다시 한번 유럽사의 주역으로 등장하는 무대가 조성된 것이다.

그중에도 밀라노의 성장은 빨랐다. 자치도시들이 일어선 배경은 상업의 발전이었고, 상업은 본래 밀라노의 강점이었다. 밀라노는 고대 이래 로마와 알프스 이북 지역 간 교역 루트의 연결점이었고, 이탈리아 전역으로 교역이 확산되는 전초지였다. 밀라노의 위치를 지도에서 한번 확인해 보라. 도시 남쪽의 포 강이 서西로는 토리노에, 동東으로는 만토바, 페라라를 거쳐 아드리아에 이른다. 북北으로는 마조레 호수와 코모 호수가 물길로 알프스를 지나고, 두 호수에서 각각 발원한 티치노 강과 아다 강이 밀라노의 좌우를 감싸고 흘러 포 강에 합류한다. 밀라노가 항구가 아니면서 항구 이상의 이점이 있고, 롬바르디아가 해안선이 없으면서 사통팔달의 물길로 오히려 불편이 없는 것이다. 사실 물길이 아니더라도 북에 가로놓인 알프스에는 고대부터 발달한 고갯길들이 여럿 있어, 교역은 물론 대형 침입에도 별다른 지장이 없었음은 한니발 이래 역사적으로 증명된 바다.

자치도시들 중에 제일 먼저 군주국의 체제를 갖추고 대외 확장에 나선 것도 밀라노였다. 일찍이 13세기 중반 비스콘티 가문은 숙적 델라 토레 가문을 누르고 군주제를 확립해 밀라노의 비스콘티 시대(1277-1447)를 열었다. 특히 잔 갈레아초Gian Galeazzo Visconti(1351-1402) 시절의 밀라노는 해상무역에 치중하던 베네치아 공화국과 반도 남단의 섬 시칠리아 왕국을 빼면 이탈리아 본토에서 최강이었다. 잔 갈레아초는 피렌체와 베네치아로 하여금 이 세상에 돈 버는 일 말고도 더 중요한 일이 있다는 것을 일깨워 준 사람이다.(도판 177) 동으로 베로나를 점령하고 파도바를 위협했고, 남으로는 아펜니노를 넘어 피렌체에 육박했다. 이 두 공화국은 이때부터 큰돈을 투자해 좋은 용병대장을 구하는 일에 나섰던 것이다. 당시 서구 최고의 화려함이라던 파비아의 비스콘티 성城에 살며, 호사스럽기로는 교회 중 최고라는 밀라노 두오모를 착공하고, 아름답기로는 수도원 중 최고라는 파비아 수도원Certosa di Pavia을 지어 오늘 우리에게 즐거운 볼거리들을 남겨 주었다. 그는 1385년 공작公爵 자리도 챙겨 밀라노를 일찌감치 공작령으로 유럽 지도에 자리매김한 인물이었다.

밀라노에 가면 콘스탄티누스 황궁의 유허遺墟와 초기 교회 등 고대를 비롯해 비스콘티, 스포르차 가문의 중세, 르네상스 유산들도 좋지만, 밀라노의 빼놓을 수 없는 매력은 그 현대성이다. 상업이란 것이 본래 국경은 물론 시대도 모르는 것이어서, 고대 이래 밀라노의 상업 재간은 여전히 위력적이다. 유구한 상업 전통은 오늘에도 패션, 아이티IT, 디자인, 미디어, 문화, 레저, 쇼핑으로 이어져 내려와 밀라노 여행에 활기를 더해 준다. 라 스칼라 극장의 음악, 산 시로San Siro 경기장의 축구, 셈피오네 공원의 휴식, 스피가 거리의 쇼핑뿐만이 아니다. 현대성 분석으로 유명한『아케이드 프로젝트』의 베냐민W. Benjamin(1892-1940)이 설파한 "궂은 날 오가는 사람 구경"에는 두오모 곁에 있는 비토리오 에마누엘레 2세 갈레리아만 한 곳이 없다. 이제 밀라노부터 시작해 그 주위 롬바르디아의 작고 예쁜 도시들 몇 곳을 돌아보자. 크기는 작지만 역사적으로 또 문화적으로

178. 〈성 바르톨로메오 입상〉.
호사스런 치장 속에 홀로 처연히
서 있는 입상이 기독교의 출발점을
상기시켜 주는 효과가 있다.

큰 마을들이다.

밀라노는 대도시다. 하지만 볼만한 곳들은 비교적 서로 멀지 않아, 조금 편한 신발과 시간만 있으면 걸어 다녀도 그만이다. 우리는 두오모에서 시작하자. 밀라노의 두오모 광장에 섰던 이라면 이 교회를 처음 보았을 때의 감흥을 잊지 못할 것이다. 정면을 잠시 응시하는 것 자체가 하나의 미적 체험이다. 다양한 양식과 장식들이 각기 최적의 조형을 잃지 않으면서도 하나의 건축적 전체를 문제없이 이루어냈다.(도판 179) 빅토리아 시대를 풍미한 영국의 미술비평가 러스킨J. Ruskin의 자못 인색한 평가가 의아스러울 지경이다. 잔 갈레아초 비스콘티가 시작해 나폴레옹의 이탈리아 왕 대관식을 위해 서둘러 마무리할 때까지 사백여 년에 걸친 작업이었다. 당대 최고의 거장들이 이어 가며 관여하고 또 개성있는 역대 공작과 총독, 주교 들이 갖은 참견을 다하고도 궁극에 이런 완성도의 작품이 나왔다는 것은 대단한 일이다.

우선 고전과 고딕의 조화가 성공적이다. 대소 첨탑과 입상들은 물론 뾰족한 아치의 창문과 벽감 등 위로 솟는 모양의 장식 일체는 고딕이지만, 이 고딕적 요소들을 받치고 감싸고 있는 장식들은 고전에서 취한 것이다. 늘씬하고 정교하지만 자칫 날카롭고 어지러울 수 있는 고딕이 고전양식의 안정과 균형을 얻어 하나의 장대한 보석 세공이 탄생했다. 셸리 같은 감성의 시인도 달리 형용할 말을 잃고 "내가 본 최고 예술품 중 하나"라고만 했고, 해학의 대가 마크 트웨인은 와서 보고 "산 피에트로 교회 다음이라니, 이런 건물이 어

179. 밀라노의 두오모. 두말이 불필요한 밀라노의 역사요 얼굴이다.

떻게 이등일 수 있단 말이냐"고 한마디 했다 한다. 결이 고운 재질
의 흰 대리석은 최근 열심히 닦고 보수해 더욱 말갛게 빛난다.

정면을 보며 울렁이던 마음은 안으로 들어서면 완벽한 고요함 덕
에 즉각 평정을 회복한다. 거대한 대리석주들이 임립林立해 측랑側
廊들을 가르고 천장을 찌르는 사이사이로 스테인드글라스를 통과
한 채광이 영롱하다. 양감量感에 압도되어 위만 쳐다보면 산재한 볼
거리를 놓치기 쉽다. 입구 오른쪽으로 제일 먼저 오토네 비스콘티
Ottone Visconti(1207-1295)의 묘소가 있다. 밀라노 대주교이자 비스콘
티 시대의 창업자로, 오늘날 밀라노 도시 미관의 기초를 놓은 사람

180. 〈프란체스코 스포르차
초상〉(보니파치오 벰보 작).
르네상스기에 용병대장으로 입신한
기라성 같은 인물들 중에서도
그는 가장 큰 성공 사례일 것이다.

이다. 그 조금 옆에 밀라노 칙령(313)을 기념한 플라크가 있고, 제단 쪽으로 조금 더 가면 성 바르톨로메오San Bartolomeo를 묘사한 16세기 조각 입상의 리얼리즘이 처연하다. 피부를 벗기는 형벌로 순교한 성인이 벗겨낸 자신의 살 껍질을 목에 두르고 모든 혈관과 힘줄을 선연히 드러낸 채 무심히 선 모습이다.(도판 178) 두오모의 지하cripta도 빼놓을 수 없다. 꽤 널찍한 고대 로마 유적지 한쪽에 4세기의 팔각 세례당 자리가 뚜렷하다. 387년 성 암브로시우스가 성 아우구스티누스를 세례한 종교사적 자리다.

스포르차 성Castello Sforzesco은 두오모 광장 앞 곧은 길로 이삼 분 걸어 가면 있다. 정사각형 ㅁ자 모양의 단정한 건물 설계가 중세 성채들의 복잡한 구조와 달리 자못 현대적 느낌을 주고, 한가운데 우뚝한 필라레테 탑이 인상적인 원조 밀라노 디자인이다.(도판 181) 비스콘티 시절 군사용 성채로 쓰던 것을 스포르차F. Sforza(1401-1466)가 거주 겸용으로 개조한 것이다.

스포르차가 누구인가. 용병대장으로 입신한 그는 비스콘티 가문의 후사가 끊기자 곡절 끝에 이어받아 밀라노 제2의 전성기를 연 전설적 무인이요 군주다.(도판 180) 콜레오니Bartolomeo Colleoni, 곤차가Ludovico Gonzaga 같은 맹장들을 휘하에 두었었고, 피렌체 공화국의 국부 코시모 메디치와 절친한 관계였다. 한때 리구리아Liguria(제노바, 사보나 등 리비에라 해안 일대)까지 진출하고, 베네치아 공화국에 자기 사람을 통령으로 세울 정도의 위세를 떨친 이다. 부르크하르트는 그의 역저『이탈리아의 르네상스 문화』(1860)에서 "배신과 파렴치로 점철된 르네상스 용병대장사에 무용武勇과 인망人望을

181. 스포르차 성. 잔 갈레아초 비스콘티가 밀라노에 두오모를 물려주었다면,
프란체스코 스포르차는 이 성을 남겨 주었다.

182. 〈피에타 론다니니〉. 미켈란젤로가
남겨 준 피에타가 여럿 있지만,
조형적 미감에 앞서 피에타 본래의
순수 비감을 느끼게 한다.

겸전하면 무엇을 이룰 수 있는지 보여 준 사례"라
고 치켜세웠다. 역시 용병대장이었던 아버지에
게 받았다는 세 가지 지침은 너무 간결해 더욱 금
석金石같이 느껴진다. 남의 아내에게 손대지 말고,
아래 병사를 때리지 말고, 고집 센 말을 타지 말라
고 했다는 것이다.

스포르차 성은 현재 밀라노 시유市有 미술품들
의 전시 공간이다. 회화미술관, 조각박물관, 고대
박물관 들의 방대한 소장이 건물 자체를 장식한
프레스코, 부조, 조각 들과 함께 두루 볼만하다.
롬바르디아 토박이 화가들도 나쁘지 않지만, 다
메시나, 브론치노, 로토 등 르네상스 거장의 초상
화들이 반갑다. 조각박물관 맨 끝 방의 한구석에
조각상이 하나 서 있다. 미켈란젤로의 〈피에타 론
다니니Pieta Rondanini〉(1564). 미켈란젤로의 마지막
작품으로, 아흔 살이 다 되어 세상을 뜨기 며칠 전
까지 작업하던 것이란다. 십자가에서 내려진 그
리스도를 뒤에서 부축하는 성모의 슬픔을 오히려
그리스도가 위로하려는 듯한 형상이다.(도판 182) 건축, 그림, 조
각을 넘나들며 폭발적인 에너지를 내뿜던 천재 미술가의 쇠약해진
마지막 손길이 느껴져 마음이 슬프다. 나와 일행 몇 사람만이 물끄
러미 바라보노라니, 미켈란젤로가 젊은 시절 완성한 바티칸의 〈피
에타〉 앞에 구름같이 모여 선 사람들의 광경이 겹쳐지며 새삼 호사
하는 느낌이다. 지난 1950년대에 모처럼 시장에 나온 것을 미켈란
젤로의 작품이 하나도 없는 밀라노로서 시市가 직접 나서 어렵사리
장만한 것이라는 설명이다.

산타 마리아 델레 그라치에 교회Chiesa di Santa Maria delle Grazie는 스포르

차 성에서 도보로 멀지 않다. 부속 수도원의 식당cernacolo 벽 한쪽에 그려진 레오나르도 다 빈치의 벽화 〈최후의 만찬〉으로 더욱 유명한 교회다.(도판 183, 184) 르네상스의 새로운 지평조차 레오나르도가 가진 무변無邊의 상상력과 호기심을 감당하기에는 오히려 비좁았던 모양이다. 메디치, 스포르차, 보르자, 율리우스 교황 등을 전전하던 레오나르도는 결국 이국異國의 왕 프랑수아 1세에게 의탁해 쓸쓸한 말년을 마감했다. 밀라노는 그중 레오나르도가 제일 오래 머물렀던 곳이다. 육십칠 년 생애 중 장년기 이십여 년을 밀라노에서 살았다. 그중에도 동갑이던 루도비코 일 모로Ludovico il Moro(프란체스코 스포르차의 둘째 아들로, 1489년부터 1499년까지 밀라노 공작이었다)가 불러 주어 함께 일했던 1482년부터 십칠 년간이 레오나르도로서는 아마 가장 보람있던 시기였을 것이다. 〈최후의 만찬〉은 이 시기에, 그것도 장장 삼 년에 걸쳐(1495-1497) 완성되었다.

워낙에 사연 많고 곡절 많은 그림이다. 수많은 세월과 전화戰火와 공해의 영향뿐 아니라 몇 차례의 미숙한 복원은 〈최후의 만찬〉을 실존의 위기에 몰아넣었다. 미숙한 복원 전에 한 차례 눈물의 복원도 있었다. 제이차 세계대전 중 연합군의 폭격으로 수도원 건물이 무너지는 바람에 잔해 더미에서 대소 벽화 조각들을 하나하나 수습해 복원했다는 얘기다. 기가 막힐 일이다. 이탈리아 정부의 획기적 결정으로 지난 1977년부터 1999년까지 수도원 문을 걸어 잠그고 이십여 년에 걸친 대대적인 복원이 단행되었고, 오늘 우리는 이 그림을 다시 볼 수 있게 된 것이다.

보통 그림이 아니니 조금 자세히 보고 가자. 〈최후의 만찬〉은 수도사들이 식사하는 직사각형 공간의 한쪽 벽면에 정면으로 그려져, 마치 그리스도와 열두 사도들이 멀찍이 헤드 테이블에 앉아 우리 쪽을 보며 함께 식사하는 듯한 기발한 구도다. 그리스도의 머리

위, 그림 속 창문으로 들어온 빛이 실제 식당 공간을 비추고, 왼쪽 벽면의 실제 창문으로 들어온 빛은 그림 속 테이블을 비춘다. 그림의 상황은 아연 긴장과 동요의 순간이다. 좌중의 한 사람이 자신을 배신할 것이라는 그리스도의 폭탄 선언에 대한 사도들의 반응과 현장의 동요가 여실하다. 열두 제자를 세 명씩 네 그룹으로 나누어 동요가 무질서가 되지 않도록 관리했다. 그리스도로 집중되는 원근법의 구심求心과 좌중의 역동성이라는 원심遠心을 동시에 살린 것이다. 이차원의 그림을 본다기보다 하나의 연극 공연을 참관하는 느낌이 드는 이유다. 구도, 재료, 빛, 색채, 원근법, 도상학 등의 측면에서 시간 걸리고 복잡한, 레오나르도가 아니면 시도할 이가 없는, 과거와의 창조적 결별이다. 늘 '보편적 해결'에 골몰해 온 레오나르도가 자신의 생각을 알아주는 후원인을 만나 모처럼 시간을 갖고 필생의 작업으로 시도한 듯하다.

맞은편 벽면에 몬토르파노Montorfano의 프레스코 〈예수 십자가형〉 (1495)도 좋은 대작大作인데, 주연 앞에 선 조연 격이라 많은 이들이 눈여겨보지 않는다. 식당을 나오면 브라만테D. Bramante(로마 산 피에트로 교회의 원설계자)의 키오스트로다. 잠시 거닐며 역시 그가 만든 쿠폴라를 꼭 한 번 올려다보자.

이제 근처에 있는 산탐브로조 교회Basilica di Sant'Ambrogio 하나만 더 보고 다시 구도심 쪽으로 가자. 4세기 성 암브로시우스 시절 짓고 9-12세기에 증축했다는데, 초기 교회 시절의 흔적을 제법 많이 갖고 있어 반가운 교회다. 입구의 아트리움을 둘러싼 열주와 아치들arcade이 끼끗하고, 정면의 양쪽을 지켜 선 종탑campanile이 시원하다.(도판 186) 9세기 카롤링거 왕조의 유산이라는 중앙 제단과 산 비토레 경당을 장식한 5세기 모자이크는 산탐브로조의 보물들이다. 제단 아래 지하공간에 성 암브로시우스의 유해가 모셔진 것은 교회 이름으로 알겠고, 본당 한쪽에 스틸리코F. Stilicho(서로마 말기

183, 184. 산타 마리아 델레 그라치에 교회(위)와 레오나르도의 〈최후의 만찬〉(아래). 그라치에 교회는, 비스콘티가 시작한 두오모의 역사役事에 필적할 교회를 세우려던 스포르차의 프로젝트였다.

테오도시우스 시절의 명장)의 석관과 신성로마 황제 루이 2세Louis II(재위 877-879)의 묘소까지 있는 것을 보면 상당한 역사가 얽힌 교회였을 것이다.

밀라노에는 박물관, 미술관 들이 교회만큼이나 많지만 그중에도

브레라 미술관Pinacoteca di Brera이 첫째다. 브레라는 도심인데도 여유있는 문화적 분위기에 젊은이들이 많은 동네라 '밀라노의 몽파르나스'라고 불린다. 미술관이 있는 17세기 건물에는 브레라 미술 아카데미를 비롯해 밀라노 시와 롬바르디아 주의 문화기관, 예술단체 들이 같이 입주해 있다. 롬바르디아-베네치아 르네상스의 그림들이 주력인데, 바티칸 박물관을 빼고는, 아마 피렌체의 우피치 미술관 다음쯤의 규모가 될 것이다.

근처의 폴디 페촐리 박물관Museo Poldi Pezzoli도 빼놓을 수 없다. 밀라노에서는 대표적인 하우스 뮤지엄으로, 미술품 뿐 아니라 가구, 태피스트리, 도자기, 공예품 들이 수집가가 살던 실제 생활

185. 20세기 박물관. 두오모를 나서면 왼쪽으로 바라보이는 건물이다. 이탈리아의 문화 잠재력이 고대와 중세와 근대를 넘어 현재 진행형임을 알 수 있다.

공간에 그대로 배치, 전시되어 있어 흥미롭다. 롬바르디아 화파, 특히 볼트라피오Boltraffio와 루이니B. Luini에 대한 레오나르도의 영향이 어느 정도였는지 가늠해 볼 수 있는 곳이다.

암브로시오 미술관Pinacoteca Ambrosiana은 두오모 쪽으로 좀 걸어가야 있다. 미술관이라고 하지만 소장의 내용과 규모가 웬만한 박물관에 도서관을 합친 것 이상이다. 유명한 성 카를로San Carlo를 배출했고, 밀라노 나아가 롬바르디아 일대에 많은 유무형의 유산을 남긴 보로메오Borromeo 집안의 밀라노에 대한 기여다. 소장품 중 『일리아드』의 필사본(5세기), 『신곡』의 초기본(14세기)뿐만 아니라, 스케치, 필사 초본, 세밀 드로잉 등 레오나르도의 기록물을 집대성한 코

디체 아틀란티코codice atlantico 전시가 인상적이다. 회화도, 레오나르도의 소품을 비롯해 조르조네Giorgione에서 티에폴로Tiepolo를 거쳐 카라바조에 이르는 그림들을 보려면 한나절도 부족하다.

이제 교외로 나가기 전에 한군데만 더 들르자. 두오모 곁에 개관한 지 불과 몇 년 안 되는 20세기 박물관Museo del Novecento은 밀라노의 새로운 명소다. 중세 건물을 멋들어지게 재활용했다.(도판 185) 밀라노에서 태어난 미래주의 회화와 조각들이 강점이지만, 데 키리코G. de Chirico, 모란디G. Morandi, 폰타나L. Fontana의 작품도 좋은 것들이 많다. 아르테 포베라Arte Povera('가난한 미술'이란 뜻으로, 1960년대 이탈리아에서 일어난 전위적 미술운동)도 여럿 있다. 좁은 타워형 건물의 가운데에 층을 관통해 조성한 나선형 접근로를 오르내리며 세 개 벽면에서는 20세기 미술을 감상하고 나머지 한쪽 유리 벽을

186. 산탐브로조 교회. 밀라노의 수호성인 성 암브로시우스가 4세기에 세운 초기 교회가 모태다.

통해서는 두오모 광장의 파노라마를 즐기는 재미가 새롭다. 역시 디자인과 현대성은 밀라노의 강점이다.

밀라노에서 토리노 쪽으로 반 시간 남짓 차를 달리면 티치노Ticino 강을 건너면서 바로 비제바노Vigevano가 나온다. 레오나르도와 브라만테를 밀라노로 불러들인 루도비코 일 모로의 고향이다. 일 모로의 고향답게 마을의 중심광장인 피아차 두칼레Piazza Ducale는 르네상스 광장 중에도 명품으로 꼽힌다. 직사각형 광장의 좁은 면 하나를 두오모의 정면이 차지하고 나머지 삼면은 포르티코와 아케이드로 둘러친 저택들인데 지붕의 굴뚝들마저 마치 밀라노 두오모의 피너클 장식처럼 한껏 멋을 부렸다.(도판 187, 188) 거기에 저택들 벽면을 메운 프레스코 장식과 광장 바닥 채색석재를 활용한 무늬까지! 오늘의 후손들마저 조상의 얼을 살려 가로등과 화단을 어울리게 마무리해 놓아 발 디디고 다니기가 황송스러울 지경이다. 토스카니니A. Toscanini가 와 보고 '사각의 교향악'이라 감탄했다고 한다.

광장 한쪽의 높직 늘씬한 브라만테 타워Torre di Bramante 쪽에 있는 통로를 지나면 일 모로가 거처하던 성채다. 응접실 격인 피아차 두칼레에 이미 감탄한 밀라노 공작의 손님들이 더욱 기죽을 만한 호화 성채다. 대리석 기둥이 즐비한 마구간은 말 천 마리를 수용하는 규모란다. 마구간 건물 이층에 자리잡은 신발 박물관도 볼만하다. 고금古今 남녀의 각종 신을 것들이 흥미롭게 전시되어 있다. 비단 슬리퍼 하나가 교황 비오 11세가 신던 것이란 설명을 들으며 일전에 들은 얘기가 생각나 혼자 슬그머니 웃음이 났다. 음모와 암투가 교황청의 일상사이던 시절, 교황을 모시는 이들 중에 제일 중요한 사람이 슬리퍼 담당 비서관pantofolaio이었다는 것이다. 왜냐 물었더니 간밤에 교황이 살아서 잠자리에 든 것을 확실히 알 수 있는 이는 침상에 오르며 벗어 놓은 슬리퍼를 간수했던 슬리퍼 비서관뿐이라는 설명이었다.

187, 188. 비제바노의 두오모(아래)와 두오모에서 바라본 광장(위).
위 사진 왼켠에 우뚝한 타워가 밀라노 스포르차 성의 타워를 만든 필라레테 솜씨다.
광장 공간 조성뿐 아니라 바닥 장식까지 잔뜩 멋을 부렸다.

189. 파비아 수도원. 시토회 수도원치고 정면의 꾸밈이 현란하기 그지없어 나폴리의 산 마르티노 수도원을 떠올리게 한다.

파비아Pavia는 비제바노에서 지척이다. 이제 더 이상 큰 도시가 아니지만 역사와 문화로 꽉 찬 곳이다. 이탈리아 반도를 이백여 년 석권했던 외족 롬바르드 왕국의 도읍지였고, 볼로냐 대학과 더불어 유럽 최고最古의 대학으로 페트라르카F. Petrarca가 수학했던 파비아 대학이 있다. 로마네스크 양식의 고향으로 미술사, 특히 건축사를 공부하는 이들 사이에선 필수 순례지의 하나로 꼽히는 곳이다. 롬바르디아의 운명을 가른 신성로마 황제 카를 5세와 프랑스 왕 프랑수아 1세 간 일전의 현장(1525년의 파비아 전투)이기도 하다. 옛 정취 은은한 파비아의 구도심은 그 단정한 모습이 역사의 한복판에 섰던 자신의 과거에 대해 시치미 떼는 듯하다. 비스콘티 성城 역시 역사의 격랑을 잊은 채 평화롭기 그지없다.

구도심도 좋지만 파비아의 진짜 자랑은 파비아 수도원Certosa di Pavia 이다.(도판 189) 체르토사는 시토회 소속의 수도원을 이른다. 잔 갈레아초 비스콘티가 가족묘소 겸용으로 짓기 시작해 루도비코 스 포르차(일 모로) 때까지 칠십여 년이 걸렸다. 정면 장식을 보니 건 축 기간 중에 유행하던 양식들이 두루 반영되어, 정교한 단계를 지 나 복잡하고 어지러울 지경이다. 묵직한 로마네스크로 시작해 알 프스를 넘어온 고딕 스타일의 화려함이 더해지고, 명장 아마데오 Amadeo의 정중한 르네상스로 마감되었다는 설명이다. 각 양식의 요 소들이 정면 각 층에 뚜렷해 양식사 교재로도 좋을 듯하다.

안에 들어서면 수랑袖廊의 양 끝에 각각 비스콘티와 스포르차가 잠들어 있다. 잔 갈레아초의 준수한 묘소는 적당히 화려하고 상당 히 장엄하다. 일 모로의 것은 부부가 나란히 누워 잠든 모습의 대리 석 조형으로, 영면永眠이 아니라 잠시 오수午睡에 든 듯 생생한 솜씨 의 석관 장식인데 주변 마무리가 어째 좀 부실하다. 일 모로 생전에 이미 제작에 들어갔던 석관인데, 프랑스의 침입 와중에 젊은 부인 의 베개 등이 미완성으로 남았고, 약탈된 기단 부분은 대체 석재로 대강 받쳐 놓은 것이 오백 년이 지 난 오늘까지 그대로 왔다며 휜칠, 박식, 다변의 안내 신부가 마음 아 파한다.(도판 190) 게다가 일 모로 의 진짜 시신은 이국 땅 프랑스에 잡혀 간 뒤 그곳에 묻혀 있다는 얘 기를 들으니 우리 최근세사의 흥 선대원군興宣大院君 생각이 나며 갑 자기 남의 나라 일 같지가 않다. 일

190. 루도비코 일 모로 부부의 석관.
일 모로는 권모權謀로 세력을 유지하고 확대하는 데
골몰하던 르네상스 시대의 막내 군주였던 셈이다.

모로의 부인 베아트리체 데스테는 페라라 공작의 딸로, 르네상스기 신여성으로 많은 일화를 남긴 이사벨라 데스테와 친자매 사이였다. 열일곱 나이에 스무 살도 더 차이 나는 신랑에게 시집와 스물두 살에 죽었다. 이들 자매는, 율리우스 교황에 맞서 세번째 시대인 페라라를 용감히 지켰던 보르자 집안의 여걸(체사레의 여동생) 루크레치아 보르자Lucrezia Borgia와 시누이 올케 사이다.

수랑 양 끝의 두 묘소를 내려다보는 위치에 같은 솜씨의 프레스코 두 점이 눈에 띈다. 하나는 잔 갈레아초가 수도원의 모형을 성모에게 헌정하는 그림이고, 다른 하나는 성모를 경배하는 일 모로의 가족 초상화다. 롬바르드 르네상스의 거장 보르고뇨네 Borgonone(1450-1523) 작이다. 레오나르도가 오기 전에도 롬바르디아에 인물이 없지 않았음을 보여 준다. 아니나 다를까 "이 수도원에 페루지노Perugino의 그림이 하나 있다던데 어디 있냐"고 묻자 애향심 넘치는 신부의 해설이 길어진다. "페루지노가 외지에서 흘러와 그려 놓은 것이 저기 어디 있는데 굳이 가서 볼만한 것은 아니고… 사실 페루지노, 라파엘로나 미켈란젤로가 여기저기 옮겨 살며 유명한 장소에 그린 것들이 많이 알려져 그렇지, 그림 솜씨로는 롬바르디아 출신의 보르고뇨네나 포파V. Foppa에 못 미친다"는 설명이다.

중앙에 성가대 합창석coro의 목상감木象嵌 장식에 감탄하며 후진後陣 옆의 쪽문을 나서니 널찍한 키오스트로의 정원이 아무런 수목 없이 푸른 잔디만으로 검소하다.(도판 191) 나직이 둘러싼 아케이드를 따라 각기 소정원과 굴뚝과 우물을 별도로 갖춘 수사들의 개별 독방 스물네 채가 정연하다. 최대한의 침묵 수행을 돕기 위한 시토회의 규칙에 따른 설계란다. 식사도 공동식당이 따로 없고 독방마다 배식구가 있어 한쪽에서 식기를 놓고 돌리면 다른 쪽은 막혀 있어, 식기만 주고받지 대화는 고사하고 서로 얼굴도 볼 수 없도록 되어 있다. 출구 근처 어디에 있다는 페루지노의 그림은 결국 못 보고

191. 파비아 수도원의 키오스트로. 제단 옆 쪽문을 나서 차분한 키오스트로를 한번 돌아보면, 정면과 본당을 볼 때 들었던 느낌에 슬그머니 변화가 온다.

나왔지만, 눈과 정신의 호사는 이미 과객過客의 기대치를 많이 지나 있었다.

시간이 많지 않지만 베르가모를 지나칠 수는 없다. 밀라노와 마찬가지로 로마가 오기 훨씬 전에 켈트족이 세운 도시다. 11-13세기 자치도시 시절이 전성기지만 그 뒤 번갈아 밀라노 공국과 베네치아 공화국의 지배하에 든 뒤에도 독자성을 잃지 않았다. 우선 도시 자체가 명품이다. 언덕 위의 구도심과 산기슭의 신시가지를 유기적으로 연결한 모범사례로 꼽힌다. 구도심 광장Piazza Vecchia은 이탈리아 사랑으로 유명한 스탕달이 특히 좋아했다는 곳이다. 두오모는 상대적으로 덜 알려졌지만, 그 건너편의 산타 마리아 마조레 교회와 콜레오니 경당Cappella Colleoni은 비범하다.(도판 195) 콜레오니는 베르가모 태생의 용병대장으로 입신해 베네치아 공화국의 총사령관을 지낸 이인데, 이곳 가족경당에 묻혀 있다. 베네치아의 자니

192-194. 아카데미아 카라라의 명작 초상들. 왼쪽부터 보티첼리의 〈줄리아노 메디치〉, 피사넬로의 〈리오넬로 데스테〉, 멜로네의 〈체사레 보르자〉. 이탈리아 르네상스기의 소형 초상들은 고대 로마의 두상 조각들처럼 역사적 인물들을 친근히 떠올릴 수 있게 해 준다.

폴로 교회 앞에서 베로키오가 만든 기마상으로 만났던 일이 있다. 내부도 그렇지만 경당 정면의 대리석 장식이 대단하다. 파비아 수도원의 정면을 마감한 아마데오의 솜씨다. 오페라 작곡가 도니체티G. Donizetti도 베르가모 태생으로, 경당과 연결된 산타 마리아 마조레 교회에 단정한 묘소가 있다.

신시가지에 새로 단장해 개관한 15-18세기 이탈리아 미술의 보고寶庫, 아카데미아 카라라Accademia Carrara di Belle Art도 잊지 말자. 인구 십만여 명의 도시에 이 정도 미술관이 있다는 것은 우리로서 상상이 쉽지 않지만, 이탈리아의 지방 도시들에 가면 드물지 않은 일이다. 그곳 출신 인물들이 필생의 컬렉션을 대강의 운영 방향만 정하여, 간혹은 전시할 건물까지 함께, 시에 위탁하는 경우가 많다. 어떤 경우는 그 지방의 중소 컬렉션들을 합쳐서 시립박물관을 꾸미기도 한다. 이런 것들이 이탈리아의 강점이고 자치도시의 뿌리 중에 하나다. 군이 균형발전위원회를 만들어 세금 써 가며 지원할 일이 없는 것이다. 보티첼리가 그린 줄리아노 메디치(대大로렌초의 친

195. 산타 마리아 마조레 교회와 콜레오니 경당. 파비아 수도원의 정면을 꾸민
아마데오의 솜씨가 콜레오니의 경당에 와서 보니 제자리를 찾은 듯하다.

동생으로, 1478년 파치가家의 모반 때 피살되었다)의 초상 등 유명
한 르네상스 초상화들이 많고 예의 보르고뇨네를 비롯한 롬바르디
아 화파의 그림들이 좋다.(도판 192-194)

롬바르디아 일대를 특별하게 만들어 주는 요소 중의 하나가 스위스와의 국경 쪽에 연해 있는 알프스 산록의 호수들이다. 마조레, 코모 외에도 루가노, 오르타 등 이들 호수 지역은 유럽인들이 마음에 그리는 점잖은 휴양지의 대명사처럼 되었다. 눈 덮인 알프스 연봉連峰의 절경이 바로 머리 위인데, 기후는 일부 아열대 식물이 자라는 지중해성이다. 소위 온화한 '예외 기후micro climate'다. 밀라노에서 특히 가까운 코모 호수는 유럽 대륙에서 올리브가 열리는 북방 한계선이다.(도판 196) 고대 로마의 역사학자 플리니오 부자父子가 살았고, 역사적으로 비스콘티, 보로메오 등 밀라노 유력 가문들의 독점 휴양지였던 이 일대가 유럽에 널리 소개된 계기는 역시 나폴레옹 전쟁이다. 제네바와 밀라노 간 도로의 핵심구간인 생플롱 고갯길Simplon Pass(이탈리아 말로 파소 델 셈피오네Passo del Sempione)도 나

196. 벨라지오를 감싸고 있는 코모 호수. 아무리 관광객이 몰리고 거주 수요가 있어도 주변 경관과 마을의 차분함은 예전 그대로이니 참 부러운 일이다.

197. 몬차의 두오모. 몬차는 숨은 볼거리가 많고 밀라노에서 가까워 밀라노를 방문한
이들은 꼭 들러 보는 것이 좋다.

폴레옹이 군사 목적으로 닦은 길이다. 전에 없던 규모의 전쟁을 치
른 후 입소문이 나고 길까지 놓였으니 변화가 없을 리 없다. 벨라지
오Bellagio가 특히 유명해졌지만, 푸른 물, 푸른 숲, 푸른 하늘과 사시
사철 다채로운 꽃들, 예쁜 빌라, 정겨운 마을들은 전 호반湖畔에 공
통이다. 일찍이 1837년 리스트F. Liszt가 밀월여행을 왔다가 아예 눌

198. 이탈리아 왕 철관을 쓴 나폴레옹 흉상.(리소르지멘토 박물관) 철관은 이탈리아 국가가 없던 시절부터 이탈리아 땅의 지배자임을 내외에 과시하는 데 요긴한 상징물이었다.

러 살며 고명딸 코시마를 얻고 「단테 소나타」를 남긴 이래 수많은 문학, 음악, 미술, 영화의 무대가 되었는데, 2006년에는 영화 〈007 카지노 로얄〉에서 제임스 본드가 이곳 호반 빌라의 예쁜 정원에 불쑥 나타나 한 혐의자를 재판 없이 처단하기도 했다.

밀라노로 돌아가야 할 시간이다. 몬차Monza는 가는 길에 있지 않아도 한 번쯤 들러야 할 곳이다. 바이에른 공작의 딸로 롬바르드 왕비가 된 테오델린다Theodelinda(570-628)는 몬차의 대모代母 같은 존재다. 일찍이 '야만' 롬바르드 왕에게 시집와 로마의 대大그레고리우스 교황Gregorio Magno(재위 590-604)과 교분을 맺고 로마와 롬바르드 왕국 간의 평화를 주선했을 뿐 아니라 남편을 기독교로 개종시켰다. 왕의 개종은 온 나라의 개종을 뜻하던 시절, 롬바르디아가 기독교도가 된 것은 전세기 프랑크 왕 클로비스의 개종에 비견할 일이다. 몬차의 근사한 두오모는 테오델린다 왕비의 지원으로 세워졌다. 골목길을 지나와 몬차 두오모의 정면과 마주하는 경험은 앞서 보았던 오르비에토의 경우에 방불하다.(도판 197)

내부는 더욱 놀랍다. 온통 프레스코 그림과 저부조低浮彫 장식의 석조 패널로 뒤덮여 빈 공간이 없을 정도의 호화판이다. 이 두오모에 보물이 많지만 그중에 제일은 철관鐵冠, Corona di Ferro이다. 중앙 제단 곁 성보함聖寶函 안에 있다. 롬바르드 왕의 관冠으로 시작한 이 철관은, 그 뒤 샤를마뉴도 쓰고 프리드리히 바르바로사도 쓰고 단테가 이상적 군주로 기려 마지않던 하인리히 7세도 와서 써 이탈리아 왕의 상징처럼 되었다. 실제는 철관이라기보다 에나멜과 보석으로 장식한 원형 금관인데, 관 안쪽으로 좁고 납작한 철심이 덧대어져 있어 붙은 이름이다. 전승인즉, 이 철심이 그리스도의 십자가형에 쓰였던 못 중의 하나로, 콘스탄티누스 대제의 황모皇母 엘레나가 예루살렘에서 가져왔다는 것이다. 왕관이자 지귀至貴한 성보聖寶인 셈이다. 이런 상징성 때문에 1805년 나폴레옹도 점령지 밀라노의 두오모 공사를 서둘러 마치고 이 철관을 대관하고 나서야 자족했던 것이다.(도판 198)

밀라노에 다녀갈 때 말펜사Malpensa 공항에서 바라보는 알프스 연봉連峰은 언제 보아도 장관이다. 삼면이 바다로 둘러싸인 이탈리아로서 북쪽의 이 연봉은 역사적으로 장벽이기보다 통로였다. 켈트가 되었건 고트가 되었건 프랑크가 되었건 게르만이 되었건, 산 너머 드센 세력들의 관심과 영향하에 들 수밖에 없었다. 특히 밀라노를 포함한 롬바르디아는 신성로마 황제의 강한 영향하에 있었고, 그 여파는 나폴레옹 전쟁을 전후한 합스부르크의 지배로 이어지고 종내 통일까지 지속됐던 것이다. 이제 역사적 부침은 과거지사가 되었고 밀라노는 명실상부한 이탈리아의 일부로 안착했다. 그 굴곡의 과정에서 밀라노와 롬바르디아는 치살피노cisalpino(알프스 이남)의 훌륭한 전통에 올트랄피oltralpi(알프스 이북)의 앞선 시스템을 겸전하게 된 것이 아닐까 싶다.

이탈리아의 통일과 오늘

2010년 이탈리아에 부임해 보니 온 나라가 큰 국가행사 준비에 한 창이었다. 이듬해가 이탈리아 통일(1861) 백오십 주년이었기 때 문이다. 가는 곳마다 기념 로고가 눈에 띄고 각종 행사 안내장과 초 청장 들이 날아들었다. 하지만 뭔가 빠진 듯한 느낌이 없지 않았다. "하나가 되기를 염원했고 하나가 되어 행복했다"는 온전한 축하 분 위기와 거리가 느껴지는 것이었다. 일부 주regione들은 통일 이탈리 아에 합류한 시점의 차이가 있었고, 아예 통일에 동의한 적이 없다 고 새삼 밝히고 나온 도provincia까지 있었다. 사실 베네치아를 포함한 오늘의 베네토 주 일대는 1861년 통일 이후에도 오스트리아의 치 하에 남아 있다가 1866년 오스트리아가 프로이센과의 전쟁에서 패 배하면서 이탈리아로 넘어왔다. 이탈리아 반도의 중원인 로마(바 티칸 제외)와 라치오 일대도 뒤늦게 합류했다. 1870년 교황의 후견 역後見役을 자처하던 프랑스가 프로이센에 패퇴하고서야 통일 이탈 리아 왕국의 일부가 되었던 것이다. 그 밖에도 알토 아디제(남南티 롤) 특별도와 트리에스테를 포함한 프리울리 주의 상당 부분은 그 한참 뒤 제일차 세계대전이 끝나고 오스트리아-헝가리 제국이 해 체되는 과정에서 넘어왔다. 과연 길고도 다기多岐한 통일과정이었 던 셈이다.(도판 199)

통일 기념일인 3월 17일은 공휴일도 아니고 기억하는 사람도 별 로 없다. 이탈리아에서 대표 국경일 대접을 받는 6월 2일은 제이차 세계대전이 끝난 후 1946년 공화국 헌법이 선포된 날이다. 더욱 혼

란스러운 점은 그 헌법으로 하루아침에 폐위된 국왕 움베르토 2세의 집안이 다름 아니라 이탈리아의 통일을 주도했던 옛 피에몬테 왕국의 사보이아 왕가라는 사실이다. 사보이아 왕가가 어떤 집안인가. 합스부르크(오스트리아, 스페인)나 보르보네(프랑스, 스페인) 혹은 호엔촐레른(독일)의 위세나 명성에는 미치지 못하였으나, 알프스 산골짜기에서 창업해 일찍부터 단단한 내공으로 열강이 각축하는 유럽 대륙의 복판에서 천 년을 지탱해 온 최장수 왕가였다. 프랑스, 이탈리아 간의 경계에 위치한 알프스 최고봉 몬테 비안코Monte Bianco(몽블랑)의 골짜기에서 한미한 백작령伯爵領으로 출발한 사보이아 공국은 토리노Torino로 천도해 온 후 한때는 레만 호에서 리비에라 해에 이르고 바닷길로 코르시카, 사르데냐까지 아울렀었다. 통일운동의 막바지에는 대형 전투도 여럿 치르며(앙리 뒤낭의 적십자 창설로 이어진 솔페리노 전투가 그중 하나다) 유럽의 강국들과 어깨를 나란히 했던 것이다.

제이차 세계대전이 끝난 후 참전의 전쟁 책임을 묻는 분위기에서 통과된 공화국 헌법은 단순한 국체 변경(군주의 양위)을 넘어서는 내용이었다. 이탈리아 국기인 삼색기의 중앙에 선명하던 사보이아 왕가의 백십자 문장紋章이 떨어져 나간 것은 물론, 왕가 재산이 몰수되고 왕가 직계 권속들이 국외로 추방되었다. 삼대조 할아버지의 주도로 온 국민의 환호 속에 통일왕국이 역사적 출범을 이룬 지 불과 칠십여 년 만이었다. 민주화된 세상의 국민투표를 거쳐 졸지에 공화국이 되면서 자신이 통치하던 나라에서 영구 추방되는 심경은 어떤 것이었을까. 환호와 투표 사이. 정치학을 넘어, 또 역사를 넘어 가히 철학의 한 꼭지가 될 만하다.

경축 분위기가 생각 같지 않았던 데는 당시의 경제 위기도 한몫했다. 그리스와 포르투갈의 정부 부채 과다에서 시작된 유로화貨의 불안정은 비슷한 사정을 안고 있던 스페인과 이탈리아로 번지면서

199. 1815년의 이탈리아. 빈 회의의 결과, 롬바르디아-베네치아가 온전히 오스트리아 지배하에 들어가고
나폴리 왕국(양 시칠리아 왕국)과 교황령은 요지부동의 전전戰前 상태로 회복됨으로써 통일의 길은 더욱 멀어진 가운데
사르데냐 왕국만이 잠재적인 현상변경 세력으로 부상하게 되었다.

유로권의 존립을 위협하기에 이르렀다. 이탈리아 정부의 예산 긴축은 불가피한 선택이었고, 그 여파로 '불요불급不要不急한' 문화행사, 특히 공연예술에 대한 지원 삭감이 결정되어 논란이 분분했다. 통일 기념일인 3월 17일 경축 오페라 공연이 로마 오페라극장에

200. 주세페 베르디. 베르디가 작곡한
일련의 애국 오페라들은 그때까지 극소수에
불과하던 '이탈리아 사람'들을 대거 만들어낸
일등 공신이었다.

서 있었다. 리소르지멘토Risorgimento에서 빼놓을 수 없는 이탈리아 국민 작곡가 베르디 G. Verdi의 「나부코도노소르Nabuccodonosor」(약칭 「나부코」)가 공연되었다.(도판 200) 극중에 히브리 노예들의 합창 「바 펜시에로Va pensiero」는 이탈리아의 비공식 국가國歌 대접을 받는 노래다. 이래저래 분위기가 묵직해진 가운데 공연이 끝나고 오케스트라를 지휘한 예술감독 무티R. Muti가 무대에 올라 인사를 하며 일조一條 화두를 던졌다. 나폴리타노 대통령과 베를루스코니 당시 총리를 비롯한 정치 지도자들과 이탈리아 주재 대사들도 함께한 자리였다. "이탈리아는 베르디, 푸치니, 티치아노, 안토넬로 다 메시나의 나라입니다. 정치의 문제가 아닙니다. 나는 정치는 모르지만 티치아노가 북쪽 사람이고 다 메시나가 남부 태생이란 점에 개의치 않습니다. 나에게는 둘 다 이탈리아 사람일 뿐입니다"라며 허두를 떼었다. 이어 나폴리 출신의 성격파 마에스트로는 이탈리아가 세계의 사랑을 받는 이유가 그 문화에 있고 세계에 대한 이탈리아의 기여도 예술이 위주였다며, "오늘 이 아름다운 봄날이 우리 문화예술에 새 봄이 오는 첫날이 되도록 기원하자"고 예의 엄숙한 표정으로 이야기를 마쳤다. 모두 큰 박수로 호응했고, 통일의 의미를 새삼 곱씹는 분위기였다.

오늘 우리가 보는 이탈리아는 19세기 통일의 산물이다. 통일로 해서 이탈리아는 옛 시절 이탈리아 반도를 분점하던 왕국, 공국, 백작령, 공화국, 교황령 들로부터 풍성한 유형의 자산들을 물려받았지만, 그들이 각기 안고 있던 무형의 문제들도 동시에 승계했다. 문제 중에는 오늘까지도 지속되는 구조적 성격의 것도 있다. 지금까지 우리는 이탈리아의 요소요소를 주마走馬에 간산看山이나마 돌아보았다. 하지만 자산을 위주로 둘러본 셈이다. 경험이 원만하려면 이면도 봐야 한다. 여행을 마치기 전에 통일 이탈리아는 어떠한 산고産苦 속에 태어났고 오늘 어떠한 고민을 안고 있는지 잠깐 짚어 보자.

「나부코」는 베르디가 작곡한 일련의 리소르지멘토 오페라들 중 첫번째 작품이다. 민족주의 사조와 그 배경이 되었던 낭만주의가 유럽을 휩쓸던 1842년, 밀라노의 라 스칼라 극장에서 초연된 「나부코」는 선풍적 인기를 모으며 단숨에 베르디를, 아직은 존재하지 않던 이탈리아라는 나라의 국민 작곡가로 만들어 놓았다. "온 세상을 다 가져도 좋다. 다만 내게 이탈리아를 남겨 다오!" 베르디가 했다는 말이다. 이 말은 그의 또 다른 리소르지멘토 오페라 「아틸라 Attila」에서 훈족의 왕 아틸라에게 내뱉는 로마 장군의 대사가 되어 이탈리아 전역으로 퍼져 나갔다. 이탈리아가 그야말로 지리적 개념에 불과하던 시절, 이탈리아 국가를 현실적 가능성으로 가슴에 그리는 새로운 종류의 사람들이 급속히 늘어났다. 로마 사람이나 피렌체 사람, 밀라노 사람이 아닌 바로 이탈리아 사람들이 도처에 양산되기 시작한 것이다.

베르디가 사람들의 가슴속에 이탈리아를 심어 주었다면, 사람들의 머릿속에 이탈리아를 새겨 준 이는 주세페 마치니 Giuseppe

201. 주세페 마치니. 이탈리아의 통일이 현실적인 가능성이 아니었을 때부터 통일의 큰 그림을 그리고 교육하고, 또 실제 통일운동을 이끌었던 이상가理想家였다.

Mazzini(1805-1872)였다.(도판 201) 그는 "하나된 자유 이탈리아의 완전 독립"을 정치적 목표로 내걸고 일관되게 그 목표에 복무한 사상가요, 혁명가요, 저술가였다. 그가 만든 정치 행동조직인 청년 이탈리아 당Giovine Italia은 독일, 스위스, 폴란드 등지의 유사 조직에 모범이 되었다. 후에 개혁적 청년 장교들의 대명사처럼 된 오토만 제국의 청년 투르크 당Young Turks에도 영감의 원천이었다. 그중에도 치명적인 조직은 청년 보스니아 당Mlada Bosna이었다. 이탈리아가 하나 되어 독립한 지 오십여 년, 아직 합스부르크 치하였던 아드리아 바다 건너 보스니아의 청년 당원 가브릴로 프린치프Gavrilo Princip는 1914년 6월 28일 사라예보를 방문 중이던 오스트리아 제국의 황태자 프란츠 페르디난트 부부를 백주白晝 대로에서 근거리 저격으로 살해한다. 이 사건이 일파만파 촉발한 제일차 세계대전은 이후 전 세계의 국제정치 지형을 영구히 바꿔 놓았다.

이탈리아의 통일을 얘기하며 빠뜨릴 수 없는 또 하나의 주세페가 가리발디Giuseppe Garibaldi(1807-1882)다.(도판 202) 그는 이탈리아가 하나 되는데 가장 부지런히 현장에서 공헌한 사병친화적 지휘관이요, 민중친화형 혁명가였다. 통일 작업을 실질적으로, 즉 군사적으로 주도한 피에몬테-사르데냐 왕국의 수상 카보우르Cavour도 주저하던 수구守舊의 아성 양兩 시칠리아 왕국에 대한 상륙작전을 단 천 명의 자원봉사 민병(붉은 셔츠 천인대)을 이끌고 감행해 큰 피해 없이 성공시켰다. 손자孫子의 가르침에 접할 기회는 없었겠지만 미리 이겨 놓고 싸우는 타고난 전략가였다. 싸워 이긴 대가를 구하지 않았고, 자신의 민중적 인기를 정치적 이익으로 연결시키려 하지 않았다. 1848년의 로마, 1860년의 시칠리아는 물론 1871년의 파리 코뮌까지 국적에 상관없이 눌린 자, 없는 자가 저항 무력을 필요로 하는 현장마다 즐겨 찾아 함께한 전설적 무골이다. 덜 알려진 일화가 하나 있다. 이탈리아 통일 작업이 일단락된 1861년, 미국에 남

202, 203. 주세페 가리발디(왼쪽)와 카밀로 벤소 디 카보우르(오른쪽). 가리발디는
이탈리아 통일의 큰 인물들 중에 이탈리아 사람들로부터 가장 큰 사랑을 받은 국민영웅이었고,
카보우르는 19세기 유럽 정국에 밀어닥친 민족주의의 파도 속에서 사르데냐 왕국의 확장에
전력하다가 결과적으로 이탈리아 통일에 실질적인 제일공第一功을 세웠다.

북전쟁이 일어나자 가리발디는 링컨 대통령에게 중대 제안을 담은
한 통의 편지를 보냈다. 노예제도의 완전 철폐를 조건으로 북군北軍
편에서 참전하겠다는 내용이었다. 노예해방에는 링컨도 이의가 없
었으나 부수적인 조건이 맞지 않았다. 북군 총사령관의 역할을 기
대하던 가리발디에게 미국이 소장少將 계급을 제안해 오자 없던 얘
기가 되었다는 것이다. 하마터면 그랜트 장군의 입공立功 기회가 원
천 박탈되어 모르는 이가 미국의 제18대 대통령이 될 뻔한 에피소
드다.

이탈리아의 통일 영웅들에 대한 소개는 우리나라에도 진작에 있
었다. 청말淸末 량치차오梁啓超가 일본 망명 중에 지은 것을 한말韓末
단재丹齋 신채호申采浩가 자서自序를 붙여 번역한 『이태리 건국 삼걸

전三傑傳』이다. 없던 나라도 만들어낸 인물들의 나라 사랑을 본받아, 있는 나라를 지키는 데 신명을 다하자는 취지였을 것이다. 삼걸에는 마치니, 가리발디와 함께 카보우르가 뽑혔다. 일본 제국주의의 우세한 군사력 앞에 풍전등화風前燈火의 신세였던 동양의 두 나라 지사志士의 눈에, 알프스 기슭의 크지 않은 나라를 이끌어 프랑스, 영국과 대등하게 외교하며 공룡제국 오스트리아-헝가리와 무력으로 맞서 새 나라를 세우는 모습은 한없이 인상적이었을 것이다.

1848년은 유럽사에서 큰 고비였다. 나폴레옹 전쟁 기간 중 유럽 각지에 확산된 민족주의, 특히 합스부르크 제국 치하 소수 민족들의 민족의식은 이제 누를 수 있는 한계점을 지나고 있었다. 프랑스혁명 이래의 민권 확대 요구에 계급투쟁의 새로운 목소리까지 더해졌다. 마르크스와 엥겔스가 공동 제작한 팸플릿『공산당 선언』이 발간된 것도 이해였다. 프랑스에서 이월혁명이 일어났고, 유럽 도처에서 자치와 헌법과 독립을 요구하는 봉기와 폭동이 이어졌다. 이해에는 이탈리아도 모처럼 정치적 긴 잠에서 깨어나 신년 벽두부터 시칠리아에서 봉기가 일어나고, 즉각 오스트리아 치하에 있던 베네치아, 밀라노, 파르마, 모데나로 불길이 옮겨 갔다. 은인자중隱忍自重하던 피에몬테-사르데냐 왕국이 오스트리아에 선전포고를 하며 나섰다. 로마에서는 한때 마치니와 가리발디의 지휘 아래 공화정부가 섰다. 하지만 아직은 때가 아니었나 보다. 구세력이 막판 힘을 기울여 유럽의 판세는 다시 한번 뒤집힌다. 1848년은 가고 혁명의 추억만 남았다. 군사력이 뒷받침되지 않는 열정만으로는 얻을 것이 많지 않다는 해묵은 교훈도 동시에 남겨 주었다.

이 무력적자武力赤字를 메우는 역사적 사명을 띠고 이탈리아 땅에 태어난 이가 카보우르 백작 카밀로 벤소Camillo Benso di Cavour(1810-1861, 통칭 카보우르)였다.(도판 203) 1852년 그가 피에몬테-사르데냐 왕국의 수상에 취임함으로써 이탈리아 건국 삼걸이 모두 전

204. 로마의 통일기념관. 비토리오 에마누엘레 2세는 결국 세계의 수도 로마를 이탈리아의 수도로 만드는 데 성공하고, 그 중심 광장의 기념관 앞에 기마상으로 높이 섰다.

면에 등장해 통일의 무대가 갖춰진다. 카보우르 수상은 외교, 군사, 재무장관 직까지 겸임하며 이탈리아 역사의 뒷전에 머물던 피에몬테 왕국을 리소르지멘토의 실질적 주역으로 이끈 인물이다. 알프스 산맥에서도 최고봉들이 운집한 심심산골에서 입신한 중소 왕국을 이끌어, 유럽 열강의 교차하는 이해관계를 헤쳐 가며 영국의 호의를 확보하고 프랑스의 지원을 얻어 마침내 오스트리아를 몰아내고 통일의 역사적 과업을 이룬 것이다. 유럽 외교사에 큼직한 페이지다.

　카보우르 자신은 이탈리아의 통일이 내외에 선포되고 사르데냐 왕 비토리오 에마누엘레 2세가 통일 이탈리아 왕국의 초대 국왕으로 대관한 지 얼마 안 되어 극적으로 유명을 달리한다. 『사기史記』의 옛말에 '고조진高鳥盡 양궁장良弓藏'이라 했다. 새로 선 왕국에서 할 일이 없어진 공화주의자 개국공신 마치니와 가리발디도 번갈아 무대 뒤로 사라져 갔다. 건국 삼걸이 모두 퇴장한 무대의 영광은 또 다른 베르디에게 돌아갔다. '이탈리아 왕 비토리오 에마누엘레'의 두 문자頭文字 베르디VERDI, Vittorio Emanuele Re d'Italia였다. 비토리오 에마누엘레 2세는 오늘날 로마의 중심 베네치아 광장에 자신의 이름이자 승리를 뜻하는 비토리아노Vittoriano(통일기념관) 건물의 정면에 위풍있는 기마상의 모습으로 서 있다.(도판 204)

그 이탈리아의 마음이 요즘 편치가 않다. 경제 침체가 장기화하고 정치가 제 기능을 못하자, 기왕에도 없지 않았으나 즐겁게 잊고 지내던 사회, 문화적 문제들까지 새삼 논란이 되었다. 심각한 수준에 이른 청년실업 문제, 해묵은 남북 지역 간 불균형인 소위 메초조르노 문제, 자본, 자산의 국외 유출 문제, 이민 문제 등에 해묵은 조직범죄 문제까지, 이탈리아는 현재 심각한 국가 차원의 영혼탐색기를 거치는 모습이다.

이민 문제는 북아프리카나 중국 등 아시아 나라로부터의 불법이민 문제도 있지만, 보다 심각한 것은 재주있는 인력이 대거 나라를 떠나는, 인력 유출 문제다. 지난 세기에는 없는 이들이 남부여대男負女戴 생존을 위해 떠났다면, 요즘은 보다 나은 대우를 찾아 젊은 두뇌들이 떠나간다. 심각한 일이 아닐 수 없다. 남북 간 격차 문제는 앞에서도 언급했지만 경제발전 내지 생활수준의 차이를 넘어 역사적 뿌리, 문화적 토양에 맞닿아 있는 구조적 문제다. 남북 이탈리아 간의 격차가 여러 면에서 이탈리아와 알프스 너머 유럽 간의 차이 못지않다는 얘기들을 흔히 하고, 아프리카는 나폴리에서 시작된다는 우스갯소리마저 있다. 살기 좋은 도시에 관한 조사 결과가 나올 때마다 토리노, 볼로냐, 피렌체 등 북부 도시들은 예외 없이 상위권이고 나폴리, 팔레르모 등 메초조르노의 역사적 중심지들은 여지없이 바닥권을 면치 못한다. 이렇게 생활의 일부로 굳어진 남북 간 격차 속에 북부인들의 콧대를 가당찮게 여기는 남부 사람들은 '한국이건 이탈리아건 북쪽이 골칫거리'라는 역설적 농담을 건넨다.

　문제를 더욱 어렵게 만드는 것이 소위 조직범죄 문제다. 한때 미국 할리우드 영화의 단골 메뉴였고 지금도 텔레비전 극의 인기 소재인 이탈리아 출신 갱스터 조직의 이야기는, 사실 일반적 의미의 조직범죄라기보다는 메초조르노 지역 특유의 사회·문화적 토양에서 자생하고 뿌리박은 것으로서, 많은 지방도시, 심지어 농촌에서도 '낮은 수준의 대체정부 역할'까지 해 왔던 터였다. 그중에도 시칠리아의 코자 노스트라, 칼라브리아 주의 은드랑게타, 캄파니아 주의 카모라 들은 악명 높은 대형 조직들이다. 많은 생각있는 이탈리아 사람들은 이 문제를 다른 어떤 국가과제 못지않게 심각하게 여기고 부끄럽게 생각한다. 미완의 통일이요, 끝나지 않은 내전에 비유될 정도다.

　역대 이탈리아의 검찰, 그중에도 사명감이 남다른 전담 검사들의 생명을 무릅쓴 대對마피아 임무 수행 이야기는 한 편의 서사시라 할 만하다. 이탈리아가 공화국으로 새출발한 1946년 이후 이 과정에서 희생된 검사들의 수만 무려 예순여덟 명이다. 시칠리아 주도州都 팔레르모 공항의 이름이 팔코네와 보르셀리노Falcone e Borsellino 공항이다. 조반니 팔코네와 파올로 보르셀리노는 팔레르모 검찰 소속으로 친구 사이였다.(도판 205) 신념과 용기로 마피아 척결에 앞장서, 시칠리아뿐 아니라 전국적으로 존경받던 이들이었다. 두 검사는 1992년 같은 해에 두 달 간격으로, 팔레르모의 공항 고속도로 상에서 오백 킬로그램에 달하는 매설 폭약으로 수행 경관들과 함께 무자비하게 폭사당한다. 국민적 비통은 공항 이름으로 영원히 남았다. 이탈리아의 조직범죄에 대해 미국 영화 〈대부〉를 얘기하듯 가볍게 화제로 삼아서는 안 되는 이유다.

　당연히 정치 탓이 나오지 않을 수 없다. 이탈리아의 정치 과잉이랄까 과다한 정치비용은 잘 알려진 문제이다. 2014년 봄에 출범한

205. 팔코네(왼쪽)와 보르셀리노(오른쪽)의 다정했던 한때.
대외 전쟁은 끝이 있지만 내부의 전쟁은 사실상 끝이 없어,
이탈리아의 대對마피아 전쟁은 아직도 진행 중이다.

마테오 렌치Matteo Renzi 정부의 의욕적 개혁 프로그램의 첫번째 과제
가 상하원 의원 수 축소와 양원제 간소화다. 주Regione, 도Provincia, 기
초 지자체Comune 등 세 단계로 되어 있는 지방자치 체계도 어떻게든
줄여 보려 하고 있다. 노동 및 고용시장 유연화, 사법절차의 효율
화, 행정 절차와 각종 규제의 축소도 우선순위가 높다. 유로화 위기
와 잃어버린 십 년을 겪은 뒤의 마음가짐이 예전과 달라 보인다.

　사실 이탈리아는 통일이 되어 단일국가로 출범한 이래, '정치 덕
분'이라기보다는 '정치에도 불구하고' 오늘날의 위상을 이룬 측면
이 없지 않다. 국민 개개인의 자질이나 개별 기업들의 수준의 합合
이 그대로 혹은 그 이상의 국력으로 치환되지 못하는 구조를 안타
까워하는 이들이 많다. "우리 경제는 정부가 일하지 않는 밤중에 주
로 성장한다"는 자조가 있다. 유벤투스와 인터밀란이 맞붙는 축구
경기는 한때 세계 최고 수준의 경기로 각국의 방송사들이 앞다퉈
중계에 나섰었다. 이탈리아의 디자인과 이탈리안 라이프스타일의
상징인 인기 승용차 페라리가 포뮬러 원 자동차 경주에서 우승한
지도 이제 여러 해가 되었다. "이탈리아에 지금 번성하는 산업이 있

266

다면 정치뿐!" 이탈리아 전경련 회장을 역임했고 페라리사의 사장을 이십삼 년간 지낸 원로 경제인 몬테제몰로L. C. Montezemolo의 한 맺힌 토로다.

문제가 작지 않은 것이 사실이다. 하지만 이탈리아의 저력 또한 만만찮다. 깊숙한 강바닥에 높직한 강둑을 따라 삼천 년을 흘러온 강이 몇 달 장마나 몇 해 가뭄으로 넘치거나 마르지는 않을 것이다. 학문으로서의 정치학이 시작되고 제도로서의 자본주의가 태어난 나라의 정치, 경제적 복원력을 가볍게 볼 수는 없다. 국민들의 적응력과 생존력 또한 특출하다. 나라가 백성을 챙겨 주지 않는다면 개개인이 각자 알아서 살길을 찾아왔다. 지난 세기 전반 파시스트 정부의 서슬이 퍼렇던 시절 무솔리니가 시칠리아 제이의 도시 카타니아 시 청사를 방문했을 때의 일화다. 총통Il Duce이 시장을 접견한 후 청사를 나서려는데 누군가에게 맡겼던 모자가 보이지 않았다. 당황한 시장이 주위에 물어보고 전 행정력을 가동하고 지방 마피아 조직까지 동원해 알아보았으나 모자의 행방은 묘연하여 결국 영구 미제未濟가 되었다. 공식 정부와 '대체 정부'가 힘을 합해도 미치지 못하는, 이탈리아 판 '국민적 자생력'의 과시다.

사회의 발전이 궁극적으로 문화의 수준과 무관할 수 없고, 진정한 민주정체라면 정부의 수준이 그 국민의 수준을 벗어날 수 없는 법이다. 먼 과거까지 갈 것 없이 제이차 세계대전이 끝난 후 왕국을 청산하고 공화국으로 새출발하는 엄청난 역사의 고비를 이탈리아는 문제없이 넘겼다. 뒤이어 라인 강의 기적에 버금가는 고속 경제 성장으로 유럽 최고 수준의 산업 생산력을 일구어 1980년대 중반 영국을 제치고 세계 5위의 경제대국으로 떠오르기도 했다. 1990년대 초에는 어려운 여건 속에서 유로화 출범의 순간을 맞아, 강도 높은 재정 긴축을 실천에 옮겨 경제수치를 맞추어낸 일도 있다. 고무적인 최근의 사례가 하나 더 있다. 수년 전 공공장소 금연 정책이 시행될 때 많은 외국 언론들이 "다른 나라도 아니고 이탈리아에서 그게 되겠는가"라고 했지만, 이탈리아는 일치된 국민적 호응으로 성공적 정착을 이루어냈다. 한마디로 매사 다시 보고 새로 다듬는 재간과 소재와 근거가 그 국민과 문화와 역사 속에 무진無盡한 나라다. 오늘의 세상이 다시 한 모퉁이를 돌아갈 때쯤이면 이탈리아는 또 한 번 세상의 선두에 선 자신을 발견하게 될 것으로 믿는다.

에필로그

내가 이탈리아에 대해 글을 써 보려 마음먹은 것은 나라로서보다
한 문화 내지 하나의 문명으로서의 이탈리아에 주목했기 때문이
다. 이 나라의 얘기를 짜임새있게 써 본다면 이탈리아는 물론 유럽,
나아가 서양을 아는 데 꽤 도움이 되겠구나 싶었다. 유럽 지역에 몇
차례 근무하면서 자연스럽게 유럽의 역사와 문화에 관심이 갔던 것
도 배경이지만, 동시에 우리나라가 세계 경제에서 한몫하고, 또 우
리 여행객들이 이런저런 일로 유럽 왕래를 시작한 것이 오래인 데
비해 유럽에 대한 우리의 일반적 교양은 저으기 미흡하지 않나 하
는 내심의 묵은 걱정이 있었다. 앞서 얘기했지만 이탈리아가 유럽,
나아가 서양에 끼친 문명적 영향은 지극한 것이다. 서양을 서양이
게 해 주는 요소들의 태반을 제공한 이 나라를 관심 갖고 살펴보는
의미는 결코 작지 않을 것이다. 요즘 경제적으로 조금 고전하고 있
지만, 이 오랜 나라가 여전한 매력을 내뿜는 원인이 결국 무엇이겠
는가. 백범白凡이 그려 마지않던 "오직 무한한 문화의 힘"인 것이다.

또 하나 조금 거창한 동기도 있다. 우리 조선왕조가 유럽이 주도
하던 19세기 세계질서에 능동적 일원으로 동참하지 못하고 끝내
일본의 식민 지배라는 역사적 치욕에 빠졌을 때, 그 업장業障은 길고
도 깊은 것이었다. 독도가 문제로 되고 동해東海 표기가 과제가 된
것들이 다 그 직접적 결과임은 말할 나위가 없다. 보다 근원적으로,
바로 그 때문에 우리가 서양을 앎에 있어 일본이라는 변방문화 내
지 중간상인을 통해야 했고, 또 광복과 건국을 이루고도 그 업장이

206. 레오나르도 다 빈치 자화상.(토리노 왕립도서관) 디테일에 대한 젊을 적 관심이 평생을 지속했음을 알 수 있다.

다시 분단으로 이어져 이번에는 미국이라는 후발문화 내지 후견세력을 통해 세계를 알게 되고 또 상대해 왔으니 말이다. 이제는 조금 다르다. 언필칭 세계화 속에 십대 무역국이 아닌가. 이제 우리가, 우리 젊은이들이 유럽에 대해 또 서양에 대해 온전치 못한 지식과 인식을 갖는다면 모두 우리 자신의 탓일 것이다. 이 책이 단초가 되어 많은 이들이 유럽에 관심을 갖게 되고 또 실제 이탈리아 여행길에 나서 서양문명의 시원始原에서 서양문화의 명암을 직접 가늠해 보는 기회를 갖는다면 얼마나 좋을까.

레오나르도 다 빈치가 "샘물을 가까이 두고 있는 사람에게는 물독이 따로 필요 없는 법"이라고 했다. 자부심과 탐구심의 화신으로, 그 천재天才를 담아낼 정치적 그릇을 찾아 피렌체에서 로마로, 밀라노에서 다시 로마로 전전하다가 종내는 뜻을 접은 채 이국 프랑스의 왕에게 노후를 의탁했던 레오나르도.(도판 206) 인간과 자연에 대한 무변無變의 호기심을 추구했던 그에게 르네상스라는 우기雨期를 맞은 이탈리아 특유의 샘물은 얼마나 가슴 뛰는 여건이었을까. 이 샘물이야말로 서양문명의 원류에 다름 아니고, 18세기 영국의 지성 새뮤얼 존슨이 "이탈리아를 못 가 본 사람은 꼭 보아야 할 것을 보지 못한 사람이 갖는 열등감이 있다"고 했을 때 염두에 둔 것일 터이다. 괴테가 이 말을 좇아 그의 유명한 이탈리아 여행길에 오른 것은 몇 년 뒤의 일이다.

이제 글을 마무리하려니 부당하게 빠뜨린 수많은 명소와 현장들이 어른거린다. 피에몬테의 삽상한 산록, 리구리아의 매혹적인 해안, 알토 아디제와 프리울리의 가슴 설레는 변경邊境뿐이 아니다.

토스카나 주州만 해도 피렌체만 얼핏 보았지, 아레초, 시에나, 피사, 루카, 프라토, 피스토이아, 피엔차, 코르토나 등 기라성을 못 본 체하는 엉터리 이탈리아 견문록이 어디 다시 있을까 걱정이 든다. 에밀리아-로마냐의 볼로냐와 파르마, 모데나 들은 또 어떤가. 남부 삼주三州 풀리아, 바실리카타, 칼라브리아의 시간을 잊은 중세적 삶이 오롯한 마을들도 마음에 걸린다. 하지만 이대로 마무리하자. 모든 끝은 다시 모든 다음의 시작을 은연隱然히 기약하지 않던가. 이탈리아에서 친근하게 쓰이는 인사말 '차오Ciao'도 마찬가지다. 만날 때뿐 아니라 헤어질 때 인사로도 쓰인다. 떠나지만 마음에 두고, 보내지만 아주 놓지 않는다는 정조情調가 묻어 있다. 그런 마음으로 이탈리아에게 '차오'를 넌다.

이 특별한 나라에 살며 많은 사람을 만나고, 많은 곳을 돌아보고, 많은 것을 배웠다. 처음 만난 사람을 오랜 친구 대하듯 하고, 손님으로 왔던 사람이 시간 되어 돌아가는 것을 드러나게 아쉬워하고, 조그만 선물 하나를 받아도 보물 다루듯 감격해 하는, 참 다감한 사람들이다. 이들과 주고받은 무수한 "그라치에 밀레grazie mile" "프레고prego" "피아체레piacere"를 뒤로하고 나는 2013년 초여름 날 저녁 이탈리아를 떠났다. 다시 로마의 레오나르도 다 빈치 공항이다. 베네치아의 마르코 폴로 공항, 피렌체의 아메리고 베스푸치 공항, 피사의 갈릴레오 갈릴레이 공항 들이 모두 그 이름을 자랑스러운 자기네 고향 인물들 중에서 골랐는데, 로마는 로마 사람을 고집하지 않고 토스카나의 산골마을 빈치Vinci 사람을 택했다. 이탈리아의 수도다운 일이다. 또, 뉴욕의 존 에프 케네디 공항이나 파리의 샤를 드골 공항과 달리 무상한 정치 지도자의 이름이 아니라 르네상스 보편인uomo universale의 이름을 택한 것이다. 세계의 수도caput mundi답지 않은가.

발문

2010년 여름도 다 가던 어느 날 저녁, 이탈리아 주재 대사로 부임차 로마 공항에 도착했다. 레오나르도 다 빈치 공항. 공항 이름이 벌써 심상치 않다. 익히 접해 왔고 여러 차례 다녀갔던 나라였지만 느낌이 달랐다. 서양문명의 시원始原에 닿아 있는 장구한 역사가 유·무형의 유산으로 일상 속에 숨 쉬는 나라! 외교관으로서 마지막 임지任地라는 상투적 감회에 앞서, 의미있는 나라에 왔다는, 초로初老답지 않은 어떤 설렘을 느꼈던 것이다.

2013년 여름 이탈리아에서 돌아왔고 이내 외교부를 떠났다. 부임 때의 막연한 설렘은 제법 구체적인 체험이 되어 남았고, 데생에 불과하던 내 이탈리아 그림은 그동안에 음영과 색채를 얻은 느낌이었다. 부임했던 이듬해가 마침 이탈리아의 통일 백오십 주년이어서 온 나라가 나서 역사를 되짚어 보던 것도 내게는 시의時宜에 맞았다. '기억이 아직 무성할 때 이 조각들을 한번 맞춰 보면 어떨까.' 시간 여유가 생기며 들었던 생각이다.

그렇게 몇 달이 지난 2014년 봄. 나의 이탈리아 이야기가 열 달에 걸쳐 『월간 조선』에 연재되었다. 김창기金昌基 대표가 무명의 퇴임 관료에게 두말 않고 지면을 허락해 준 덕이었다. 그때의 연재를 토대 삼아 기왕에 보고 들은 얘기들에다 설익은 소견을 조금 얹었더니 이번에는 열화당의 매직 터치를 거쳐 어엿한 이탈리아 독본이 되어 나왔다. 편집진의 노고와 이기웅李起雄 사장의 배려에 큰 감사를 드린다.

또 고마운 분은 동향同鄕의 선배 최원식崔元植 교수다. 평소의 격려와 도움만으로도 이미 빚더미인데 귀한 서문까지 써 주셨으니 이런 특혜가 없다. 즐겨 공부하고 넓게 보려는 자세가 내게서 조금이라도 엿보인다면, 그것은 대개 이분 가까이에서 가다듬은 것이다. 연재 과정에서 덕담과 응원을 아끼지 않던 많은 분들도 생각난다. 아내 권은정權恩正도 고맙다. 나의 관심을 공유해 주며 조언을 아끼지 않은 공이 있다.

이제 책이 되어 나왔으니 살矢이 시위를 떠난 셈이다. 앞으로 일들은 궁수弓手의 겨냥과 관계없이 벌어질 터이지만, 한 자락 바람은 책이 좀 팔렸으면 하는 것이다. 그 옛날 중국 적벽강赤壁江 골짜기에 동남풍이 언뜻 불었듯 온 나라에 느닷없는 독서 바람이 일어 이 책도 덩달아 덕을 보는, 그런 '사태'를 그려 본다. 갑년甲年을 훌쩍 넘기고 지난날을 돌아보니, 기대에 잠겼을 때야말로, 그 기대가 현실성이 떨어지는 것일수록, 인생살이가 제일 즐거웠지 싶다.

2016년 초여름을 보내며
저자

참고문헌

일반 자료

Cravetto, Enrico (ed.). *La Storia*, 32 vols. Corriere della Sera, 2012.

Emmerson, Richard K. (ed.). *Who's Who in the Middle Ages*, 2 vols. Routledge, 2006.

Filippi, Gino. *Nagel's Italy: Travel Guide*. Nagel Publishers, 1954.

Kinder, Hermann and Hilgemann, Werner. *The Penguin Atlas of World History*, 2 vols. Penguin Books, 1978.

Readers' Digest (ed.). *100 Itinerari Italiani*. 1980.

_____. *Castelli e Palazzi d'Italia*. 1987.

Touring Club Italiano (ed.). *Guide d'Italia*, 24 vols. 2012.

역사

Abulafia, David. *The Great Sea*. Allen Lane, 2011.

Barrow, R. H. *The Romans*. Penguin Books, 1961.

Bibby, G. *Four Thousand Years Ago*. Collins, 1962.

Carrie, Rene Albrecht. *A Diplomatic History of Europe*. Methuen & Co., 1971.

Collinson, Patrick. *The Reformation*. The Modern Library, 2002.

Crowley, Roger. *Empires of the Sea*. Random House, 2008.

Davies, Norman. *Europe: A History*. Pimlico, 1997.

_____. *Europe: East and West*. Jonathan Cape, 2006.

_____. *Vanished Kingdoms*. Allen Lane, 2011.

Gilmour, David. *The Pursuit of Italy*. Allen Lane, 2011.

Laqueur, Walter *Europe in Our Time*. Viking, 1992.

McGuigan, Dorothy Gies. *The Habsburgs*. Doubleday & Co. Inc., 1966.

Norwich, John Julius. *The Popes: A History*. Vintage Books, 2012.

Pirenne, Henri. *Mohammed and Charlemagne*. Dover, 2001.

Rostovtzeff, M. *A History of the Ancient World*, 2 vols. The Clarendon Press, 1930.

Schevill, Ferdinand. *The Medici*. Konecky & Konecky, 1949.

Taylor, A. J. P. *The Habsburg Monarchy 1809-1918*. Penguin Books, 1948.

Vryonis Jr., Speros. *Byzantium and Europe*. Thames & Hudson, 1967.

Young, G. F. *The Medici*, 2 vols. John Murray, 1928.

D. H. 로렌스 저, 정종화 옮김, 『역사, 위대한 떨림』, 민음사, 2002.

윌리엄 랭거 엮음, 박상익 옮김, 『호메로스에서 돈키호테까지』, 푸른역사, 2001.

미술

Alsop, Joseph. *The Rare Art Traditions*. Princeton Univ. Press, 1982.

Baxandall, Michael. *Painting and Experience in the 15th Century Italy*. Oxford Univ., 1988.

Berenson, Bernard. *Aesthetics and History in the Visual Arts*. Pantheon, 1948.

_____. *Italian Painters of the Renaissance*. Phaidon, 1953.

Blashfield, E. H. & E. W. (et al ed.). *Vasari's Lives of the Most Eminent Painters, Sculptors and Architects*, 4 vols. Charles Scribner's Sons, 1923.

Boerngaesser, Barbara. *Architettura del Rinascimento*. RL Gruppo Editoriale Srl., 2010.

Eco, Umberto. *Art and Beauty in the Middle Ages*. Yale Univ., 1986.

Editrice, Fabbristampa (ed.). *Pittura in Europa*, 5 vols. 1959.

Fleming, John (et al ed.), *The Penquin Dictionary of Architecture*. Penguin Books, 1969.

Fossi, Gloria (ed.). *Italian Art*. Giunti, 2004.

Gombrich, E. H. *The Story of Art*. Phaidon, 1963.

Guggenheim, P. *Confessions of an Art Addict*. MacMillan, 1960.

Malraux, Andre. *The Voice of Silence*. Doubleday & Co. Inc., 1953.

Murray, Peter and Cinda. *The Art of the Renaissance*. Frederick A. Praeger, 1963.

Panovsky, Erwin. *Meaning in the Visual Arts*. Doubleday Anchor Books, 1955.

_____. *Studies in Iconology*. Harper & Row, 1972.

Potter, Mary K. *The Art of the Vatican*. L. C. Page & Co., 1903.

Ravanelli, Renato. *Arte e Architettura in Lombardia*. Regione di Lombardia, 2005.

Ruskin, John. *On Painting*. D. Appleton and Company, 1889.

Russagli, Marco. *Rome: Art and Architecture*. Tandem Verlag GmbH, 2007.

Stukenbrock, Christine & Toepper, Barbara. *1000 Masterpieces of European Painting: From 1300 To 1850*. Koenemann, 1999.

Timmers, J. J. M. *A Handbook of Romanesque Art*. Nelson, 1969.

Toman, Rolf (ed.). *Renaissance*. Parragon, 2011.

Venturi, Lionello. *Four Steps Toward Modern Art*. Columbia Univ. Press, 1957.

Waterhouse, P. Leslie. *The Story of Architecture*. B. T. Batford, 1950.

Wilenski, R. H. *A Miniature History of European Art*. Oxford Univ. Press, 1930.

Winckelmann, Johann Joachim. *Sull'Arte Classica in Sicilia*. Edi.Bi.Si, 2010.

Woelfflin, Heinrich. *Classic Art*. Phaidon, 1959.

_____. *Principles of Art History*. Dover Publications, Ind., 1929.

_____. *Renaissance and Baroque*. Cornell Univ. Press, 1966.

_____. *The Art of the Italian Renaissance*. Schocken Books, 1963.

문화

Bark, William Carroll. *Origins of the Medieval World*. Stanford Univ. Press, 1958.

Barzun, Jacques. *From Dawn to Decadence: 500 Years of Western Cultural Life*. Harper–

Collins, 2000.

Bruckhardt, J. *The Civilization of the Renaissance in Italy*. Phaidon, 1960.

Cahill, Thomas. *Mysteries of the Middle Ages*. Doubleday, 2006.

Cavaliero, Roderick. *Italia Romantica*. I. B. Tauris, 2005.

Comte, Suzanne. *Life in the Middle Ages*. Minerva, 1978.

Fleming, William. *Arts and Ideas*. Holt, Rinehart and Winston, 1963.

Hughes, R. *Rome*. Phoenix, 2012.

King, Margaret. *The Renaissance in Europe*. Lawrence King, 2003.

Pater, Walter. *The Renaissance*. Modern Library, 1873.

임영방, 『이탈리아 르네상스의 인문주의와 미술』, 문학과 지성사, 2003.

문학·기행·전기·자서전·서간·에세이

Barzini, Luigi. *The Italians*. Simon & Schuster, 2012.

Berenson, Bernard. *The Passionate Sightseer*. Thames and Hudson, 1961.

Calvino, Italo. *Invisible Cities*. Vintage Books, 1997.

Clewes, Howard. *Stendhal*. Arthur Barker Ltd., 1950.

Emmott, Bill. *Forza Italia*. Rizzoli, 2010.

Goethe, J. W. *Italian Journey*. Penguin Classic, 1970.

Hennessy, John Pope. *Learning to Look*. Doubleday, 1991.

Holborn, J. B. Stoughton. *Tintoretto*. George Bad & Sons, 1903.

Huizinga, Johan H. *Erasmus and the Age of Reformation*. Joanna Cotler Books, 1957.

Lampedusa, Giuseppe Tomasi di. *The Leopard*. Everyman's Library, 1998.

Lawrence, D. H. *Mornings in Mexico and Etruscan Places*. Penguin Books, 1971.

Morris, William. *Art and Society*. George's Hill, 1993.

Rolland, Romain. *Michelangelo*. Albert & Charles Boni, 1915.

Roper, Hugh Trevor. *Letters from Oxford*. Weidenfeld & Nicolson, 2006.

Twain, Mark. *The Innocents Abroad*. Chatto & Windus, 1928.

Vallentin, Antonina. *Leonardo da Vinci*. The Viking Press, 1938.

Woodward, Cristopher. *In Ruins*. Vintage, 2002.

＊ 그 밖에, 이탈리아 여러 방문지에서 발행한 소개 및 안내 책자, 브로슈어 등의 자료
와, 방문기관(중앙 및 지방정부의 각급 기관, 궁전, 청사, 성채, 저택, 박물관, 미술
관, 도서관, 교회, 수도원, 대학, 연구소, 극장, 임의단체, 상공회의소, 유적지, 컬렉션
등)의 자체 발간자료(가이드북, 도록, 화보, 카탈로그, 프로그램, 브로슈어 등)를 다
수 참고하였다.

찾아보기

ㄱ

가리발디Giuseppe Garibaldi 227, 260-262, 216
가에타Gaeta 92
가울리Giovanni Battista Gaulli 68
가타멜라타Gattamelata 194
가톨리시즘 30, 174
가톨릭 22, 54, 58, 68, 69, 114, 170, 226
갈라 플라치디아Galla Placidia 173
갈리시아Galicia 89
갈릴레이Galileo Galilei 20, 67, 108, 162
게르만Germans 16, 253
겐세리크Genseric 28
계몽주의 72, 97, 168
고딕Gothic 43, 67, 100, 131, 150, 155, 186, 191, 196, 232, 245
고리키Maxim Gorky 138
고전양식 232
고전주의 197
고촐리Benozzo Gozzoli 113, 114
고트족Goths 203, 204, 229, 253
곤차가Gonzaga 가문 38, 164
　루도비코 곤차가Ludovico Gonzaga 105, 234
　엘리사베타 곤차가Elisabetta Gonzaga 167
골족Gauls 73
과르디Francesco Guardi 183
괴테Johann Wolfgang von Goethe 20, 24, 81-83, 97, 126, 138, 162, 168, 183, 196, 199, 207, 212, 219, 270
교황령 33, 36, 38, 57, 92, 147, 148, 170, 257
교황파 → 구엘프
구겐하임Peggy Guggenheim 199, 200
구겐하임Solomon Guggenheim 200

구겐하임 미술관 200
구비오Gubbio 155-158, 164
구엘프Guelfi 78, 149, 157, 229
구투소Renato Guttuso 160
굴리엘모 2세Guglielmo II 215
귀스카르도Roberto il Guiscardo 146
귀차르디니Francesco Guicciardini 181
그라다라Gradara 163
그라시 궁Palazzo Grassi 199
그랜드 투어 24, 97, 134
그랜트Ulysses S. Grant 261
그레고리우스력曆 41
그레고리우스 1세Gregorius I 30, 252
그레고리우스 7세Gregorius VII 22, 146
그레고리우스 9세Gregorius IX 86, 158
그레고리우스 13세Gregorius XIII 63
그레고리우스 16세Gregorius XVI 84
그리마니Grimani 가문 181
그리스 16, 25, 43, 75, 76, 89, 94, 122, 123, 134, 158, 162, 184, 203, 204, 208, 210, 216, 217, 219, 222, 225, 256
그리스도 → 예수
그리스 신화 88
그린Graham Greene 138
기독교 15, 16, 28, 30, 31, 41, 43, 45, 47, 48, 50, 52, 56, 58, 62, 64, 72, 73, 83, 90, 110, 148, 149, 204, 210, 229, 252
기를란다요Domenico Ghirlandajo 22, 102, 115
기번Edward Gibbon 47
기베르티Lorenzo Ghiberti 101, 108, 157
기벨린Ghibellini 78, 149, 229

ㄴ

나보나 광장Piazza Navona 68

나자렛Nazareth 162, 163
나폴레옹Napoleon Bonaparte 30, 72, 107, 119, 184, 193, 201, 232, 251-253
나폴레옹 전쟁 20, 38, 41, 96, 250, 253, 262
나폴리Napoli 20, 38, 40, 67, 90-92, 121, 122, 124-135, 139-141, 145, 178, 207, 211, 212, 227, 244, 258, 264
나폴리 국립고고학박물관 128, 130
나폴리 왕국 36, 92, 127, 130, 147, 257
나폴리타노Giorgio Napolitano 40, 258
낭만주의 97, 259
네루다Pablo Neruda 138
네르바Marcus Cocceius Nerva 47
네스토리우스Nestorius 58
네크로폴리스necropolis 77, 122, 217
네피Nepi 81
노르만Normans 16, 35, 36, 146, 158, 203, 204, 207-210, 214, 216, 223
노르만 궁Palazzo dei Normanni 208, 209, 211, 215
노르망디Normandie 35, 209
노르치아Norcia 153
노토Noto 226-227
누오보 성Castel Nuovo 134
니시Nis 39
니에메예르Oscar Niemeyer 143
니케아Nicaea 종교회의 48
니콜라우스 5세Nicolaus V 50, 96

ㄷ
다마스쿠스Damascus 179
다 메시나Antonello da Messina 213, 224, 236, 258
다 모스토Alvise da Mosto 180
다비드David 112, 113,
다젤리오Massimo d'Azeglio 72, 83
다 코넬리아노Cima da Conegliano 53
다키아Dacia 162
다 톨렌티노Niccolo da Tolentino 106
다 팔레스트리나Giovanni Pierluigi da Palestrina 86

단돌로Dandolo 가문 198
엔리코 단돌로Enrico Dandolo 181
단테Dante Alighieri 54, 95, 101, 107-109, 150, 159, 168, 173, 174, 208, 252
달걀 성Castel dell'Ovo 134
달라Lucio Dalla 140
달마티아Dalmatia 39, 162, 167, 186, 194
대분열Great Schism 50, 78, 184
대통령 궁Palazzo Quirinale 71
데루타Deruta 153
데스테d'Este 가문 148, 164
리오넬로 데스테Lionello d'Este 248
베아트리체 데스테Beatrice d'Este 246
이사벨라 데스테Isabella d'Este 246
데쿠마누스 막시무스Decumanus maximus 94, 134
데 키리코Giorgio de Chirico 241
델라 로베레Della Rovere 가문 66
델라 미란돌라Giovanni Pico della Mirandola 95
델라 토레Della Torre 가문 230
델라 포르타Giacomo della Porta 68
델라 프란체스카Piero della Francesca 153, 164, 167, 169, 170
델 사르토Andrea del Sarto 112
델 카스타뇨Andrea del Castagno 106
도나텔로Donatello 95, 101, 107, 108, 110, 170, 194
도나투스Donatus 58
도니체티Gaetano Donizetti 248
도리아Doria 가문 33
도리아Doria 양식 216, 223
도메니쿠스Domenicus 교단 67, 70, 110, 189
도미티아누스Titus Flavius Domitianus 47
도버Dover 23, 30
독일 36, 40, 90, 92, 97, 149, 157, 170, 203, 229, 256, 260
돌로미티Dolomiti 190
동고트Ostrogoths 28, 172, 174
동로마 → 비잔틴 제국
동로마 제국 → 비잔틴 제국
두초Duccio di Buoninsegna 153, 170

두초Agostino di Duccio 170
뒤낭Henri Dunant 256
뒤러Albrecht Dürer 24, 120
디니Lamberto Dini 118
디 람페두사G. Tomasi di Lampedusa 228
디오니소스Dionysos 205, 217
디오니시우스Dionysius 216
디오클레티아누스Diocletianus 26, 39, 47,
　48, 62, 167, 229

ㄹ

라 베르나La Verna 산 168
라벤나Ravenna 60, 74, 109, 170, 172-175
라 벨라 피구라La bella figura 140
라벨로Ravello 121, 122, 142, 143
라비니오Lavinio 92
라 스칼라La Scala 극장 127, 231, 259
라치오Lazio 35, 73, 77, 80, 81, 90, 92, 94,
　153, 154, 255
라테라노Laterano 32, 49, 58, 59
라테란 궁Palazzo Laterano 50, 53
라티니Latini 73
라틴Latins 140, 208
라파엘로Raffaello Sanzio 23, 35, 52, 65, 104,
　118, 130, 153, 166, 246
라 페니체La Fenice 극장 127
량치차오梁啓超 261
러스킨John Ruskin 138, 183, 232
런던 23, 141
레니Guido Reni 128
레닌Vladimir I. Lenin 120, 138
레덴토레 교회Chiesa del Redentore 197
레바논 75
레반테Levante 42, 76, 162, 179
레오나르도 다 빈치Leonardo da Vinci 40, 81,
　95, 96, 102, 104, 194, 237-242, 246, 270
레오파르디Giacomo Leopardi 160
레오 3세Leo Ⅲ 34, 35
레오 10세Leo X 22, 23, 33, 34, 104
레카나티Recanati 160
레콩키스타Reconquista 36
렌치Matteo Renzi 102, 113, 266

렙티스 마그나Leptis Magna 203
로도스Rhodes 섬 75
로런스D. H. Lawrence 21, 77, 138
로레토Loreto 161, 162
로렌체티Pietro Lorenzetti 155
로렌초 일 마니피코Lorenzo il Magnifico →
　메디치Lorenzo de Medici
로마Roma 8, 15-21, 23, 25, 28-35, 38, 39,
　41-43, 47, 48, 50, 53, 56-58, 60, 61, 64,
　65, 67, 68, 70-79, 81-86, 88-95, 97,
　101, 110, 112, 113, 122, 123, 125, 126,
　129-131, 134, 136, 137, 139, 146,
　148-153, 162, 173, 174, 177, 189, 203,
　207, 210, 212, 216, 221, 223, 225, 226,
　229, 234, 238, 247, 248, 250, 252, 255,
　259, 260, 262-264, 270, 271
로마냐Romagna 74, 84, 147, 162, 168
로마네스크romanesque 87, 100, 244, 245
로마 대학 86
로마 법 41
로마 신화 76
로마 약탈Sacco di Roma 151
로마 오페라극장 257
로마 월력月曆 41
로마 제국 15, 18, 20, 21, 26, 28, 30, 34,
　47, 147, 169, 172
로물루스Romulus 57, 136
로물루스 신전 61
로시니Gioacchino Rossini 162
로욜라Ignatio di Loyola 68, 69
로코코rococo 159
로토Lorenzo Lotto 160, 236
롬바르드 왕국 244, 252
롬바르드족Lombards 28, 144-147, 178,
　220, 229, 246, 252
롬바르디아Lombardia 30, 40, 148, 189, 230,
　231, 236, 240, 244, 246, 250, 253
롬바르디아-베네치아(오스트리아령)
　240, 257
롬바르디아 성Castello di Lombardia(엔나)
　220
롬바르디아 화파畫派 240, 249

롱게나Baldassare Longhena 199
루가노Lugano 호수 250
루도비코 일 모로Ludovico il Moro →
　스포르차Ludovico Sforza
루르드Lourdes 161
루브르Musee du Louvre 166, 169
루비콘Rubicon 강 84
루이니Bernardino Luini 240
루이 2세Louis II 239
루이 9세Louis IX 67, 215
루제로 2세Ruggero II 36, 207, 208, 210, 220
루첼라이Rucellai 가문 68, 95
　조반니 루첼라이Giovanni Rucellai 116
루첼라이 궁Palazzo Rucellai 113
루터Martin Luther 33, 53, 68, 69, 73, 88, 120
루트비히 2세Ludwig II 139
르네상스 21, 23, 24, 31, 34, 36-38, 43, 45,
　65-68, 71, 84, 94-98, 100-102,
　104-110, 112, 113, 115-118, 120, 128,
　130, 147, 149, 152, 153, 155, 156, 159,
　161-164, 167, 169, 170, 174, 180,
　188-192, 194, 196-198, 200, 213, 214,
　231, 234, 236, 237, 240, 242, 245, 246,
　248, 249, 270, 271
르 코르뷔지에Le Corbusier 122, 138
리 갈리Li Galli 137
리구리아Liguria 234, 270
리도Lido 178
리미니Rimini 148, 169, 170
리베라Jusepe de Ribera 128
리비에라Riviera 해안 203, 234, 256
리소르지멘토Risorgimento 38, 83, 127, 216,
　258, 259, 263
리소르지멘토 박물관 252
리스트Franz Liszt 251
리알토Rialto 다리 182, 193, 194
리알토 섬 178, 197
리얼리즘 224, 234
리에티Rieti 91
릴케Rainer Maria Rilke 138

ㅁ

마그나 그라이키아Magna Graecia 25, 28, 75,
　222, 225
마니아체Maniace 성 224
마닌Ludovico Manin 201
마다마 궁Palazzo Madama 18, 19
마르살라Marsala 216, 217
마르케Marche 147, 153, 155-157,
　160-162, 164, 167
마르케 국립미술관 167
마르코 폴로Marco Polo 177, 180, 200
마르쿠스 아우렐리우스Marcus Aurelius 47
마르크스Karl Marx 262
마르티누스 5세Martinus V 33
마르티니Simone Martini 130, 155
마리나 그란데Marina Grande 137-139
마리아 → 성모
마사초Masaccio 95, 104, 115-117, 130, 131
마솔리노Masolino 31, 117, 130
마시모 극장Teatro Massimo 212, 213
마이우리Amedeo Maiuri 88
마조레Maggiore 호수 230, 250
마차라 델 발로Mazara del Vallo 217, 222
마체라타Macerata 160, 161
마치니Giuseppe Mazzini 259, 262, 263
마키아벨리Niccolò Machiavelli 33, 95, 96,
　102, 107-109, 165, 168, 181, 189
마키아이올리Macchiaioli 214
마테오 리치Matteo Ricci 160
막달레나Maria Magdalena 89
막센티우스Maxentius 221
만Thomas Mann 183
만테냐Andrea Mantegna 130
만토바Mantova 34, 38, 105, 164, 166, 230
말라가Málaga 75
말라테스타Malatesta 가문 148, 163, 170
　시지스몬도 말라테스타Sigismondo
　　Malatesta 169, 170
말라테스타 사원Tempio Malatestiano 169,
　170
매너리즘 22, 40, 43, 112, 160
메디치Medici 가문 18, 32, 34, 38, 95, 96,

100, 104, 105, 108, 110, 113, 114, 117,
119, 151, 159, 194, 237
로렌초 데 메디치Lorenzo de Medici 34,
104, 110, 114, 248
조반니 데 메디치Giovanni de Medici 34
줄리아노 데 메디치Giuliano de Medici 248
카테리나 데 메디치Caterina de Medici 18
코시모 데 메디치Cosimo de Medici 95, 96,
111, 114, 234
코시모 1세Cosimo I de Medici 102, 104,
105, 117
메디치 궁Palazzo Medici Riccardi 102, 104,
113, 114
메르젤리나Mergellina 부두 125
메멧 2세Memet II 196, 200
메시나Messina 92, 204, 222
메주고레Medjugorje 161
메초조르노Mezzogiorno 35, 36, 126, 211,
264, 265
메테르니히Klemens von Metternich 41
모날디Monaldi 가문 150
모데나Modena 230, 262, 271
모란디Giorgio Morandi 241
모르간티나Morgantina 221, 222
모어Thomas More 120
모체니고Mocenigo 가문 181, 194
모치아Mozia 75, 216, 222
모파상Guy de Maupassant 218
몬레알레Monreale 60, 214, 215
몬차Monza 30, 251, 252
몬테베르디Claudio Monteverdi 191
몬테 비안코Monte Bianco 256
몬테제몰로Luca Cordero di Montezemolo 267
몬테카시노 수도원Abbazia di Montecassino
90, 91
몬테 티베리오Monte Tiberio 138
몬테팔코Montefalco 153
몬테펠트로Montefeltro 가문 167, 168
페데리코 다 몬테펠트로Federico da
Montefeltro 105, 148, 156, 163-167
몬테피아스코네Montefiscone 79, 149
몬토르파노Giovanni Donato da Montorfano

238
몰타 131, 224
몽골 제국 177
무솔리니Benito Mussolini 267
무젤로Mugello 108
무티Riccardo Muti 258
미국 25, 107, 118, 120, 139, 140, 180,
200, 206, 221, 260, 261, 270
미래주의futurismo 97, 214, 241
미케네Mycenae 75
미켈란젤로 부오나로티Michelangelo
Buonarroti 22, 52, 61, 67, 78, 95, 101,
104, 107-109, 112, 113, 115, 130, 151,
188, 236, 246
미켈로초Michelozzo 102, 111
미트라Mithra교 32
민족주의 41, 259, 261, 262
밀라노Milano 30, 32, 34, 36, 105, 127, 144,
163, 164, 178, 189, 229-234, 236, 237,
239-243, 247, 250-253, 259, 262, 270
밀라노 공국 36, 147, 247
밀라노 두오모 230-235, 239, 240-242,
253
밀라노 칙령 234
밀레토스Miletos 75
밀비오 다리Ponte Milvio 48, 221

ㅂ
바다와의 혼인Sposalizio del Mar 178
바라노Varano 가문 148
바로크baroque 43, 50, 60, 66-69, 71, 94,
104, 128, 130, 131, 191, 199, 213, 226
바르디Bardi 가문 32, 95
바르바로사Friedrich I Barbarossa 149, 157,
252
바르베리니Barberini 가문 68
바르젤로 궁Palazzo del Bargello 107, 108
바르치니Luigi Barzini 206
바사노Bassano 일가 188
바사리Giorgio Vasari 102, 104
바실리카타Basilicata 271
바알 하몬Baal-Hammon 217

바오로 3세Paulus III 88, 129-131
바오로 4세Paulus IV 67
바이런Lord Byron 24, 175
바이마르Weimar 공국 24, 82
바이에른Bayern 139, 252
바티칸Vatican 23, 31, 48, 50, 56-59, 158, 165, 236, 240, 255
반달족Vandals 28, 178, 203, 204
반反종교개혁 50, 68
발레리Paul Valéry 138
발레리아누스Valerianus 54
발루아Valois 왕가 38
발리오니Baglioni 가문 148
백년전쟁 36
베냐민Walter Benjamin 231
베네딕트회Ordine di San Benedetto 90
베네레Venere 성 216
베네벤토Benevento 30
베네치아Venezia 23, 34, 127, 145, 160, 164, 172, 175, 177-184, 186, 189-201, 208, 231, 247, 255, 262, 271
베네치아 공화국 36, 52, 147, 180, 184, 189, 194, 201, 231, 234, 247
베네치아 광장(로마) 57, 68, 70, 264
베네치아 대학 189
베네치아 비엔날레 180, 181
베네토Veneto 188-190, 197, 198, 200, 255
베니니Roberto Benigni 41
베니에르 궁Palazzo Venier dei Leoni 199
베런슨Bernard Berenson 24, 118, 184, 200
베로나Verona 150, 173, 186, 230, 231
베로네세Paolo Veronese 188, 198
베로니카Veronica 53
베로키오Andrea del Verrocchio 95, 96, 107, 194, 248
베롤리Veroli 88-90
베르가모Bergamo 189, 230, 247, 248
베르길리우스Vergilius 76, 92, 122, 123
베르길리우스 공원 125
베르니니Gian Lorenzo Bernini 60, 68, 71
베르디Giuseppe Verdi 258, 259
베를루스코니Silvio Berlusconi 258

베를린Berlin 23
베바냐Bevagna 153, 154
베수비오Vesuvio 산 121, 124, 126, 134, 135, 140
베키오 궁Palazzo Vecchio(피렌체) 100-107, 115, 117
베키오 다리 107, 116
벤티볼리오Bentivoglio 가문 148
벨기에 97
벨라지오Bellagio 250, 251
벨레트리Velletri 20
벨로모 궁Palazzo Bellomo(시라쿠사) 224
벨리니Giovanni Bellini 188, 192, 194, 196
벨리니Vincenzo Bellini 222
벨베데레Forte del Belvedere 118
벨 에포크belle epoque 97
보그다노프Alexandre A. Bogdanov 138
보니파키우스 궁(아나니) 87
보니파키우스 8세Bonifacius VIII 64, 86-88, 162
보로메오Borromeo 가문 240, 250
보로미니Francesco Borromini 68
보르고뇨네Borgonone 246, 249
보르보네Borbone 왕가 92, 129, 227, 256
보르셀리노Paolo Borsellino 265, 266
보르자Borgia 가문 237, 246
　　루크레치아 보르자Lucrezia Borgia 163, 246
　　체사레 보르자Cesare Borgia 33, 81, 147, 246, 248
보메로Vomero 127, 128
보볼리 정원Giardino di Boboli 118, 119
보스니아 260
보스포러스Bosphorus 179
보에티우스Boethius 174
보카치오Giovanni Boccaccio 143
보티첼리Sandro Botticelli 16, 95, 96, 115, 116, 130, 167, 248
본나노Bonnano Pisano 215
볼로냐Bologna 74, 108, 138, 148, 230, 264, 271
볼로냐 대학 18, 96, 244

볼세나Bolsena 호수 79
볼테라Volterra 21, 22
볼트라피오Giovanni Antonio Boltraffio 240
뵐플린Heinrich Wölfflin 24
부르고뉴Bourgogne 90
부르크하르트Jacob Burckhardt 24, 165, 234
부에Simon Vouet 128
북아프리카 28, 34, 39, 42, 144, 203, 215, 216, 223, 264
불쉬Vulsci 25, 73
브라만테Donato Bramante 65, 71, 161, 238, 242
브레라 미술관Pinacoteca di Brera 240
브레시아Brescia 189, 230
브론치노Agnolo Bronzino 112, 236
브루넬레스키Filippo Brunelleschi 95, 110, 112, 115
브루니Leonardo Bruni 95, 108
브뤼헐Brueghel 부자父子 120
브리튼Britain 섬 209
브린디시Brindisi 162
비너스Venus 216, 221, 222
비뇰라Giacomo Barozzi da Vignola 68
비달Gore Vidal 138
비스마르크Otto von Bismarck 139
비스콘티Luchino Visconti 183
비스콘티Visconti 가문 32, 189, 230, 231, 233, 234, 250
   오토네 비스콘티Visconti 233
   잔갈레아초 비스콘티Gian Galeazzo Visconti 230-232, 235, 239, 245, 246
비스콘티 성Castello Visconteo 231, 244
비아 비토리오 에마누엘레Via Vittorio Emanuele 211
비아 아우렐리아Via Aurelia 18
비아 아피아Via Appia 18
비아 아피아 안티카Via Appia Antica 28
비아 카라치올로Via Caracciolo 125
비아 카시아Via Cassia 18
비아 칼차이우올리Via dei Calzaiuoli 100
비아 트리부날리Via dei Tribunali 131
비아 프란치제나Via Francigena 64, 78, 79

비아 플라미니아Via Flaminia 18
비오 2세Pius II 50, 84, 162, 170
비오 9세Pius IX 54, 56
비오 11세Pius XI 242
비잔틴Byzantine 43, 61, 106, 109, 148, 173, 174, 178, 183, 184, 204, 206, 210, 215, 223, 229
비잔틴 제국 28, 34, 56, 61, 64, 114, 172, 184, 196, 203, 204
비제바노Vigevano 242-244
비코 에쿠엔세Vico Equense 121, 136
비테르보Viterbo 77-81
비텔레스키 궁Palazzo Vitelleschi 76
비토리오 에마누엘레 2세Vittorio Emanuele II 119, 212, 213, 263, 264
비토리오 에마누엘레 2세 갈레리아 231
비트루비우스Vitruvius 88, 197
빈Wien 회의 20, 257
빈치Vinci 40, 271
빌라 그레고리아나Villa Gregoriana 84-86, 123
빌라니Giovanni Villani 101
빌라 데스테Villa d'Este 84, 85
빌라 데이 미스테리Villa dei Misteri 134
빌라 루폴로Villa Rufolo 142, 143
빌라 마닌Villa Manin 200
빌라 산 미켈레Villa San Michele 138, 139
빌라 아드리아나Villa Adriana 84, 85, 129
빌라 요비스Villa Jovis 88, 138, 139
빌라 침브로네Villa Cimbrone 143
빌라 카살레Villa Imperiale del Casale 221
빙켈만Johann Joachim Winckelmann 97, 219

ㅅ
사라센Saracen 16, 34, 35, 144, 203, 204, 210
사라예보Sarajevo 20, 260
사르데냐Sardegna 72, 256, 261, 263
사르차나Sarzana 173
사보나Savona 234
사보나롤라Girolamo Savonarola 110-112, 116

사보이아Savoia 256

사비니Sabini 25, 73

사세타Sassetta 158

사세티Sassetti 가문 95

사티로Satiro 217

산귀네토Sanguineto 152

산 그레고리오 아르메노San Gregorio Armeno 교회 133, 134

산니티Sanniti 73

산 레오San Leo 167, 168

산 로렌초San Lorenzo 교회(피렌체) 113-115

산 로렌초 푸오리 레 무라San Lorenzo fuori le Mura 교회 54, 56

산 로마노San Romano 전투 106

산 루이지 데이 프란체시San Luigi dei Francesi 교회 67, 69

산 마르코San Marco 광장 183, 194

산 마르코San Marco 교회 52, 178, 183-186, 189-191, 200

산 마르코San Marco 수도원 110-112, 224

산 마르티노San Martino 수도원 127, 128, 131, 244

산 마르티노 알라 팔마San Martino alla Palma 118

산 마리노San Marino 167

산 미니아토San Miniato al Monte 교회 98, 99, 108, 118

산 비탈레San Vitale 교회 60, 171, 172

산 세바스티아노 문Porta San Sebastiano 28, 29

산 세폴크로San Sepolcro 교회 79

산소비노Jacopo Sansovino 65, 102, 189

산업혁명 96

산 자카리아San Zaccaria 교회 196

산 조르조 마조레San Giorgio Maggiore 교회 197

산 조르조 마조레San Giorgio Maggiore 섬 197

산 조반니 교회 → 산 조반니 인 라테라노 교회

산 조반니 델리 에레미티San Giovanni degli Eremiti 교회 210, 211

산 조반니 인 라테라노San Giovanni in Laterano 교회 31, 48, 49, 52, 59

산 카를로 극장Teatro di San Carlo 126

산 카를로 알레 콰트로 폰타네San Carlo alle Quatro Fontane 교회 71

산 클레멘테San Clemente 교회 31, 32, 62

산타네제 인 아고네Sant'Agnese in Agone 교회 68

산타 루치아Santa Lucia 부두 125

산타 루치아 알라 바디아Santa Lucia alla Badia 교회 224

산타 마리아 글로리오사 데이 프라리Santa Maria Gloriosa dei Frari 교회 189, 190, 193, 195

산타 마리아 노벨라Santa Maria Novella 교회 113, 115-117, 170

산타 마리아 다라첼리Santa Maria d'Aracoeli 교회 71

산타 마리아 델라 비토리아Santa Maria della Vittoria 교회 71

산타 마리아 델라 살루테Santa Maria della Salute 교회 198, 199

산타 마리아 델레 그라치에Santa Maria delle Grazie 교회 236, 239

산타 마리아 델 카르미네Santa Maria del Carmine 교회(치비타 카스텔라나) 82

산타 마리아 델 카르미네Santa Maria del Carmine 교회(피렌체) 116, 118

산타 마리아 델 포폴로Santa Maria del Popolo 교회 65, 67

산타 마리아 델 피오레Santa Maria del Fiore 교회 → 피렌체 두오모

산타 마리아 마조레Santa Maria Maggiore 교회(로마) 58-60

산타 마리아 마조레Santa Maria Maggiore 교회(베르가모) 247-249

산타 마리아 마조레Santa Maria Maggiore 교회(스펠로) 153

산타 마리아 살로메Santa Maria Salome 교회 89

산타 마리아 소프라 미네르바Santa Maria

Sopra Minerva 교회 65, 67, 110

산타 마리아 인 트라스테베레Santa Maria in
Trastevere 교회 71

산타 사비나Santa Sabina 교회 70

산타 체칠리아Santa Cecilia 교회 71

산타 카사Santa Casa 161-163

산타 크로체Santa Croce 교회 108-110, 190

산타 크로체 인 제루살렘메Santa Croce in
Gerusalemme 교회 52, 54

산타 키아라Santa Chiara 교회 133, 134

산타폴리나레 인 클라세Sant'Appollinare in
Classe 교회 173

산타 프라세데Santa Prassede 교회 60

산탄드레아 델라 발레Sant'Andrea della Valle
교회 68

산탄드레아 알 퀴리날레Sant'Andrea al
Quirinale 교회 71

산탄젤로Sant'Angelo 요새 151

산탐브로조Sant'Ambrogio 교회 238, 241

산텔모Sant'Elmo 성채 127

산토 스테파노 로톤도Santo Stefano Rotondo
교회 62, 63

산토 스피리토Santo Spirito 교회 117

산티시마 안눈치아타Santissima Annunziata
교회 112

산티아고 데 콤포스텔라Santiago de
Compostela 89

산티아고Santiago 순례길 78

산티 조반니 에 파올로Santi Giovanni e Paolo
교회 189, 193-195, 247

산티 코스마 에 다미아노Santi Cosma e
Damiano 교회 61

산티 콰트로 코로나티Santi Quattro Coronati
교회 62, 63

산 파올로 푸오리 레 무라San Paolo fuori le
Mura 교회 53, 55, 59

산 프란체스코San Francesco 교회 154, 155,
158

산 피에트로San Pietro 교회 48, 50-53, 57,
59, 70, 86, 101, 232, 238

산 피에트로 인 몬토리오San Pietro in
Montorio 교회 71

산 피에트로 인 빈콜리San Pietro in Vincoli
교회 61

살레르노Salerno 121, 134, 145, 146

살로메Maria Salome 89

상갈로Sangallo il Vecchio 81, 161

색슨Saxons 140

생플롱 고갯길Simplon Pass 250

샤를마뉴Charlemagne 28, 34, 35, 147, 148,
178, 229, 252

샤를 1세Charles I 126, 131

샤를 8세Charles VIII 81, 82

서고트Visigoths 28

서로마→ 서로마 제국

서로마 제국 28, 48, 56, 92, 172, 173, 177,
184, 203, 229, 238

성가족聖家族 63, 101, 109

성경聖經 62, 170, 215

성계단Santa Scala 53, 89

성구유Santa Culla 60

성 다미아노San Damiano 62

성 도마San Tommaso 53, 191

성 로렌초San Lorenzo 54, 62

성 로코San Rocco 193

성 루치아Santa Lucia 62, 224

성 루카San Lucca 105, 173, 271

성 리누스St. Linus 22

성 마가San Marco 52

성 마테오San Matteo 67, 69, 146

성모聖母 58, 89, 161, 192, 196, 224, 236,
246

성모자聖母子 58, 62, 84, 153, 192, 196

성 바르톨로메오San Bartolomeo 232, 234

성 바울San Paolo 47, 53, 54, 62, 210

성 발렌티노San Valentino 62

성 베네딕투스San Benedetto 90, 153

성 베드로San Pietro 22, 47, 52, 61, 62, 148,
191, 210,

성 베르나르St. Bernard 90

성 브루노St. Bruno 90

성서聖書 150, 151

성 소피아Hagia Sophia 교회 172, 184

성 스테파노Santo Stefano 62

성 시메온San Simeone 196

성 실베스트로San Silvestro 63, 83

성십자가Santa Croce 53

성 아가타Sant'Agata 62

성 아우구스티누스St. Augustinus 15, 16, 116, 125, 229, 234

성 암브로시우스St. Ambrosius 229, 234, 238, 241

성유물聖遺物 52, 60, 61, 162

성 제나로San Gennaro 131

성지순례 → 순례

성 카를로San Carlo 240

성 코스마San Cosma 62

성 프란체스코San Francesco d'Assisi 91, 149, 153-156, 158, 159, 168

성 히에로니무스St. Hieronymus 16

세르비아 39

세르포타Giacomo Serpotta 213

세 분수 수도원Abbazia delle Tre Fontane 54, 91

세제스타Segesta 215-218

셀리눈테Selinunte 217, 218

셉티미우스 세베루스Septimius Severus 39

셰익스피어William Shakespeare 150

셸리Percy B. Shelley 77, 232

소라테Soratte 산 83

소렌토Sorrento 121, 122, 124, 126, 136-140, 146

소아시아 56, 75, 114, 144, 216, 222

솔페리노Solferino 전투 256

수비아코Subiaco 90

수에즈Suez 운하 203

수트리Sutri 81

순례 16, 48, 50, 53, 63-65, 72, 78, 79, 89, 92, 132, 154, 162, 244,

술피치오Giovanni Sulpicio 88

슈바벤Schwaben 149, 203

슐리만Heinrich Schliemann 217

스위스 40, 250, 260

스카르파Carlo Scarpa 194, 196

스카모치Vincenzo Scamozzi 199

스칸디나비아 209

스콜라스티카Santa Scolastica 성녀 90

스쿠올라 그란데 디 산 로코Scuola Grande di San Rocco 193, 194

스쿠올라 디 산 조르조 델리 스키아보니Scuola di San Giorgio degli Schiavoni 194

스크로베니Enrico Scrovegni 170

스키피오Scipio Africanus 42

스탕달Stendhal 24, 74, 98, 247

스투코stucco 장식 213

스트로치Strozzi 가문 68, 95, 96

스트로치 궁Palazzo Strozzi 113

스틸리코Flavius Stilicho 238

스파카나폴리Spaccanapoli 131

스페인 36, 38, 59, 75, 78, 89, 92, 120, 129, 158, 178, 180, 203, 210, 211, 227, 256,

스페인 계승 전쟁 129

스펠로Spello 153

스포르차Sforza 가문 36, 163, 231, 237, 239 루도비코 스포르차Ludovico Sforza 105, 237, 242, 245, 246 조반니 스포르차Giovanni Sforza 163 프란체스코 스포르차Francesco Sforza 234, 235, 237

스포르차 성Castello Sforzesco 234-236, 243

스폴레토Spoleto 30, 153

스플리트Split 39, 162

슬라브Slavs 184

시뇨리아 광장Piazza della Signoria 112, 113

시뇨렐리Luca Signorelli 22, 151

시돈Sidon 75

시라쿠사Siracusa 206, 216, 217, 222-226

시리아 204

시빌라Sibilla(쿠마) 123, 124

시빌라Sibilla(티볼리) 84, 123

시빌라 신전(티볼리) 84, 86

시빌라 암굴Antro della Sibilla(쿠마) 122, 123

시에나Siena 18, 21, 105, 126, 130, 131, 137, 144, 153, 230, 271

시칠리아Sicilia 16, 25, 34-36, 60, 75, 131, 147, 157, 158, 168, 203-211, 213, 214,

216, 217, 220, 222, 223, 226-228, 260, 262, 265, 267
시칠리아 왕국 36, 126, 203, 207, 208, 231
시토회Cistercian Order 54, 90, 91, 244-246
식스투스 3세Sixtus III 58
식스투스 4세Sixtus IV 50, 66
신고전주의 43, 72, 97, 134, 191, 211
신성로마 제국 28, 34, 35, 38, 78, 104, 146-149, 157, 170, 178, 203, 206, 211, 229, 239, 244, 253
신채호申采浩 261
십인 회의Consiglio dei Dieci 182
십자군 67, 154, 158, 162, 179, 180, 186, 215

ㅇ
아그리젠토Agrigento 216, 219
아나니Anagni 86, 87, 89
아나니의 따귀Schiaffo di Anagni 78, 87
아나카프리Anacapri 138
아네제Sant'Agnese 성녀 62
아니에네Aniene 강 83
아다Adda 강 230
아드리아 해Mare Adriatico 157, 161, 162, 167, 168, 175, 178, 184, 186, 230, 260
아라곤Aragon 180, 211, 227
아라베스크arabesque 186
아랍 158, 204, 205, 208, 210, 211, 223
아레초Arezzo 105, 230, 271
아르노Arno 강 98, 107, 116
아르놀포Arnolfo di Cambio 54, 87, 88
아르 누보Art Nouveau 97
아르세날레Arsenale 180, 181
아르키메데스Archimedes 25, 226
아르테 포베라Arte Povera 241
아리아니즘Arianism 174
아리안Arian 172, 174
아리우스Arius 58
아마데오Giovanni Antonio Amadeo 245, 248, 249
아말피Amalfi 34, 121, 122, 136, 143-145
아말피 해안Costa Amalfitana 121, 125, 142,

143, 145, 146
아메리고 베스푸치Amerigo Vespucci 120
아바텔리스 궁Palazzo Abatellis 213
아바텔리스 미술관 224
아비뇽Avignon 교황성 33
아비뇽 유수幽囚 33, 50, 78, 79
아시시Assisi 91, 149, 153, 154, 158, 170
아우구스투스Augustus 20, 42, 84, 94, 136
아우구스투스 개선문 169
아우렐리아노 성곽Mura Aureliane 28, 29, 53
아이네아스Aeneas 76, 92, 123, 136, 160, 203, 216
아이도네Aidone 221, 222
아이스킬로스Aeschylos 225
아이젠하워Dwight Eisenhower 138
아카데미아 미술관Galleria dell'Accademia(베네치아) 189, 193, 198
아카데미아 미술관Galleria dell'Accademia(피렌체) 112
아카데미아 카라라Accademia Carrara 248
아쿠토Giovanni Acuto 106
아크로폴리스Acropolis(베롤리) 88
아크로폴리스Acropolis(아나니) 87-89
아크로폴리스Acropolis(쿠마) 122, 123
아테나Athena 신전(시라쿠사) 222
아테네Athens 75, 96, 106, 216, 222, 225
아틸라Attila 147, 201, 259
아펜니노Appennino 산맥 86, 157, 175, 230, 231
아폴로Apollo 신전(로마) 83, 131
아폴로Apollo 신전(쿠마) 122, 123
아프로디테Aphrodite 216
아프리카 180, 204, 264
악티움Actium 해전 42, 43
안젤리코Fra Angelico 67, 104, 110, 111, 151, 160, 224
안코나Ancona 162
안토니오니Michelangelo Antonioni 226
안티옥Antiochia 148
알도브란디니Aldobrandini 가문 81
알라리크Alaric 28
알라트리Alatri 88

알람브라Alhambra 궁 210

알렉산데르 4세Alexander IV 78

알렉산데르 6세Alexander VI 33, 59, 81, 110, 163

알렉산데르 7세Alexander VII 18, 67

알렉산드로스Alexandros 대제 42

알렉산드리아Alexandria 52, 58, 148, 179

알베르티Leon Battista Alberti 96, 115-117, 167, 169, 170

알토 아디제Alto Adige 255, 270

알파노Alfano 산 207

알프스Alps 23, 30, 41, 64, 67, 73, 76, 78, 120, 151, 157, 162, 175, 229, 230, 245, 250, 253, 256, 262-264

암브로시오 미술관Pinacoteca Ambrosiana 240

앙리 2세Henri II 18

앙주Anjou 가문 92, 126, 128, 130, 203, 211, 227

양兩 시칠리아 왕국Regno delle Due Sicilie 207, 257, 260

에게 해Mar Egeo 75

에라스뮈스Desiderius Erasmus 120

에르니치Ernici 73, 86-88

에르콜라노Ercolano 121, 134

에른스트Max Ernst 200

에리체Erice 216

에릭스Eryx 216

에밀리아-로마냐Emilia-Romagna 271

에스퀼리노Esquilino 언덕 58, 60

에브게니우스 4세Evgenius IV 111

에트나Etna 산 205, 220, 226, 228

에트루리아Etruria 21, 25, 74, 76, 77

에트루스키Etruschi 21, 73-77, 94, 152, 229

에페소Efeso 223

에페소 공의회 58

에피루스Epirus 216

엔나Enna 220

엘레나Sant'Elena 성녀 30, 52, 53, 253

엘리미Elimi 216, 217

엥겔스Friedrich Engels 262

영국 25, 30, 35, 36, 38, 41, 47, 78, 96, 98, 106, 175, 183, 208, 217, 232, 262, 263,

267, 270

예레미야Jeremiah 101

예루살렘Jerusalem 52, 64, 79, 89, 148, 157, 162, 179, 253

예수 47, 50, 52, 53, 58, 60-63, 67, 68, 73, 89, 91, 110, 130, 131, 137, 148, 153, 154, 159, 162, 170, 184, 196, 210, 236-238, 253

예수 교회Chiesa del Gesu 68, 70

예수회 68, 160

예시Jesi 157, 159, 160

오니산티Ognissanti 교회 16, 116

오데스칼키Odescalchi 가문 81

오도아케르Odoacer 172, 174

오디세우스Odysseus 77, 85, 92, 204

오르비에토Orvieto 22, 149-151, 252

오르시니Orsini 가문 78

오르카냐Andrea Orcagna 150

오르타Orta 호수 250

오르티자Ortigia 섬 222, 224, 225

오사이아Ossaia 152

오스트리아 38, 129, 255-257, 262, 263

오스트리아 제국 20, 41, 255, 260, 262

오스티아Ostia 53, 92, 93

오토만 제국 113, 196, 200, 260

오토만 터키 → 오토만 제국

오토 1세Otto I 229

올림푸스Olympus 산 76

와일드Oscar Wilde 137

요한Giovanni Battista(세례 요한) 50

요한Giovanni Evangelista(사도 요한) 50

요한Giovanni(야고보의 형제) 89

요한 12세Giovanni XII 229

요한 21세Giovanni XXI 78

우디네Udine 200

우르바누스 8세Urbanus VIII 68

우르비노Urbino 105, 148, 156, 163-167

우첼로Paolo Uccello 106, 115, 167

우피치Uffici 미술관 96, 102, 104, 106-108, 164, 167, 240

울리세 리비에라Riviera d'Ulisse 92

울프Virginia Woolf 138

움베르토 2세Umberto II 256

움브리Umbri 152

움브리아Umbria 35, 74, 91, 147, 149, 150, 152-157

움브리아 국립미술관 152

워털루Waterloo 전투 184

윌리엄 정복왕William the Conqueror 35

유대교 204

유대인 62, 208

유스티니아누스 1세Iustinianus I 61, 171-173

율리우스력曆 41

율리우스 2세Iulius II 22, 23, 33, 50, 61, 66, 81, 112, 200, 237, 246

이비자Ibiza 75

이사벨라Isabella 59

이스키아Ischia 섬 121, 122

이스탄불Istanbul 184

이스트리아Istria 186

이슬람 113, 148, 179, 184, 204, 208, 210

20세기 박물관Museo del Novecento 240, 241

이아고Sant'Iago 89, 90

이오니아Ionia 양식 54

이오니오 해Mar Ionio 222, 225, 226

이집트 42, 43

이타카Ithaca 77, 92

이탈리아 왕국 31, 56, 203, 255, 263

이탈리아 통일 36-38, 40, 41, 56, 72, 92, 102, 113, 148, 206, 207, 213, 222, 227, 255, 256, 258-261, 263, 266, 273

인노켄티우스 3세Innocentius III 22, 86, 158

입체파 97

ㅈ

자니폴로 교회 → 산티 조반니 에 파올로 교회

작센Sachsen 229

정교회正敎會 58, 114, 172

제네바Geneva 250

제노바Genova 33, 34, 145, 180, 200, 203, 204, 216, 234

제우스Zeus 신전(로마) 57

제우스Zeus 신전(아그리젠토) 219

제우스Zeus 신전(쿠마) 122

제이차 세계대전 18, 74, 90, 98, 169, 237, 255, 256, 267

제일차 세계대전 97, 138, 255, 260

제임스Henry James 183

조르다노Luca Giordano 128

조르조네Giorgione 241

조토Giotto di Bondone 54, 71, 95, 102, 108, 109, 130, 154-156, 170

존슨Samuel Johnson 270

종교개혁 37, 45, 68, 104

주데카Giudecca 섬 197

지드Andre Gide 138

지브롤터Gibraltar 해협 203

지중해 28, 42, 61, 75, 76, 92, 179, 180, 203, 207, 223, 225

질리Begnamino Gigli 160

ㅊ

청년 보스니아 당Mlada Bosna 20, 260

청년 이탈리아 당Giovine Italia 260

청년 투르크 당Young Turks 260

체르베테리Cerveteri 76, 77

체칠리아Santa Cecilia 성녀 62

첼레스티누스 5세Celestinus V 87

첼리니Benvenuto Cellini 107

첼리오Celio 언덕 58, 62

초서Geoffrey Chaucer 23

초차리아Ciociaria 86, 92

치르체오 곶 92

치마부에Cimabue 102, 155, 156

치비타베키아Civitavecchia 74

치비타 카스텔라나Civita Castellana 81-83

치타 델라 피에베Citta delle Pieve 153

ㅋ

카날 그란데Canal Grande 178, 182, 189, 199

카날레토Canaletto 179, 183

카노바Antonio Canova 191

카노사의 굴욕 146, 149

카라바조Caravaggio 66-69, 131, 132, 224,

241

카라치Annibale Carracci 66

카라치올로Giovanni Battista Caracciolo 128

카라칼라Caracalla 욕장浴場 129

카라파Carafa 가문 67

카레초니코Ca'Rezzonico 199

카롤링거Carolingian 왕조 238

카루소Enrico Caruso 139, 140, 160

카르타고Carthago 16, 42, 58, 75, 92, 152,
203, 216-218, 223, 225

카르투지오회Carthusian Order 90

카르파초Vittore Carpaccio 194

카를로스 3세Carlos Ⅲ 129, 130

카를 5세Karl V 38, 104, 244

카메리노Camerino 148

카발리니Pietro Cavallini 71, 130

카보우르Camillo Benso di Cavour 260-263

카보토Caboto 형제 180

카사노바Giacomo Casanova 183

카사마리 수도원Abbazia di Casamari 90

카스텔라마레 디 스타비아Castellammare di
Stabia 121, 136

카스틸리오네Baldassare Castiglione 166

카스틸리온 델 라고Castiglion del Lago 151

카이사르Caius Iulius Caesar 84, 136

카타니아Catania 222, 267

카타콤베Catacombe 31, 48

카테리나Santa Caterina 성녀 62, 67

카페사로Ca'Pesaro 199

카포디몬테 박물관Museo di Capodimonte
128-131

카포스카리Ca'Foscari 189

카프라롤라Caprarola 130

카프리Capri 섬 88, 121, 122, 124,
136-138, 140, 141

칼라브리아Calabria 265, 271

칼리오스트로Cagliostro 168

칼뱅Jean Calvin 69

칼비노Italo Calvino 177

캄파니아Campania 121, 265

캄포포르미오Campoformio 조약 201

캄피돌리오Campidoglio 57, 58, 71

캉브레Cambrai 연합군 200

캔터베리Canterbury 78

케르키라Kérkyra 162, 180

켈트족Celts 73, 76, 229, 247, 253

코레르 박물관Museo di Correr 189, 196

코레조Antonio da Correggio 130

코로Jean-Baptiste Camille Corot 82, 119

코르도바Cordoba 208

코르소Corso 거리 212

코르시카Corsica 256

코르토나Cortona 271

코린트Corinth 양식 54, 84

코모Como 호수 230, 250

코스마티Cosmati 54, 82

코시모 일 베키오 → 메디치Cosimo de Medici

코시모 1세 → 메디치Cosimo I de Medici

콘솔리 궁Palazzo dei Consoli 155

콘스탄스 2세Constans II 206

콘스탄티노플Constantinople 39, 53, 56, 58,
64, 148, 172, 174, 180, 184, 186, 196,
208

콘스탄티누스Constantinus 대제 30, 39, 48,
50, 52-54, 56, 58, 63, 83, 148, 173, 221,
229, 253

콘스탄티누스 황궁 터 231

콘카 도로Conca d'Oro 214

콘코르디아Concordia 신전 219

콜라 디 리엔초Cola di Rienzo의 난 33

콜레오니Bartolomeo Colleoni 165, 194, 195,
234, 247

콜로세움Colosseum 25, 31, 32, 61, 62

콜론나Colonna 가문 33, 78, 87

콤모두스Commodus 47

쿠마Cuma 121-124

쿠빌라이 칸Khubilai khan 177

퀘리니 스탐팔리아Querini Stampalia 박물관
194

크라나흐Lucas Cranach 38

크레모나Cremona 34, 191, 230

크레타Creta 섬 75, 180

크로아티아 162

크림Krim 32

클레멘스 1세Clemens I 32
클레멘스 4세Clemens IV 227
클레멘스 7세Clemens VII 18, 104, 151
클레오파트라Cleopatra 42
클로비스Clovis 30, 31, 252
클루에Jean Clouet 38
키에자 델 제수Chiesa del Gesu → 예수 교회
키오스트로chiostro 55, 132-134, 211, 215,
  238, 246, 247
키오자Chioggia 전투 180
키지Chigi 가문 18, 67
키지 궁Palazzo Chigi 18, 19
키프로스Cyprus 180

ㅌ

타르퀴니아Tarquinia 74, 76, 77
타오르미나Taormina 226, 228
터키 184
테라치나Terracina 92
테베레Tevere 강 70, 71, 83, 84
테오델린다Theodelinda 252
테오도라Theodora 173
테오도리코Theodorico 28, 172, 174
테오도시우스Theodosius 30, 53, 239
템피에토Tempietto 71
토레 안눈치아타Torre Annunziata 121
토르나부오니Tornabuoni 가문 95
토르첼로Torcello 178
토리노Torino 34, 230, 242, 256, 264, 270
토스카나Toscana 21, 40, 73, 94, 101, 120,
  131, 137, 148, 152-154, 156, 161, 205,
  215, 230, 271
토스카나 공국 36, 102, 105, 113
토스카니니Arturo Toscanini 242
통령궁Palazzo Ducale(베네치아) 178, 183,
  185-187, 189, 193
통일기념관 57, 263, 264
투키디데스Thucydides 216
튀니지 67
튜더Tudor 38
트라스테베레Trastevere 71
트라시메노Trasimeno 호수 151

트라야누스Trajanus 26, 47, 74
트라파니Trapani 204
트렌토Trento 공의회 68
트렌토 두오모 17
트로이Troy 75-77, 92, 203, 204, 216, 217
트리에스테Trieste 255
트린치 궁Palazzo Trinci 153
트웨인Mark Twain 232
티레Tyre 75, 216
티레노 해Mar Tirreno 34, 76, 77, 86, 92,
  126, 145, 150, 207, 222
티몰레온Timoleon 216
티베리우스Tiberius 88, 137, 139
티베리우스교橋 168, 169
티볼리Tivoli 83-85, 123, 129
티에폴로Giovanni Battista Tiepolo 241
티치노Ticino 강 242, 230
티치아노Tiziano Vecellio 102, 118, 130, 131,
  188, 190-192, 194, 258
틴토레토Tintoretto 187, 188, 193

ㅍ

파노Fano 163
파도바Padova 23, 34, 170, 194, 230, 231
파도바 대학 18
파르네세Farnese 가문 129, 131
  엘리사베타 파르네세Elisabetta Farnese 129
파르네세 궁 113, 130
파르마Parma 130, 230, 262, 271
파르미자니노Parmigianino 130
파리Paris 23, 126, 166, 271
파바로티Luciano Pavarotti 140
파비아Pavia 230, 231, 244, 245
파비아 수도원Certosa di Pavia 230, 231, 244,
  245, 247-249
파사리아노Passariano 200
파에스툼Paestum 219
파치Pazzi 가문 95, 249
파티마Fatima 161
팍스 로마나Pax Romana 43
판노니아Pannonia 162
판테온Pantheon 25, 58, 67, 69

팔라디오Andrea Palladio 197-199
팔라티나 미술관Galleria Palatina 117
팔레르모Palermo 158, 168, 206-208, 211, 216, 224, 264, 265
팔레스타인 64, 154, 161, 162
팔레스트리나Palestrina 84, 85
팔레아리오Aonio Paleario 88
팔리쉬Falisci 73, 81
팔리에로Marino Faliero 181, 188
팔마Palma 부자父子 188
팔코네Giovanni Falcone 265, 266
페기 구겐하임 미술관 199
페니키아 16, 75, 76, 203, 207, 216, 217
페라라Ferrara 111, 148, 164, 230, 246
페렌티노Ferentino 88
페루자Perugia 148, 151, 152
페루지노Perugino 96, 102, 153, 194, 246
페루치Ferrucci 가문 95
페르디난도Ferdinando 59
페르디난트Franz Ferdinand 260
페르시아 32
페리클레스Pericles 96
페사로Pesaro 162, 163
페사로Giovanni Pesaro 191
페이터Walter Pater 96
페트라르카Francesco Petrarca 18, 23, 24, 123, 244
페팽Pepin 148, 229
펠레그리노Pellegrino 산 206, 207
포Po 강 175, 230
포로 로마노Foro Romano 57, 59, 61
포르치운콜라Porziuncola 154
포르투갈 161, 256
포르투나Fortuna 신전(팔레스트리나) 85
포마란치오Pomarancio 63
포사노바 수도원Abbazia di Fossanova 90
포스카리Foscari 가문 181, 189
　프란체스코 포스카리Francesco Foscari 189
포스터E. M. Forster 97, 138
포시타노Positano 121, 122, 136, 137, 140, 141
포실리포Posillipo 124, 125, 128

포실리포 화파畫派 130
포에니 전쟁Le guerre puniche 28, 42
포초Andrea Pozzo 68
포추올리Pozzuoli 121
포파Vincenzo Foppa 246
포폴로 문Porta del Popolo 64, 65
폰타나Lucio Fontana 241
폰토르모Jacopo da Pontormo 96, 112
폴 게티 미술관 221
폴디 페촐리 박물관Museo Poldi Pezzoli 240
폴란드 260
폴리뇨Foligno 153
폼페이Pompeii 25, 88, 93, 94, 121, 122, 129, 134, 135
표현주의 97
푸로레Furore 121, 141
푸모네Fumone 87
푸생Nicolas Poussin 42
푸치니Giacomo Puccini 68, 258
풀리아Puglia 215, 271
프라토Prato 271
프락시텔레스Praxiteles 217
프란체스코 교회 108, 158, 170, 189
프랑수아 1세François I 38, 104, 237, 244,
프랑스 18, 33, 35, 36, 38, 43, 67, 74, 78, 79, 81, 82, 87, 92, 97, 98, 104, 126, 129, 131, 161, 178, 203, 208, 211, 215, 227, 244, 245, 255, 256, 262, 263, 270
프랑스 혁명 30, 72, 201, 262
프랑크족Franks 30, 174, 253
프로이센 139, 255
프로치다Procida 섬 121, 122
프리드리히 2세Friedrich II 36, 126, 146, 147, 153, 157-159, 170, 203, 206, 211, 220, 224, 227
프리베르노Priverno 90
프리오리 궁Palazzo dei Priori 153
프리울리Friuli 200, 201, 255, 270
프린치프Gavrilo Princip 260
플라미니우스Gaius Flaminius 152
플라비아노 교회Basilica di Flaviano 79
플리니오Plinio 134, 250

피렌체Firenze 16, 23, 32-34, 38, 40, 68,
 95-102, 104-108, 110-120, 126, 130,
 144, 152, 159, 164, 167, 170, 173, 174,
 178, 183, 190, 194, 208, 214, 224, 230,
 231, 240, 259, 264, 270, 271
피렌체 공의회 113
피렌체 공화국 102, 147, 234
피렌체 두오모 100, 101, 103, 108, 109
피루스Pyrrhus 216
피사Pisa 21, 34, 105, 144, 145, 204, 215,
 230, 271
피사넬로Pisanello 167, 248
피사노Nicola Pisano 102, 150
피스토이아Pistoia 271
피스톨레토Michelangelo Pistoletto 160
피아네티 궁Palazzo Pianetti 159
피아차 아르메리나Piazza Armerina 221
피에몬테Piemonte 270
피에몬테 왕국 256, 257, 260, 262, 263
피에솔레Fiesole 118
피에타Pieta 78, 80, 101, 236
피엔차Pienza 271
피오렌티노Rosso Fiorentino 22, 40, 112
피오 몬테 델라 미세리코르디아Pio Monte
 della Misericordia 교회 132
피오 문Porta Pia 56
피옴보Sebastiano del Piombo 65, 78, 80
피체니Piceni 25, 73
피타고라스Pythagoras 25
피티 궁Palazzo Pitti 117, 119
핀치오 문Porta Pinciana 28, 29
핀투리키오Pinturicchio 65, 153
필라레테Antonio Filarete 234, 243
필로스Pílos 75
필리페스키Filippeschi 가문 150
필리프 4세Philippe IV 87
필리피노 리피Filippino Lippi 67, 117, 130

ㅎ
하드리아누스Hadrianus 84
하박국Habakkuk 101
하이 르네상스 43, 101, 104, 166

하인리히 4세Heinrich IV 146
하인리히 7세Heinrich VII 252
한니발Hannibal 42, 152, 230
합스부르크Habsburg 왕가 38, 208, 253,
 256, 260
합스부르크 제국 262
헤라Hera 신전(파에스툼) 219
헤라클레스Heracles 221
헤로도토스Herodotos 75
헤르체고비나 161
헨리 8세Henry VIII 38, 104
헬레니즘Hellenism 42, 216
호노리우스Honorius 172, 173
호메로스Homeros 75, 122
호엔슈타우펜Hohenstaufen 왕가 36, 92,
 146, 147, 157, 203, 211
호엔촐레른Hohenzollern 왕가 256
홀바인Hans Holbein 38, 120
황제파 → 기벨린
훈족Huns 147, 259
휘터커Joseph Whitaker 217
히에론Hieron 225
히타이트Hittites 75

도판 제공

commons.wikimedia.org
Adbar 151; Alessio Damato 70; Alex.Foglia 218; Alexander Baxevanis 227;
Algoe 222; Alvesgaspar 263; Andrew Malone 225; Andrzej Otrębski 107, 232;
Armando Mancini 133(아래); Ben Skála, Benfoto 57; BenAveling 205;
Berthold Werner 49(위), 55(위), 60, 144, 145, 155, 206, 212, 214;
Bibi Saint-Pol 39(아래 가운데), 39(아래 오른쪽); Blackcat 244; Carlo Ribaudo 89;
CarlosIRT 185(위); Carole Raddato 122, 123, 135(아래); ChrisSampson87 185(아래);
Claudio Caravano 79; Clemensfranz 221; dalbera 210; Damirux 124, 125;
Derbrauni 142(위); Deror avi 119(위); Dguendel 64; Didier Descouens 196;
Dnalor 01 55(아래); Effi Schweizer 92; Fabio Demitri 165; Fczarnowski 100;
G.dallorto 19(위), 48(오른쪽); Gary Houston 181; Giovanni Dall'Orto 252;
Gmihail 92; Greymouser 152; Gryffindor 112; Hans Peter Schaefer 150;
Hartmut Riehm 217; Ingo Kuebler 220; Istvánka 142(아래); Jakub Hałun 233, 235;
Jastrow 39(아래 왼쪽); Jean-Marc Rosier 33; Jean-Pol GRANDMONT 51(아래);
Jebulon 35; Jensens 141; Jeroen Bennink 132; Joris 29(위), 29(아래);
José Luiz Bernardes Ribeiro 127; José Luiz Bernardes Ribeiro / CC-BY-SA-4.0 209(아래);
Joyborg 250; Kalajoki at Finnish Wikipedia 93(아래); Karelj 65; Keete 37, 186(아래);
Kiban 211; La Capella dei Magi 114; Lasterketak 209(위); Laurom 251;
Livioandronico2013 39(위 왼쪽), 56; LPLT 86; Ludmiła Pilecka 91; Ludvig14 195(위);
Magagnini Carlo Alberto 243(위), 243(아래); Magnus Gertkemper 103;
ManueleMalacarne 159; Marc Ryckaert 190, 197, 198; Marcin Białek 239(위);
Marie-Lan 39(위 가운데); Marie-Lan Nguyen 48(왼쪽); Martin Falbisoner 59;
Martin Kraft 21; Massimop 93(위); Matteo Ianeselli 17; Mentnafunangann 129;
Miguel Hermoso Cuesta 113, 128, 139; Norbert Nagel 135(위);
Norbert Nagel, Mörfelden-Walldorf, Germany 182; Ondřej Žváček 49(아래);
Paolobon140 240; Paul Hermans 19(아래); Peter1936F 63; pixelfehler 219;
pjt56 223; RedMaestro 51(위); Rollroboter 249; Rufus46 99(위), 99(아래), 106(왼쪽),
106(오른쪽), 109, 115, 117; Sailko 149, 157, 168, 169(위), 188, 192(오른쪽);
The Yorck Project:10.000 Meisterwerke der Malerei 171(아래), 191, 192(왼쪽), 193;
Toni Pecoraro 161, 167; Tony Hisgett 187; Tteske, Morn 186(위); Ugo franchini 245;
Ulrich Mayring 76; User:Matthias Süßen 215; Velvet 133(위); Veniero Rubboli 173;
WiDi 228; Wolfgang Moroder 195(아래), 199; WolfgangRieger 134;
www.flickr.com/photos/alkalisoaps 39(위 오른쪽); Yann Forget 77;
Youry A. Zhelyabuzhsky 138; Zorro2212 163; Óðinn 241; Σπάρτακος 172; Чигот 171(위)

김영석金榮錫은 인천에서 태어나고 자라, 1971년 서울대학교
외교학과에 입학했다. 재학 중 의무병역 삼 년을 마치고
1978년 졸업한 후 바로 외무부에 들어가 2013년까지
일했다. 외무부에서는 주駐뉴질랜드 대사관(1981-1984)에서
일했고, 이어 영국 런던대학교(슬라브·동구학부)에
가서(1985-1987) 소련지역연구로 석사학위를 받았다.
돌아와서는 탈냉전기를 맞아 소련과의 관계개선 실무를 맡아
일하면서 역서『소련사』(1988, 홍성사)를 펴내기도 했다.
그 뒤 주駐유고슬라비아 대사관(1990-1993),
주駐유엔 대표부(1998-2001) 등지에서 일한 후
구주국장歐洲局長(2003-2005)을 지냈으며,
주駐노르웨이 대사(2005-2007, 아이슬란드 겸임)를 거쳐
주駐이탈리아 대사(2010-2013, 몰타 및 산마리노 겸임)를
끝으로 정년퇴임했다. 대사로 일했던 두 나라로부터
수교훈장 대십자장大十字章을 받았으며, 지금은
페레로 아시아 리미티드의 고문으로 일하고 있다.

이탈리아 이탈리아

김영석의 인문기행

초판1쇄 발행 2016년 8월 10일
초판5쇄 발행 2018년 4월 10일
발행인 李起雄 **발행처** 悅話堂
경기도 파주시 광인사길 25(문발동 520-10) 파주출판도시
전화 031-955-7000 팩스 031-955-7010
www.youlhwadang.co.kr yhdp@youlhwadang.co.kr
등록번호 제10-74호 **등록일자** 1971년 7월 2일
편집 조윤형 박미 **북디자인** 공미경 **인쇄 제책** (주)상지사피앤비

* 값은 뒤표지에 있습니다.

ISBN 978-89-301-0529-3 03920

Italia Italia © 2016 by Kim, Young-Seok
Published by Youlhwadang Publishers. Printed in Korea.

이 도서의 국립중앙도서관 출판예정도서목록(CIP)은 서지정보유통지원시스템
홈페이지(http://seoji.nl.go.kr)와 국가자료공동목록시스템(http://www.nl.go.kr/
kolisnet)에서 이용하실 수 있습니다.(CIP제어번호: CIP2016015743)